集人文社科之思 刊专业学术之声

集 刊 名：西南学术
主办单位：国家民委贵州师范大学多民族文化融合与区域发展研究基地

《西南学术》编委会

顾　　问：	刘守华　朝戈金
主　　任：	黄永林
副 主 任：	姚作舟　杨先明　陈辉林　陈华森　刘　瑾
	管新福　李　祥　颜同林　王伟杰
委　　员（按姓氏拼音顺序排列）：
	朝戈金　郭崇林　韩成艳　何小明　侯姝慧
	黄永林　纪　军　蒋明智　蒋述卓　李丽丹
	林继富　刘广超　刘魁立　刘守华　刘晓春
	刘玉堂　马发亮　桑　俊　孙正国　谈国新
	徐金龙　叶　涛　詹一虹　张　淳　钟进文
主　　编：	肖远平　刘　洋
常务副主编：	徐金龙　杨　兰
副 主 编：	杨琼艳　秦选涵
参 编 人 员：	陈汪道宽　罗彩云　吴婷婷　伍芝凤

第1辑

集刊序列号：PIJ-2020-419
中国集刊网：www.jikan.com.cn
集刊投约稿平台：www.iedol.cn

西南学术

【第 1 辑】

主　编
肖远平　刘　洋

常务副主编
徐金龙　杨　兰

副主编
杨琼艳　秦选涵

社会科学文献出版社
SOCIAL SCIENCES ACADEMIC PRESS (CHINA)

《西南学术》创刊词

乾恒动，自强不息之精神；坤包容，厚德载物之气量。 中华民族在浩浩汤汤的历史长河中，历五千余年沧桑，书写了壮美史诗，孕养了伟大力量，形成了力量底色。中华优秀传统文化在内化为中华民族思维方式、行为规范、价值观念的同时，在年复一年的述说中实现了对后世的训诫，也实现了生活经验的累积与文化复刻的传递。

巍巍中华，浩浩其行。泱泱华夏，赫赫文明。 我国西南地区地域辽阔，历史悠久，文化丰富，《华阳国志》有载"南中在昔盖夷越之地，滇濮、句町、夜郎、叶榆、桐师、僰、唐侯王国以十数"，在这片广袤的土地上，生活着彝族、白族、苗族、侗族、水族、布依族、藏族、傣族、傈僳族、阿昌族、哈尼族等20多个民族，各民族在历史进程中，创造并形成了自己的语言、神话、传说、故事、歌谣、舞蹈、节日、服饰、建筑、手工技艺、礼仪习俗等异彩纷呈、独具特色的文化遗产。**这些文化遗产蕴含着深刻的文化特质与精神追求，是中华民族多元一体的重要组成，为铸牢中华民族共同体意识供给了最广泛、最彻底、最深刻的历史记忆与文化底色。**

习近平总书记指出，"世界文化和自然遗产是人类文明发展和自然演进的重要成果，也是促进不同文明交流互鉴的重要载体。保护好、传承好、利用好这些宝贵财富，是我们的共同责任，是人类文明赓续和世界可持续发展的必然要求"。充分利用和挖掘这些丰富的历史文化资源，对于提高人民的物质生活和精神生活水平，具有显著的时代价值与现实意义。

文化关乎一个国家的兴盛，文明关乎一个民族的涵养。中华优秀传统文化植根于各族人民，中华民族要实现伟大复兴，亦需依靠各族人民。因此，增强中华文化认同是加强中华民族大团结的长远和根本。**促进西南少数民族文化研究和传播不仅能增强各族人民在全球化浪潮中对文化的自觉意识、危机意识与责任意识，还能向外展示我国西南地区经济社会发展成就、各族人民和睦相处与和衷共济的真实情况。**

风华正茂，江山激昂。世界百年未有之大变局加速演进，各民族文化的密切交流和互动，构成了中华文化蓬勃发展、推陈出新、绵延不绝的内在脉络，构成了中华文化至今仍充满生机与活力的内在力量。《西南学术》创刊初衷正是希望广大学者开展以西南少数民族文化保护利用与创新发展的合作研究，促进中华优秀传统文化创造性转化和创新性发展，力图通过学术个性的张扬和学科之间的互渗实现学术研究的开拓创新，为构建具有中国特色、中国风格、中国气派的概念体系、叙事体系、话语体系贡献理论参考，为实现中华民族伟大复兴的中国梦提供智力支撑，为促进世界文化的平等交流和构建全球共同文化价值体系做出贡献。

肖远平

2021年12月16日于贵州师范大学

宝山校区照壁山

《西南学术》主编简介

肖远平 博士，贵州师范大学党委书记，教授、博士生导师。暨南大学、华中师范大学、贵州民族大学兼职教授、博士生导师。中宣部文化名家暨"四个一批"人才，享受国务院政府特殊津贴专家，国家社会科学基金重大招标项目首席专家，全国民族教育研究重大招标项目首席专家，中国智库创新人才"先锋人物"，教育部高等学校民族学类专业教学指导委员会委员，教育部全国民族教育专家委员会委员，贵州省核心专家，黔灵学者。主要从事民俗学、非物质文化遗产、民族地区基层社会治理与乡村振兴、民族文化产业和民族教育等领域的研究。在《民族文学研究》《民俗研究》等各级各类刊物发表论文90余篇，出版著作十余部，主持国家社会科学基金重大项目等十余项，先后获省部级一、二、三等奖等十余项。

刘洋 博士，贵州民族大学社会学院教授，博士生导师。华中师范大学国家文化产业研究中心、贵州师范大学文学院兼职教授、博士生导师。中国民俗学会理事，中国少数民族文学学会理事，国家民委人文社会科学重点研究基地"南方少数民族非物质文化遗产研究基地"副主任，国家民委"多民族文化融合与区域发展研究基地"西南多民族文化传承传播与产业化创新发展研究中心主任。主要从事民俗学（中国民间文学）、文化社会学、文化资源与文化产业等领域的教学与研究。在《民俗研究》《文化遗产》《农村经济》

等刊物发表学术论文50余篇，出版著作5部，主持国家社会基金等省部级以上项目10项，先后获省部级一、二、三等奖等6项。

目录 CONTENTS

西南文化资源

中国南方汉藏语系诸民族犬祖神话比较研究
那木吉拉 ... 1

南方创世史诗的人类起源与原初想象
刘 洋 ... 37

社会适应与功能转换：苗族史诗《亚鲁王》的知识更新
杨 兰 ... 57

传承鼓盆歌 唱响活化石
——鼓盆歌传承与发展问题及对策研究
章 芳 ... 73

"民间"的言说
——论土族当代文学与民间文化
张 歆 ... 83

他者形象在恩赐型谷种神话中的文化建构
李 鹏 ... 95

随命而转：《侏儒怪》童话故事与女性生产力的下降
杰克·齐普斯[著] 程 萌 桑 俊[译] ... 109

西南文化产业

文化创意产业视域下非遗的传承与传播
　　——以《尼山萨满》及其功能游戏为例
　　王丙珍　　　　　　　　　　　　　　　　　　　　　　　126

促进与保障：建设我国西部民族特色文化产业法治新路径
　　张　军　　　　　　　　　　　　　　　　　　　　　　141

"十四五"时期武汉文旅产业高质量发展的困境及对策
　　徐金龙　白玉帅　姬厚祥　　　　　　　　　　　　　　154

大数据赋能贵州贵安新区绿色产业发展机制研究
　　张武桥　郭海燕　　　　　　　　　　　　　　　　　　167

开放互动·沉浸体验·跨界融合：实景类旅游演艺舞台空间的创新发展
　　黎学锐　　　　　　　　　　　　　　　　　　　　　　182

我国民族地区生态博物馆发展反思
　　——基于文化保护导向的关系互动研究
　　张玥唯　汪　际　　　　　　　　　　　　　　　　　　196

西南文化的现代叙事

乡村振兴背景下羌族地区特色村寨保护与发展
　　耿　静　陈安强　张可佳　阿苏克的莫　王海燕　　　　209

回归与再出发
　　——基于广西侨港镇越南归侨安置历史与发展现状的研究
　　张　姗　　　　　　　　　　　　　　　　　　　　　　225

昆明西北郊山区世居白族村落清明节调查
　　张　多　　　　　　　　　　　　　　　　　　　　　　241

传统村落民族文化的当代语义转型
　　——以贵州万峰湖布依族坝盘村为例
　　刘馨蘩　吴永发　杨华刚　廖再毅　　　　　　　　　　260

中华民族共同体意识的内容建设与现实路径
　　——基于非物质文化遗产的视角
　　杨琼艳　罗　忆　　　　　　　　　　　　　　　　　　275

明代真安州城遗址调查研究报告
　　王　韬　　　　　　　　　　　　　　　　　　　　　　291

·西南文化资源·

中国南方汉藏语系诸民族犬祖神话比较研究

那木吉拉 *

摘　要　本文分别探讨《后汉书》等汉籍和南方瑶族特有文献所记《评王券牒》诸译文犬祖神话，比较研究大陆诸民族犬祖神话的民间变体与中国台湾少数民族犬祖神话。本文通过探讨汉籍所载盘瓠神话的发生发展演变轨迹，认为有关盘瓠的文献神话文本是在民间长期流传的过程中丰富和完善起来的，见证着神话从简到繁的演化规律；南方诸民族的文献强调盘瓠祖先的神圣性和不平凡性，最大限度地减少或取消原始神话中对盘瓠的"怪诞"描述，增强对民族祖先的认同和诸民族同源同宗的认可。而中国台湾布农人犬祖神话是受大陆犬祖神话影响的产物。对中国南方汉藏语系诸民族犬祖神话的比较研究补充证明了南北方诸民族犬祖神话具有相同性，表明了早期人类祖先的犬类动物崇拜之俗的存在。

关键词　犬祖神话；汉藏语系；动物崇拜

犬祖神话，即以犬为始祖的神话，是人类起源神话的亚类型。犬祖神话以人类已经存在为前提，叙述初民氏族部落的来历。处于人类早期社会的一

---

* 那木吉拉，中央民族大学中国少数民族语言文学学院教授，博士生导师，博士后合作导师，主要研究方向为蒙古族古典文学、中国少数民族神话。

些原始氏族以犬作为自己的始祖，以此创作犬祖神话。犬祖神话的主要内容是女子或男子（多数是女子）与犬成婚生儿育女，繁衍氏族的始祖。亚洲乃至整个世界范围内都流传该类型的神话。日本神话学家大林太良认为，在亚洲，犬祖神话的分布有三个中心，第一个是东北亚的楚克奇人和阿伊努人生活的地方；第二个是亚洲内陆阿尔泰语系诸民族，如通古斯、蒙古、兀良海、北狗国人（五代）、吉尔吉斯（中国称柯尔克孜族）人、古代犬戎族等民族生活的地方；第三个是从中国南部到东南亚一带（民族或地区），如盘瓠蛮族、苗族、瑶族、南越、畲族、海南岛的黎族、中国台湾的泰雅人和平埔人、日本琉球的与那国岛、《扶桑国传》中的狗人国、马来亚半岛、尼科巴群岛、苏门答腊的亚齐人、尼亚群岛、爪哇的卡朗人、缅甸的勃固人、掸人、大洋洲的新几内亚东北部、所罗门群岛的莫诺阿尔岛等。在第三个分布区域内，最中心的还是中国华南的瑶族。①

瑶族等南方汉藏语系诸民族中传承的主要是盘瓠神话，这也是这一地区范围内传承的主要犬祖神话。盘瓠神话首先被收录于《风俗通义》《山海经》《玄中记》《搜神记》《后汉书》等汉籍，在瑶族等南方汉藏语系的一些民族特有文献《评王券牒》（或称《过山榜》《过山牒》《评王券牒》《平王券牒》《盘王券牒》等，本文总称《评王券牒》诸异文）中也有记录。除了文献记载的犬祖神话之外，在民间口头也有以散文体和韵文体形式流传的犬祖神话，在民间的这些犬祖神话与盘瓠神话也有所不同，过去有关学者深入民间搜集整理了多则犬祖神话文本。在中国南方地区的跨境民族和中国台湾少数民族也在传承犬祖神话，这些民族的犬祖神话与中国大陆南方汉藏语系民族犬祖神话之间又存在异同。尤其是大陆南方汉藏语系诸民族犬祖神话与中国台湾少数民族犬祖神话之间可能存在传承关系。中国各民族犬祖神话各有特色，将各民族该类型神话进行比较研究，对于彰显诸民族犬祖神话的各自的特色和整体的特色均有重要的学术意义和价值。本文主要探讨汉籍所载盘瓠神话的

---

① 〔日〕大林太良：《神话学入门》，林相泰、贾福水译，中国民间文艺出版社，1989，第75-76页。

发生发展演变轨迹，研究瑶族等民族特有的文献《评王券牒》诸异文所记盘瓠神话与盘护神话之间的关系，并探讨大陆南方汉藏语系民族犬祖神话的民间变体与中国台湾少数民族犬祖神话之间的异同及其产生的原因等。

一 汉籍犬祖神话的演变轨迹

以南方汉藏语系瑶族为中心的少数民族中盛行犬祖神话，这些神话首先记载于古代文献中，其中包括东汉时期成书的《风俗通义》以及《魏略》《山海经》《玄中记》《搜神记》《后汉书》等诸汉籍，而且也记载于《评王券牒》等在中国南方瑶族等汉藏语系民族民间传承的汉文文献中。以上汉籍所记盘瓠神话和《评王券牒》诸异文所载盘瓠（护）神话是盘瓠神话发展演异的两条轨道。由于记录的人、记载于文献的时代以及民族、流传地域的不同，两者间呈现既相同又相异的情况。盘瓠神话较早地成为神话学家乃至人类学家、民族学家所关注的研究课题，并且以往学界的盘瓠神话研究也取得诸多成果。本文从汉籍所记盘瓠神话的纵向承袭和横向传播关系进行研究，探讨该神话的产生和发展轨迹及特点。

据专家考证，最早记录盘瓠神话的汉籍为东汉时期应劭著《风俗通义》，但是该文献在传承过程中已经丢失二十二个卷帙，恰巧记载该神话的文字不见今本。现今之所以了解到《风俗通义》中载有盘瓠神话，是因为宋人罗泌著《路史》中传递了这个信息。《路史·发挥二》云："应劭书遂以高辛氏之犬名曰盘瓠，妻帝之女，乃生六男六女，自相夫妻，是为南蛮。"[①]

《路史》所称"应劭书"指的显然是应劭所著《风俗通义》，其中还透露神话的主要人物高辛氏及其畜犬之名，叫作盘瓠，这只犬娶帝高辛氏的女儿为妻，生六男六女，其子女相互嫁娶，生儿育女，繁衍为"南蛮"。《路史》中确实传递了盘瓠神话及其相关的一些信息，但是将该神话的这段文字与后

---

① （宋）罗泌：《路史·发挥二》，"论盘瓠之妄"条，《四部备要》本册二，台湾中华书局，第19页。

来发现的比较完整的盘瓠神话文本比较，可以发现不少情节母题阙如，该神话文本中既没有记载神话主人翁盘瓠神犬的来历，也没有说明高辛帝为什么把女儿嫁给神犬——盘瓠。这里有两种可能性引起我们的思考。第一种可能性是《风俗通义》记载的神话文体原本就这样简单；第二种可能性是罗泌记述的并不是《风俗通义》所记神话的完整文本，只是摘取其大意而述之。由于《风俗通义》的这一部分已经丢失，因此这些问题无从考证。值得注意的是《路史》所记犬祖神话中已经包含女性与犬类婚媾，生新氏族始祖等神话的核心母题。

三国时期鱼豢（生卒年不详）著《魏略》记载盘瓠神话，然而《魏略》亦佚，但其包括盘瓠神话在内的相关文字内容留存于《太平御览》：

> 高辛氏，有老妇居王宫，得耳疾，挑之，出顶虫，大如茧，妇人盛瓠中，复之以槃，俄顷化为犬，其文五色，因名"盘瓠"。①

该神话主要解释了神犬盘瓠的产生及盘瓠这个名称的来历及其词义。虽然短短数句，其神话意味十分深厚，该神话"十分怪诞，明显是编造的，不可为信"。② 神话对神犬盘瓠形成的过程以及"盘瓠"这一名称的解释完全具备民间口头文学的一般特征。神话本身就是古人"编造"的"怪诞"故事，与史实少有事实上的联系。③ 该神话的另一个特征，即其中包含了后世神话或民间故事中频繁登场的"覆盖变化"母题，即将变化的主体覆盖规定的一段时间后主体便化为其他动物或人。该神话中说，老妇将顶虫"复之以槃，俄顷化为犬"。在后世民间故事或神话中"俄顷"变为9天、49天等象征性单位时间了。如壮族神话《姆六甲》称，创世之初，世界上还没有人烟的时候，

---

① （三国）鱼豢：《魏略》，《太平御览》卷七八五，《四夷部六·槃瓠》。
② 吴晓东：《苗族图腾与神话》，社会科学文献出版社，2002，第121页。
③ 有学者经过研究之后认为，《太平御览》所记这些文字是一段图腾生育神话。蒋明智：《盘瓠出世：一段图腾生育神话解读》，《民族文学研究》2000年第3期。

大神姆六甲用尿和泥，照着自己的模样捏泥造了很多泥人，并用乱草蒙盖起来，经过49天，打开蒙盖的草一看，这些泥人都活起来了。①在浙江富阳县（今杭州市富阳区）的传说中，关云长是龙血变成的，用钵盖龙血49天，会变成小孩。②后来这类民间叙事的母题里增加了禁忌内容，如约定覆盖的时间还没到，打开一看变化主体的一半或部分还没有变化完成。总之，"覆盖变化"母题的原型在《太平御览》所载盘瓠神话中已经出现，该文献记载的盘瓠神话具有明显的古代口头文学特征。当然《太平御览》所载盘瓠神话在以后的文献中收录时内容和形态也都发生了变化。《路史》记载的神话即包含以上的主体内容，且交代后来此犬以高辛氏女为妻，生六男六女互相嫁娶，而繁衍为"南蛮"。

东晋郭璞（276~324年）为《山海经·海内北经》"犬戎国"条作注时也记录盘瓠神话的一则变体：

> 昔盘瓠杀戎王，高辛以美女妻之，不可以训，乃浮之会稽东海中，得三百里地封之，生男为狗，女为美人，是为狗封之国也。③

郭璞所注盘瓠神话中已经有了《路史》和《太平御览》所未及内容。这里解释了帝喾高辛氏为何把女儿嫁给盘瓠。神话中还说，高辛氏无法教诲盘瓠，就把他漂流到会稽以东的大海之东，后终于找到三百里之地，封盘瓠于此地。盘瓠后人生男为狗，生女为美人，人们称其封地为"狗封之国"。

郭璞在《玄中记》中又记载了盘瓠神话的一个变体：

> 高辛氏有美女，未嫁。犬戎为乱，帝曰："有讨之者，妻以美女，封

---

① 蓝鸿恩搜集整理《神弓宝剑》，中国民间文艺出版社，1985。
② 〔俄〕李福清（B.Riftin）：《神话与鬼话——台湾原住民神话故事比较研究》，社会科学文献出版社，2001，第34页。
③ 马昌仪：《古本山海经图说》，山东画报出版社，2001，第516页。

三百户。"帝之狗名槃瓠，三月而杀犬戎之首来。帝以为不可训民，乃妻以女流之，会稽东南二万一千里，得海中土，方三千里而封之。生男为狗，生女为美女。封为狗民国。①

在一定程度上郭璞《玄中记》所记盘瓠神话是他在《山海经·海内北经》"犬戎国"条作注时所记神话的一个诠释。值得注意的是，郭璞所记盘瓠神话及其变体中都出现犬人婚媾，生儿育女，繁衍为"狗封之国"等内容。这种"犬人婚媾生子"为中国南方汉藏语系民族和北方阿尔泰语系民族中均传承的"狗国"神话的核心母题。而上述数则汉籍盘瓠神话中只有郭璞所记神话有该"狗国"神话母题。而郭璞所记盘瓠神话可能受《山海经》所记"犬戎国"神话及其"犬戎之图像"的影响。

东晋人干宝所著《晋纪》中没有记载完整的盘瓠神话文本，但其记述了有关盘瓠之后人及其居地、与相邻民族之间的关系以及盘瓠子孙祭其先祖的情景，且遗失盘瓠神话的主要母题，而干宝所著《搜神记》中则记录了盘瓠神话比较完整的文本，且题为《狗祖盘瓠》：

高辛氏，有老妇人居于王宫，得耳疾历时。医为挑治，出顶虫，大如茧。妇人去后，置以瓠蓠，覆之以盘，俄尔顶虫乃化为犬，其文五色，因名"盘瓠"，遂畜之。时戎吴强盛。数侵边境。遣将征讨，不能擒胜。乃募天下有能得戎吴将军首者，购金千斤，封邑万户，又赐以少女。后盘瓠衔得一头，将造王阙。王诊视之，即是戎吴。为之奈何？群臣皆曰："盘瓠是畜，不可官秩，又不可妻。虽有功，无施也。"少女闻之，启王曰："大王既以我许天下矣。盘瓠衔首而来，为国除害，此天命使然，岂狗之智力哉。王者重言，伯者重信，不可以女子微躯，而负明约于天下，国之祸也。"王惧而从之。令少女从盘瓠。盘瓠将女上南山，草木茂盛，

---

① （清）黄奭校勘：《郭氏玄中记》，民国甲戌余知古渚宫旧事，江都朱氏补刊，第11页。

无人行迹。于是女解去衣裳，为仆竖之结，着独力之衣，随盘瓠升山，入谷，止于石室之中。王悲思之，遣往视觅，天辄风雨，岭震云晦，往者莫至。盖经三年，产六男六女。盘瓠死后，自相配偶，因为夫妇。织绩木皮，染以草实，好五色衣服，裁制皆有尾形。后母归，以语王，王遣使迎诸男女，天不复雨。衣服褊褛，言语侏僚，饮食蹲踞，好山恶都。王顺其意，赐以名山广泽，号曰蛮夷。……今即梁、汉、巴、蜀、武陵、长沙、庐江郡夷是也。用糁杂鱼肉，叩槽而号，以祭盘瓠，其俗至今，故世称"赤髀横裙，盘瓠子孙"。①

以上是迄今为止，汉籍记载得最为完整的一则盘瓠神话文本，其中传达着神犬盘瓠的形成、形状特征以及盘瓠杀戎吴和娶帝女，上南山生息，繁衍"蛮夷"以及盘瓠后人的相关信息。神话中盘瓠神犬的形成及其形体特征的讲述与《魏略》同。

盘瓠因杀戎王，得以与帝女成婚和生儿育女等母题大致与郭璞所述神话相似。神话中包含着神犬盘瓠的神奇诞生，盘瓠杀戎吴之后与帝女成婚，即犬与人成亲，生儿育女，而其子女自相婚配，繁衍成"南蛮"等神话母题链。最后还记载了后人祭祀盘瓠祖先的仪式。

盘瓠神话是一则典型的异类婚神话，其中人犬婚媾，生儿育女等是该神话的核心母题链，而把该神话纳入正史，使其成为真实"历史"者为南朝宋人范晔（398~446年），他以《搜神记》所记神话为基础，对盘瓠神话进行整理修改，将其写入《后汉书·南蛮西南夷列传》：

昔高辛氏有犬戎之寇，帝患其侵暴，而征伐不克，乃访募天下，有能得犬戎之将吴将军头者，购黄金千镒，邑万家，又妻以少女。时帝有畜狗，其毛五采，名曰槃瓠。下令之后，槃瓠遂衔人头造阙下，群臣怪

---

① （晋）干宝：《搜神记》，马银琴译注，中华书局，2012，第309、310页。

而诊之,乃吴将军首也。帝大喜,而计槃瓠不可妻之以女,又无封爵之道,议欲有报而未知所宜。女闻之,以为皇帝下令,不可违信,因请行。帝不得已,乃以女配槃瓠。槃瓠得女,负而走入南山,止石室中,所出险绝,人迹不至。于是女解去衣裳,为仆鉴之结,着独力之衣。……经三年,生子一十二人,六男六女。槃瓠死后,因自相夫妻。织绩木皮,染以草实,好五色衣服,制裁皆有尾形。其母后归,以状白帝,于是使迎致诸子。衣裳斑斓,语言侏离,好入山壑,不乐平旷。帝顺其意,赐以名山广泽。其后滋蔓,号曰蛮夷。……今长沙五陵蛮是也。①

范晔似乎还借鉴此前其他有关盘瓠神话的内容,如应劭《风俗通义》所记和郭璞、干宝所传神话,但删除了有关盘瓠神犬诞生的所谓"怪诞"母题,比较完整地保留了人与犬成婚、繁衍后代等犬祖神话的主要母题链。

总之,有关盘瓠的文献神话文本也是在民间长期流传过程中丰富和完善起来的,也印证了神话是从简就繁的演化规律。尤其是神话中第一次阐释了神话主人翁盘瓠这只神犬的幻化产生过程,解释了盘瓠之名的来历及意义,使得神话内容更加完整,形式更加符合犬祖神话的一般特征。其中以干宝的《搜神记》和《后汉书·南蛮西南夷列传》所载盘瓠神话最为完整。

二 《评王券牒》诸异文及其盘护神话

《评王券牒》是瑶族民间长期流传和珍藏的一种汉文文书,是很珍贵的历史文献,也是研究瑶、苗等南方汉藏语系民族犬祖神话信息的重要载体。该文献在湖南江华、蓝山、道县、城步、宁远和广西龙胜、临桂、来宾、恭城、宝山、荔浦、贺县、罗城、宜山及广东的连山等地均有发现。《评王券牒》主要叙述龙犬盘护的神话传说,瑶族的起源,瑶族十二姓的由来,瑶族先民的

---

① (宋)范晔:《后汉书》卷八六,《南蛮西南夷列传》,中华书局,1965,第2829、2830页。

活动范围、迁徙路线以及唐、宋、明等历代统治者为瑶民制定颁布的有关权利义务的规定，瑶民开发山区、安居乐业等生产生活情景。因此这些文书对研究瑶族历史文化具有重要意义，尤其是研究瑶、苗等南方民族犬祖神话具有非凡的学术意义。

《评王券牒》保存了大量的盘护神话的不同变体，而且其犬祖神话与上述汉籍神话之间既有相同性，又有相异性。通过两者间的比较，不但能够发现其不同特征，而且也可以追寻南方民族犬祖神话的发生、发展以及变化的轨迹。

新中国成立以来学术界以及有关部门非常重视《评王券牒》的搜集整理和科学研究工作，其中该文献的搜集整理与出版发行工作取得重大进展，比如，民族出版社于2009年出版发行、《过山榜》编辑组编辑的《瑶族〈过山榜〉选编》一书，共收录不同题目的《评皇券牒》异文35件。此外，湖南省江华县江华新闻网也公布了《评王券牒》一件。①

本文主要根据以上公开出版的《评王券牒》诸文本为依据，分析其中包含的盘护神话，并与文献所载同类神话进行比较。首先，将当年从湖南省蓝山县汇源公社搜集，并存于湖南省民族研究所的一份题为《南京平王敕下古榜文》所含神话文本抄录如下：

先因（国）平王，所被外国紫王战国纵横，平王朝内言问，内朝象（众）臣。及大将军，朝象（众）臣："何人收得紫王，我平王郎（即）赐二宫之女与他为妻，更（并）得被（彼）国。"平王分（吩）咐，朝内诸臣及大将军，启朝内出给三月（日），无人承领。杰计收得紫王，可得殿前龙犬。口含言语，可领给文。名唤盘王，护国之人。启告王曰："理②。收紫王易得。"平王降敕，龙犬亦言大悦。龙犬奏报，立时将身下

---

① 为了便于研究，本文将《过山榜》编辑组编辑，由民族出版社出版发行的《瑶族〈过山榜〉选编》一书中的35件文书以及其他相关文书统称为《评王券牒》。

② 理，系瑶语 jia，即"我"之意。

水，游过大海去。我作平王国内小臣，尽皆结右开知。紫王每日引龙犬游过宫内。可有猛虎之威，且得国界安宁。看将龙犬，身有二点虎色，初生在东海，晋（留）引在家中养大，强恶全（如）虎。一般毛色，赐平王如是贤物，降敕回朝内从随。紫王饮酒而醉，龙犬咬左趄（边）耳朵，一并不放。龙犬记得圯里居藏，上殿，有猛虎之威。平王立时倍劳待酒，广排筵席，三日三鱼（夜），庆贺王国安宁。会（食）罢，诸臣奏报，强夺龙犬二宫［女］（"女"字由引用者根据下文补）安身之理？我有（有我）平王（王）在上，我金玉牙口（口玉牙），降敕在前。与诸臣告曰：降敕，与他为妻。龙［犬］便（变）人身。平王分付（吩咐）：我王依前出给三月（日），无人承领，可得龙犬充领刲（刲）文，诸臣奏准。大笑呵呵，便将二宫［女］（"女"字由引用者补）身穿花衣，长调木鼓，六（芦）笛吹笙，铜锣笛□，惊天动地。上不犯天，下不犯地獄（狱），眼不见（见民）不扰不捏。龙犬愿（原）来识得二宫女，居上殿，龙犬啨（咀）咬二宫女脚下罗裙，不用二婢之子。平王笑说，虽见此犬，啨（？）作乱嗷（？），感得龙犬护国，咬死紫王。王解头回朝。平王赐二宫女，与他为妻。生下六男六女，极（报）具存身。准平王给咐六姓摇（瑶）人为官□。天子、将相、公侯商议，送青县会稽山七贤洞，青竹林中白雪山。①

以上《南京平王敕下古榜文》用现代汉语通译摘要如下：

平王国被柴王侵扰，发榜纳愿将二公主（原文中为二宫女）为能降伏柴王的人为妻且平分其国，但无人敢应，有人推荐宫中龙犬盘王，因此平王命龙犬出征。龙犬至柴王国后蛰居随行，乘此国王醉酒，取其首级送到平王国。臣民奏报平王兑现诺言，龙犬变为人身，得二公主为妻，

---

① 《过山榜》编辑组：《瑶族〈过山榜〉选编》，民族出版社，2009，第2页。

表 1 《评皇券牒》诸异文各版本所载盘瓠神话母题对比

《评皇券牒》版本 神话母题	《南京平王敕下古榜文》	《过山榜文》	《榜文》	《过山榜》之一	《过山榜》之二	《过山图》	《过山牒》	《过山照》	《评皇券牒》之一	《评皇券牒》之二	《评皇券牒》之三	《评皇券牒》之四	《评皇券牒》之一	《评皇券牒》之二	《评皇券牒》之三	《评皇券牒》之四	《评皇券牒书传为记》	《平王券牒》	《平王胜[牒]榜文盆照(印)》	《猺(瑶)人出世根底》
猺(瑶)人根骨即系龙犬出身。																				
评王得龙犬一只，名盘护，其身长三尺，毛色黄斑，异意超群。																				
一天评王贸然大怒，意欲谋杀外国高王。																				
评王和高王争天下（争国）；高王犯界，平王甚忧。																				
评王承诺，能降伏柴王者，赐宫女为妻。(平分彼国)																				
出告示（三天），将相众臣无人承领，俱无承领。																				
龙犬说人语，称伏高王不难，愿降伏高王，以报主恩。																				

续表

《评皇券牒》版本 / 神话母题	龙犬名唤盘王，护国之人，(小名盘护。)	龙犬得到评王准许，立即投入大海，七天七夜，游向高王之国。	高王得龙犬，满心欢喜，称评王无道，不能畜此犬。	龙犬向柴王言："我评王国小臣，为王效劳而来。"	高王善待龙犬，常引游皇宫，侍侧不离。龙犬有猛虎之威，可得国界安宁。	龙犬初生东海龙王家，具虎色，虎威，评王视之贤物，领养，常作随从。	高王大醉，不省人事，龙犬咬断其头，速复过海，送至评王宫殿。
《瑶(猺)人出世根底》	■	■		■	■		■
《平王胜[牒]榜文给照(印)》		■	■		■	■	
《平王券牒》	■	■	■	■	■	■	■
《评王券牒书传为记》	■	■	■	■	■	■	■
《评皇券牒》之四	■	■	■	■	■	■	■
《评皇券牒》之三	■	■		■	■	■	■
《评皇券牒》之二	■	■	■	■		■	■
《评皇券牒》之一	■	■	■	■	■	■	■
《评王券牒》之四	■	■	■	■		■	■
《评王券牒》之三	■	■	■	■	■	■	■
《评王券牒》之二	■	■	■	■	■	■	■
《评王券牒》之一	■	■	■	■	■	■	■
《过山照》	■	■	■	■	■	■	■
《过山牒》		■	■	■	■	■	■
《过山图》	■	■	■	■	■	■	■
《过山榜》之二	■	■	■	■	■	■	■
《过山榜》之一	■	■	■	■	■	■	■
《榜文》		■	■	■	■	■	■
《过山榜文》		■		■	■	■	■
《南京平王敕下古榜文》		■	■		■	■	■

续表

神话母题 \ 《评皇券牒》版本	《南京平王敕下古榜文》	《过山榜文》	《榜文》	《过山榜》之一	《过山榜》之二	《过山图》	《过山牒》	《过山照》	《评王券牒》之一	《评王券牒》之二	《评王券牒》之三	《评王券牒》之四	《评皇券牒》之一	《评皇券牒》之二	《评皇券牒》之三	《评皇券牒》之四	《评王券牒书传为记》	《平王券牒》	《平王胜[牒]榜文给照(印)》	《瑶(猺)人出世根底》
评王派龙犬飘潮过海，口咬高王，命故败绝。																				
评王为龙犬广排筵席，三天三夜，庆贺王国安宁。																				
诸臣提醒评王："应不忘记许过的愿，使龙犬娶宫女为妻。"																				
龙犬向评王自行请求，不要官职，只请与宫女成婚。																				
评王决意，与宫女子龙犬为妻，择吉日成亲。（龙犬变人身）																				
评王把女儿许配给"狗头瑶"。																				
评王让龙犬穿着打扮，目的是遮掩其"犬色"。																				

续表

《评皇券牒》版本 \ 神话母题	宫女芽老衣，上官殿，评王为龙犬与宫女举行婚礼。	龙犬认识宫女，咬住其罗裙不放，请求宫女作它的妻子。	评王高评龙犬："虽见此犬，乱喊乱叫，但它咬死柴王，深知护国。"	龙犬要宫女为妻，生六男六女，评王为他赐姓、赐官。	龙犬与宫女之子女，受犬之形气而生，属人之胞胎而出。	天子把龙大夫妇送入会稽山七贤洞，居于青竹林白雪山。	龙犬狩猎，被石（羚）羊角抵落崖而亡。（安葬于林白贤洞南。）
《猺（瑶）人出世根底》	■	■		■		■	■
《平王胜[牒]榜文券照（印）》	■	■		■		■	■
《平王券牒》	■	■		■		■	■
《评王券牒书传为记》	■	■		■		■	■
《评皇券牒》之四	■	■		■		■	■
《评皇券牒》之三	■	■		■		■	■
《评皇券牒》之二	■	■		■		■	■
《评皇券牒》之一	■	■		■		■	■
《评王券牒》之四	■			■		■	■
《评王券牒》之三	■	■		■		■	■
《评王券牒》之二	■	■			■	■	■
《评王券牒》之一	■	■		■		■	■
《过山照》		■		■		■	■
《过山牒》				■		■	■
《过山图》				■		■	■
《过山榜》之二		■		■		■	■
《过山榜》之一				■			
《榜文》		■		■		■	■
《过山榜文》				■		■	■
《南京平王敕下古榜文》				■		■	■

生下六男六女，子孙繁衍，平王降敕封其六子为瑶人之官，居住于会稽山七贤洞，青竹林中白雪山为他们的居住地。

以上是《南京平王敕下古榜文》及其现代汉语译写，为了比较研究的方便，现将介绍《评王券牒》诸异文所载盘护（瓠）神话故事梗概如下：

龙犬名盘护，身长三尺，毛色黄斑，异意超群，会说人语，有时变人身。有虎色，具猛虎之威，能够使国界安宁（有的异文中龙犬以评王之子形象出现。）龙犬初生东海龙王家，评王视之贤物，领养于皇宫中，并常作随从。

评王和高王争天下，或高王犯界，评王甚忧。于是评王出告示，承诺谁能降伏高王，赐宫女为妻，并平分其国。告示出三天，诸将相众臣无人承领；唯殿前龙犬自告奋勇，称降伏高王并不难，愿降高王，以报主恩，评王非常高兴，但他又担心它完不成任务，由于龙犬的解释和坚持，评王高兴地接受龙犬的请求，并以百味款待送行，群臣送至皇宫门口。龙犬拜辞评王，投身大海，向高王之国游去。龙犬在不停地游泳，七天七夜，终于到达高王宫殿。此时高王正上朝，他了解龙犬为他效劳而来，异常开心，因为他此前晓得龙犬，他满心欢喜地说："评王无道，不能畜此犬，兹拜我而来，这是评王亡国之兆，龙犬归我，国家必昌盛。朕能畜之，是兴邦瑞兆。"从此高王优待龙犬，爱惜如玉，常引游皇宫，须臾不离。

有一天高王酩酊大醉，不省人事，龙犬趁机咬断其首级，又一次漂洋过海，把高王的首级送至评王宫殿。评王无比欣慰，广排筵席，倍劳待酒，三天三夜，庆贺国泰民安。诸臣奏报："王应兑现承诺，使龙犬娶宫女为妻。"评王听取群臣之谏，决定把宫女嫁给龙犬为妻，并择吉日成亲（有的异文称，此时龙犬变人身）。龙犬认识宫女，穿花衣的宫女上宫殿，龙犬便咬住其罗裙不放，请求宫女嫁他为妻子。后宫女生六男六女，评王为他们赐姓、赐官。天子把龙犬夫妇送入会稽山七贤洞，居于青竹林白雪山。龙犬狩猎，被石（羚）羊角抵落崖而亡，安葬于七贤洞南。

以下介绍《评王券牒》诸异文所载神话内容及其特点，首先把《评王券牒》之一、之二神话文本编译如下：

猺（瑶）人根骨即系龙犬出身。评王出世时，得龙犬一只，身长三尺，毛色黄斑，意异超群，有一天评王忽然大怒，欲杀外国高王，但群臣无人应承。唯独殿前龙犬，说人语，毛遂自荐，不用千军万马，只用口牙之计，降伏高王，以报主恩，护国兴邦。评王仔细听了龙犬的计谋，高兴非常，赞赏其计。他认为，派龙犬高王必中计，因为世间皆有防人之害，而无防兽之心。但评王又想，我国与高王国之间海水滔滔，万顷洪波，非一日而渡，虽然能浮游于水面，但怎能自带行粮，度过多日！龙犬听此言后说："人受一日之饿，我可受七日，何需自带行粮！"评王听此言，高兴地说："如果你能立此功，朕将宫女赐你为妻。"于是龙犬接受评王的百味款待，拜辞评王而去，群臣送龙犬至皇宫门口。龙犬投身大海，游向高王之国，它浮游水面，七天七夜，到达高王宫殿。此时高王正上朝，他见到龙犬非常高兴。高王相识龙犬，此日见它，满心欢喜，称："评王无道，不能畜此犬，兹拜我而来，这是评王亡国之兆。俗语云：'猪来贫，狗来富'，龙犬归我朝，我国必昌盛。朕能畜之，是兴邦瑞兆。"从此高王优待龙犬，爱惜如玉，常引游皇宫，须臾不离。

有一天高王游赏百花行宫，酩酊大醉，不省人事。龙犬觉得报主之恩的时机到了，他发动伤人之口，咬杀高王，截取首级，投进大海，直奔评王宫殿。它把血淋淋的高王头置于殿堂，自己也昏厥倒地。高王的群臣赶忙扶起，问它何获高王之首级。龙犬讲述得高王头的经过。评王亲自来诊视高王的首级，相信龙犬立大功，称赞龙犬不用一兵一卒，未动一刀单剑,只用其钢牙尖齿,咬断高王头,其功非小,故封使龙犬荣享国公之职。龙犬说:"我本是一只畜生,岂图高官荣华,吾王有敕在先,兑现诺言,把宫女嫁给我。评王感叹道:"这畜生非把我女儿丑行(与犬成婚)传天下不可!朕出于无奈,择吉日,方可成亲。"评王还吩咐在婚礼那天要遮掩龙犬的身体:绣花一条以缚其腰,绣花帕一幅,以裹其额;绣花裤一条,以藏其股;绣花布一双,以裹其胫。之所以这样束装,是为了遮掩其羞。"次日,即吉日良辰,评王为宫女梳妆插金,招赘驸马。评王说:"宫中龙犬即盘护虽然畜生之类,但它却是灵性之人,将相君臣不得违抗皇帝之命,宫女则从依不得违命,与龙犬交拜成婚,将其以婿相待。"今天在皇宫里龙犬与宫女成亲。次日,宫廷安排车辆,送龙犬与宫女夫妇于会稽山内。派三员官僚和五百名劳力为随从,并送金银财宝等,安排房屋,使他们永世居住此地,皇父逐月送钱粮与盘护夫妻之用。后龙犬与宫女生六男六女。评王闻之,喜笑颜开,立刻传谕旨,封盘护为始祖盘王,敕六男六女为王猺(瑶)子孙,其六男六女受犬之形气而生,属人之胞胎而出。敕令六男娶外人之女为妻,以传其后;敕令六女招婿外人之子为夫,以继其宗。

后龙犬盘护天天在山上打猎,有一次出外数日未归,其子孙到处寻找,最后在一个崎岖山间发现了被羚羊刺死的盘护遗体。孝男孝女将其尸首扛回,仍将花衣花帕装束,装殓木棺埋葬。①

《评王券牒》之三所载神话与上述《评王券牒》之一、之二相差无几,只是其中的祭祀盘护场景与《后汉书》等汉籍神话相似。

由于年代久远,传抄频繁等原因,《评王券牒》原文中多见疏漏、异字衍字、衍句或倒装、串行等舛误,从而影响对整个文献内容的正确解读。虽然如此,上述文献比较完整地保留了盘护(盘瓠)神话的内容,下面我们以此

---

① 《过山榜》编辑组:《瑶族〈过山榜〉选编》,民族出版社,2009,第8-18页。

为基础对《评王券牒》诸异文中的盘瓠神话进行比较,重构该文献所含盘瓠神话的基本内容及其特点。

从湖南省江华县湘江公社所藏的题为《榜文》(之一)的文献说起,在这一份文献首先从开天辟地开始讲述,并称盘瓠为盘古,又称龙犬,称其小名盘护,身有斑点,出生于东海龙王家。有关盘护神话的内容:评王承诺谁把柴王征服,不但嫁给二宫女,而且还把彼国平分,龙犬把柴王征服后,评王兑现承诺,平分柴王国土及诸臣,又将二宫女嫁给他。而评王用漂亮好看的衣服装束二宫女,而龙犬认识二宫女,它在宫殿内咬住二宫女的黄裙脚不放,决意娶她为妻。龙犬与二宫女成婚,生六男六女,朝廷把他们送入青山州相县会稽山的深山老林里。他们的住处在青竹林白云山脚下的稽宅七宝洞。关于盘古瓠的死:昔犬日入山捕猎,被石羊杈死,跌落石崖枣树上,儿孙找到其尸体,安葬于七贤洞之南。《榜文》又称:"先伏父亡,葬在波州白石山,有石人、石马、石狮子、石虎、石猪、石羊。"①

首先,关于盘瓠的及其来历,《评王券牒》之一记载,评王得"龙犬一只,身长三尺,毛色黄斑,忌(意)异超群之也"。该文献称"龙犬盘护"。②《评王券牒》中的盘护神话部分内容更接近于《后汉书》所载同一神话,而与高辛氏对应的是评王,与戎吴对应的是高王。而盘护和宫女的成亲是评王安排的,并不是帝女主动要求嫁给盘护。盘护与宫女所生六男六女为"受犬之(形)气而生,属人之胞胎而出",从这十二个子女繁衍出瑶人十二个姓氏。该文又说盘护是被羚羊刺死的。③

《评王券牒》(之一)的基本情节与《评王券牒》(之二)相近,而且两者绝大多数文字相同,因此,两者出自同一文本。④《评皇券牒》(之三)的相关文字与《评王券牒》(之一)(之二)相同,只是《评皇券牒》(之一)的记载中,盘护娶宫女,并不是"我王"事先承诺的,而是盘护把高王的首级送到

---

① 《过山榜》编辑组:《瑶族〈过山榜〉选编》,民族出版社,2009,第6-7页。
② 《过山榜》编辑组:《瑶族〈过山榜〉选编》,民族出版社,2009,第8页。
③ 《过山榜》编辑组:《瑶族〈过山榜〉选编》,民族出版社,2009,第8-9页。
④ 《过山榜》编辑组:《瑶族〈过山榜〉选编》,民族出版社,2009,第12-15页。

之后，在宫殿上"向前将口咬住宫女裙脚不放，要汝嫁我。王见盘护有此灵性，就将宫女嫁之为妻"。①《评皇券牒》(之三)记述的盘护神话内容与《评皇券牒》(之一)同，评王没有事先有承诺。②《评皇券牒》(之四)中称盘瓠为盘护，其神话内容与其他《评王券牒》无甚差异。③《评王券牒》(之三)、(之四)中的神话与《评皇券牒》的神话内容大致相同，其中只有盘瓠葬礼的描述，没有说明他的死因。④《评王券牒》(之三)与(之四)一样，先无承诺，却有婚姻。⑤

《评皇券牒》(之五)称盘护(瓠)为"盘龙王犬盘护"，又称"盘护"或"护"。该异文也记录了完整的盘瓠神话文本。⑥

《盘王券牒》中不见盘护(瓠)神话，只有盘王的死因及葬礼。其中这样写道："圣祖置天造地，立国有功，为闲时，入山赶猏(猎)在流野处，石犽抄(撬)落梓木中，葵(落)着牒(跌)之后，不得失落，昔日平王遣(遗)将竹笛、梓木作鼓，取石犽(羊)皮棚(蒙)鼓，打吹连宵。一夜忽被狂风吹落尸身，子孙收拾黄金骨，锡铁作板，安葬青山。"⑦关于"盘古龙王"死亡的文字又出现于《平王券牒》(之一)⑧。《评皇券牒》(之三)也称盘护"被羚羊角触落石岩下身死"。⑨

《过山榜》(之二)是不到1000字的小型文献，其中记述的盘护(瓠)神话称："平王高王占(争)天下，平王花龙犬漂湖过海，口咬高王，命故败绝。平王女许名狗头瑶，天下二十四山分点王徭(瑶)子孙所管。"⑩《过山榜》(之四)中称盘瓠为"盘古王""盘古大护""盘大护"。该异文记录了一个不完

---

① 《过山榜》编辑组：《瑶族〈过山榜〉选编》，民族出版社，2009，第16页。
② 《过山榜》编辑组：《瑶族〈过山榜〉选编》，民族出版社，2009，第35页。
③ 《过山榜》编辑组：《瑶族〈过山榜〉选编》，民族出版社，2009，第63页。
④ 《过山榜》编辑组：《瑶族〈过山榜〉选编》，民族出版社，2009，第69、71页。
⑤ 《过山榜》编辑组：《瑶族〈过山榜〉选编》，民族出版社，2009，第69、71页。
⑥ 《过山榜》编辑组：《瑶族〈过山榜〉选编》，民族出版社，2009，第90页。该文献附瑶胞致党中央毛主席的要求书。
⑦ 《过山榜》编辑组：《瑶族〈过山榜〉选编》，民族出版社，2009，第20页。
⑧ 《过山榜》编辑组：《瑶族〈过山榜〉选编》，民族出版社，2009，第24页。
⑨ 《过山榜》编辑组：《瑶族〈过山榜〉选编》，民族出版社，2009，第36页。
⑩ 《过山榜》编辑组：《瑶族〈过山榜〉选编》，民族出版社，2009，第27页。

整的盘护神话，其中还出现了与"盘大护"齐名的"李大护"。关于盘护的出世："开天盘古出世住在东京道，东（西）岳昆仑，天里宫中金石现，盘古大护（瓠）、盘婆夫妻二人结配成婚，得三男三女。李大护出世在西京道西岳［昆］仑，天内行豹，出能将军，同盘［王］三女结配成亲，生下六男六女，又生百万千千户。"①

《过山榜》（之四）接着又记录了结尾不完整的盘户（瓠）神话文本："昔日高王与平王争国，……盘古王食丁便辞王父却去边踊连绵洋海，七日七夜，傜（瑶）王（至到）高王殿前。龙犬是盘古大护（瓠），到投高王殿下，多人喜悦，遂将军食与文言父。平王无道，若内心变也，得盘古太护（瓠）逃投陛下，高王自杀分明。平（高）王有傜（瑶）民，每日将盘大护（瓠）常行出进官院，平（高）王不悟，一日饮酒，酒醉不知，盘古大护（瓠）急时咬杀高王，取得高王头来，速复过海，七日七夜回归，值（直）到平王殿前唱喏。平王大喜悦。遂令诸臣相迎，杀头（牲）犒［赏］设作会时待，李大护不食。问王欲有何意，我自不食居何得，请臣相护及大将军答曰：常日之时，被高王欲有何来（事）争国，陛下救问曰：朝内请（诸）臣相有人取高王头来，合分国共理，给并赐二宫第三女为妻。此时诸臣相无大计，惟李大护在三界。"②

以上《过山榜》（之四）是在《评王券牒》各版本中很有特色的异文，它在以上盘大护和李大护神话之后又一次记录了"李大护取二宫三女为妻，合生六男六女"的故事，还记载了洪水之后伏羲兄妹成婚的故事和圣王生下"六男六女，结配夫妻"的故事，③生六男六女的圣王，应该是指盘护。

《平王券牒》（之二）中记述了比较完整的一则盘护神话。除称盘护为"龙犬"外，多称"盘王大护"或"盘大护""大护"。该文后部中又称盘护为"盘古"。有趣的是该文提到大隋时"一公主娘，与犬为妻"的犬祖神话母题。④《过山图》所记盘护神话亦与《平王券牒》（之二）所记神话相似，

---

① 《过山榜》编辑组：《瑶族〈过山榜〉选编》，民族出版社，2009，第74页。
② 《过山榜》编辑组：《瑶族〈过山榜〉选编》，民族出版社，2009，第74页。
③ 《过山榜》编辑组：《瑶族〈过山榜〉选编》，民族出版社，2009，第75、78页。
④ 《过山榜》编辑组：《瑶族〈过山榜〉选编》，民族出版社，2009，第38、39页。

但其中没有盘护死亡相关的信息。①

《万福攸同，兰桂腾芳》一文是《评王券牒》诸异文中最长的一篇文献，它主要记述瑶人的发迹史，还附世系谱，最后附有盘瓠神话残篇。②

《过山牒》记载了盘护神话完整的一个文本，内容详细，枝节丰富：平王的对手为柴王。龙犬可"口出人语"，小名盘护。龙犬也是打猎时被石羊用角顶刺落山崖而亡。③《过山牒》记述了很有特色的龙犬的来历及其成长的故事。

《猺（瑶）人出世根底》一文也记载了比较完整的盘护神话文本。关于龙犬的来历："此犬有色斑点，畜生（初生）在东海龙王家，被刘弟男刘（留）称（住），是毒厄不养，将去都落口抛叶（弃），有如（日）还见家里养活[……]，平（评）王知是贤物，降齐（旨）收国朝内宗（宫）殿。"④关于龙犬来历的这段文字又曾见于《过山牒》中，而《猺（瑶）人出世根底》的这段文字更容易理解。

《平王胜［牒］榜文给照（印）》也记录了完整的盘瓠神话，对于龙犬的来历及龙犬与平王的关系，该文献中是这样写的："犬有廿四班（斑）点，教初生在东海刘家，所被刘家男女弟称生丹光梳不养，将去都落，一日跟紫王（可能是"平王"——引用者）路中过一妇人，龙犬叫一声，紫王左右臣大说（悦），引进入朝内宫，饮食美味得（待）不浅。"⑤这是龙犬来历和龙犬至柴王宫殿取其首级故事的混合体。《平王胜［牒］榜文给照（印）》亦称盘护是被石羊角撬落山崖而死。

《过山照》也记录一则盘瓠神话，但开篇部分缺字。⑥《评王券牒书传为记》又记载了盘护神话，其中也没有评王先承诺的内容。⑦

---

① 《过山榜》编辑组：《瑶族〈过山榜〉选编》，民族出版社，2009，第42页。
② 《过山榜》编辑组：《瑶族〈过山榜〉选编》，民族出版社，2009，第54页。
③ 《过山榜》编辑组：《瑶族〈过山榜〉选编》，民族出版社，2009，第55页。
④ 《过山榜》编辑组：《瑶族〈过山榜〉选编》，民族出版社，2009，第59页。
⑤ 《过山榜》编辑组：《瑶族〈过山榜〉选编》，民族出版社，2009，第80页。
⑥ 《过山榜》编辑组：《瑶族〈过山榜〉选编》，民族出版社，2009，第85页。
⑦ 《过山榜》编辑组：《瑶族〈过山榜〉选编》，民族出版社，2009，第87页。

表2 《评王券牒》诸异文所载盘瓠神话人物名称

人物	《南京平王敕下古榜文》	《过山榜文》	《榜文》	《评王券牒》之一	《评王券牒》之二	《评皇券牒》之一	《过山榜》之二	《平王券牒》	《过山图》	《过山牒》	《猺(瑶)人出世根底》	《评皇券牒》之三	《评王券牒》之三	《评王券牒》之四	《过山榜》之二	《平王胜[牒]榜文给照(印)》	《过山照》	《评王券牒书传为记》	《评皇券牒》之四
平王与柴王	■						■								■				
评王与柴王	■						■												
龙犬		■	■	■	■	■		■	■	■		■	■	■		■			
盘王					■		■					■							
护国之人																			
盘护		■		■		■	■	■	■		■		■	■		■	■		■
盘护王			■		■														
评王与高王			■			■													
护				■							■								
姓盘名护					■														
一宫女																			
二宫女		■	■					■			■								■
宫女				■	■	■	■		■	■		■	■	■			■		
二宫第三女																			
三宫女					■	■										■			
公主											■								
平王女					■														
评皇与高皇				■															
评王与高皇						■													
盘龙王犬				■															■
犬		■	■			■		■											
狗头瑶					■														
平王与高王					■										■				
盘古王																			

续表

人物	《南京平王敕下古榜文》	《过山榜文》	《榜文》	《评王券牒》之一	《评王券牒》之二	《评皇券牒》之一	《评皇券牒》之二	《过山榜》	《过山牒》	《瑶(瑶)人出世根底》	《评皇券牒》之三	《评王券牒》之三	《评王券牒》之四	《过山榜》之二	《平王胜[牒]榜文给照(印)》	《过山照》	《评王券牒书传为记》	《评皇券牒》之四
盘古大护										■								
盘王与高王						■												
盘大护						■												
盘食丁										■				■				
李大护																		
盘王大护									■									
大护																		
东海龙王		■	■	■	■	■	■	■	■									
六男六女	■	■	■	■	■	■	■	■	■	■	■	■	■	■	■	■	■	■

表3 《评王券牒》诸异文神话人物名称及其出场次数

评王与高王	次数	王	次数	龙犬(1)	次数	龙犬(2)	次数	宫女	次数	其他	次数
评王和高王	8	评王	11	龙犬	20	盘护王	1	宫女	11	东海龙王	3
平王和柴王	4	平王	7	盘护	16	姓盘名护	1	二宫女	5	六男六女	18
平王和高王	3	评皇	1	护	11	盘古大护	1	公主	2		
评王和柴王	2	盘王	1	犬	7	盘王大护	1	一宫女	1		
评皇和高皇	1	高王	12	盘王	4	盘古王	1	二宫第三女	1		
评王和高皇	1	柴王	6	盘大护	3	李大护	1	三宫女	1		
盘王和高王	1	高皇	2	盘龙王犬	2	大护	1	平王女	1		
				护国之人	1	狗头瑶	1				

总之,《评王券牒》诸异文是中国南方瑶族等汉藏语系民族盘护(瓠)神话研究的重要资源,其各版本中都繁简不一地记录了该类型神话。各版本中除神话主人公的名称不同之外,主要是对盘瓠神话情节母题的安排有所不同。《评王券牒》诸异文所载盘瓠神话与汉籍所载盘瓠神话之间多有重合之处,但也有不同的地方。《评王券牒》所载神话虽然是在文献中出现的,但它在历史上是活态的,具有取材于民间、后收入文献的特点。这些神话强化了盘瓠祖先的神圣性和不平凡性,最大限度地减少或取消了原始神话中对盘瓠的"怪诞"描述,增强了全部族或民族祖先的认同和诸民族同源同宗的认可程度。

三 盘瓠神话与盘护神话

盘瓠神话主要记载于《风俗通义》以及《后汉书》等汉籍,而盘护神话是在瑶族《评王券牒》诸异文记载并传承于瑶族民间的神话文本,两者源流和传承方式不同,但在内容上存在很多相同之处,也存在一定的相异之处。那么这些异同是如何产生的,它们表达何种意义?以上问题可通过对两者之间的神话人物、故事情节母题的比较研究来回答。

(一)神话人物名称比较

在盘瓠神话中出现的人物主要有盘瓠、"生出"盘瓠神犬的高辛氏宫中的老妇,高辛帝的对手戎王或称犬戎、戎吴、戎吴将军。还有一个人物是高辛帝之女和盘瓠与帝女生的六男六女。这里指名道姓的只有盘瓠和高辛氏两个人,而高辛帝的对手也没有真实姓名,此外,高辛帝宫的老妇人及帝女及她所生六男六女均无真实姓名。

盘瓠神话中的高辛氏是真实的历史人物,名帝喾,为黄帝的曾孙,"生而神灵,自言其名"。十五岁时,因辅佐颛顼帝有功,被封于高辛(今商丘市睢阳区高辛镇)。三十岁时,代颛顼为帝,都于亳(今商丘市)。因他兴起于高辛,史称之为高辛氏。帝喾即帝位后,"聪以知远,明以察微。顺天之义,知民之急。仁而威，惠而信，修身而天下服"。①

高辛氏是盘瓠神话中的主要形象，由于他的承诺，盘瓠与帝女成婚，生儿育女，繁衍了"南蛮"。但是盘瓠神话中的主要人物名称在《评王券牒》诸异文所载盘护神话中却没有出现，与之对应的形象名称在笔者所掌握的《评王券牒》诸异文中出现频率最高的是评王，单独出现11次，仅次于其对手高王的12次。平王次之，共出现7次；高皇出现2次，盘王出现1次。所以评王或平王是盘护神话中与高辛氏对应的帝王形象。神话中可能假借周平王之名。周平王（约前781~前720年）是东周第一代王，西周幽王之子，姬姓，名宜臼，公元前770~前720年在位。

在盘瓠神话中高辛氏的对手之名很不固定，《风俗通义》称戎王，《山海经·海内北经》称戎王，《玄中记》称犬戎，《搜神记》中记戎吴，即戎吴将军。犬戎代表民族名，这里亦指犬戎之王。神话中高辛氏的对手实际上是没有真实姓名的个人，是神话中假定的一个形象。盘护神话中评王或平王的对手主要是高王和柴王，目前所掌握的《评王券牒》异文中前者出现12次，高皇出现2次，柴王出现6次。这个神话形象可能是虚构而来的，因为历史上似乎没有与周平王对立的高王或柴王。

盘瓠神话中的主要形象是盘瓠。盘瓠，亦作"槃瓠"。《山海经》称"盘瓠"，《后汉书》则称"槃瓠"。盘，本作槃，浅而敞口的盛物器。瓠，葫芦，也可指称用葫芦制作的盛物器，如瓢等。在神话中用这两个器物的名称解释盘瓠之名，是因为把顶虫置于瓠中，覆之以盘，后来从其中化生的神犬叫作盘瓠。按以上动作顺序，"盘"与"瓠"倒置了，称"瓠盘"才符合情理。可见该名称先有之，后有对名称的解释。

在瑶族文献《评王券牒》诸异文所记盘护神话中，与盘瓠神话的盘瓠对应的神犬为盘护，在以上《评王券牒》的20多部异文中，有11部文献称盘护，3部文献称盘大护，7部文献各称盘护王、姓盘名护、大护、盘古大护、

---

① （汉）司马迁:《史记》卷一,《五帝本纪》第一,中华书局,2007,第2页。

盘王大护、护国之人、李大护。这些名称体现盘护及其变化的形式。虽然盘护神话中未见盘瓠之称，但"盘护"源于"盘瓠"，瑶族先民中尚未流传像《魏略》所记盘瓠之称来历的故事，而在盘瓠神话在民间长期流传的过程中，"盘瓠"的词义已经被淡忘，烦琐难记的"瓠"被易记易写的"护"词置换了，并且人们在《评王券牒》中始终用汉语理解"护"词，或用汉人姓氏习惯理解"盘护"。所以，从汉籍所记盘瓠神话的"盘瓠"到瑶民《评王券牒》所记盘护神话的"盘护"，经历了从书面到民间，又从民间到书面的辗转历程。

但值得注意的是，《评王券牒》诸异文所记盘护神话中龙犬是最普遍的一个人物名称，我们所掌握的《评王券牒》诸异文所记盘护神话中龙犬是神话主要人物通称。具体而言，在这些文献中均称神话主人公为龙犬，有7部文献在称神话主人公为龙犬的同时也称其为"犬"。无论是汉籍还是瑶人《评王券牒》都称盘护为一只犬，所以龙犬或犬之称为原始神话固有的名称，只是后世之人对龙的崇拜观念影响盘护神话，其"犬"以龙修饰而已。笔者认为，犬图腾崇拜时期以犬作为氏族始祖，对氏族制社会来说是一件平常不过之事，但是随着图腾崇拜时代的更替，人们的图腾观念淡化，直至消失。作为天地间最高级的生灵，人类不甘心以犬为祖先的故事，但他们也不能破坏千百年来一直传承的文化传统，所以人们"发明"了以"龙"提升"犬"的方法，从而作为祖先的"犬"堂而皇之地提升到与"龙"平起平坐的崇高地位。所以"龙犬"之名的出现显然是人们图腾观念淡化的结果。

盘瓠神话中与神犬盘瓠成婚的高辛氏之女，《风俗通义》称"帝之女"，《山海经》和《玄中记》称"美女"，《搜神记》及《后汉书》称"少女"，这里称呼虽有不一，但均称"帝之女"。在盘护神话中与之对应的王之女也无真实姓名，文献中称"宫女"之外还有"一宫女""二宫女""二宫第三女""三宫女"等，其中有11部《评皇券牒》称之为"宫女"。这些名称的不确定性说明，神话在民间长期流传过程中变异。

盘瓠神话中的盘瓠与帝女所生六男六女，在盘护神话中则成为盘护与宫女所生子息，而两者中"六男六女"均无真实姓名。此外，盘护神话中全然未见《魏略》所记高辛氏宫中老妇。

总之，汉籍所记盘瓠神话和瑶族《评王券牒》诸异文所载盘护神话人物名称中，高辛氏和平王的身份及姓名可以确定，按这个名称可以搜索到有关他们的一些历史事件，但是除了高辛氏与该神话中的角色之外，平王与该神话有关活动在其他文献或民间口承中是见不到的，所以这些人物名称是神话形成和传承过程中从民间传承中取来使用的。

(二) 神话人物形象比较

盘瓠神话和盘护神话中的盘瓠和盘护是神话的主人公，两者都是以神犬的形态出现，在神话中始终扮演着主要的角色，与它们相关的情节母题显然是最丰富的。

首先，关于盘瓠的来历。在盘瓠神话中，它是从高辛氏宫中老妇耳朵出来的顶虫化成的。该"十分怪诞"的神话母题是由三国时期鱼豢的《魏略》和东晋干宝的《搜神记》记载的，其来源如何，现无从考证。然而神犬的奇异诞生母题在北方民族神话也有所发现。柯尔克孜族神话称，猎犬神库玛依克是鹫鹰的后代，鹫鹰在荒无人烟的山坳里生下了一只拳头大小的小狗。猎人发现以后就把这只小狗放在地窖里，整整用了七天七夜，眼睛一眨不眨地精心喂养长大。①哈萨克族神话称，造物主用黄泥捏了一对空心泥人，小泥人晒干之后，造物主在他们的肚子上剜了肚脐窝。然后取来灵魂，从小泥人的嘴巴里吹进去，一对小泥人倏然站立，欢腾雀跃，他们是人类始祖。造物主用小泥人肚脐窝里剜出的泥屑创造了狗。所以直到今天，狗对于人类仍然是十分忠实而驯顺的。②

狗是最早从狼驯化而成的特殊家畜，它被驯化后成为人类最好的动物伙伴，人类对狗的依赖性可能超过任何其他家畜动物。所以古人幻想，狗和人类是同源，或狗与人类同时被创造出来。关于盘瓠来历的神话母题可能与人

---

① 满都呼主编《中国阿尔泰语系诸民族神话故事》，民族出版社，1997，第85页。
② 满都呼主编《中国阿尔泰语系诸民族神话故事》，民族出版社，1997，第74页。

类这种早期幻化的认识不无关系。

汉籍中关于盘瓠的毛色及形状的描述较少。《太平御览》引鱼豢《魏略》和干宝《搜神记》称,盘瓠"其文五色";《后汉书·南蛮西南夷列传》称"其毛五彩"。① 上述文献称,因为盘瓠之毛五色,所以其子孙"好五色衣服,制裁皆有尾形"。②

在盘护神话中盘护或龙犬是主角,关于它的起源及形状,《评王券牒》有些异文也有记载。《南京平王敕下古榜文》:"看将龙犬,身有二点虎色,初生在东海,晋(留)引在家中养大,强恶全(如)虎。一般毛色,赐平王如是贤物,降敕回朝内从随。"

《过山榜文》:"看将龙犬,身有二点虎[色],初生在东海,留引在家中养大,强恶如虎,一般毛色,赐平王如是贡(贤)物,降敕回潮(朝)从随。"

《榜文》:龙犬"身斑点,初生在东海龙王家,刘思、刘弟称是毒先泥,不养女,与他为妻。此犬五色,觅将归家里[养]活看待,有一般[斑]毛"。

《猺(瑶)人出世根底》:"此犬有色斑点,畜生(初生)在东海龙王家,被刘弟男刘(留)称(住),是毒厄不养,将去都落口抛叶(弃),有如(日)还见家里养活[……],平(评)王知是贤物,降齐(旨)收国朝内宗(宫)殿。"③

《过山牒》:"此天(犬)有色斑点,畜生(初生)在东海龙王家,被刘弟男、刘称是毒厄不养,将去都落口抛叶(弃),有一如不见将家里养活看待,见处斑毛色。自别平王,知事(是)贤物,降敕收回朝内宗(宫)殿。"

《平王胜[牒]榜文给照》:"犬有廿四班(斑)点,教初生在东海刘家,所被刘家男女弟称生丹光梳不养,将其都落,一日跟柴王路中过一妇人,龙犬叫一声,柴王左右臣大说(悦),引进入朝内宫,饮食美味得(待)不浅。"

由于以上异文中关于龙犬出身及成长相关的文字严重缺损,且多以异字

---

① (宋)范晔:《后汉书》卷八六《南蛮西南夷列传》,中华书局,1965,第2829、2830页。
② (晋)干宝:《搜神记》,马银琴译注,中华书局,2012,第309、310页。
③ 《过山榜》编辑组编《瑶族〈过山榜〉选编》,民族出版社,2009,第59页。

填充等原因，不时语句不通，无法理解有些语句。通过前后文字和各异文之间的对比分析，可知两点。第一，龙犬初生于东海或东海龙王家，由于龙犬的所有者认为龙犬邪恶狠毒，不愿喂养，将其遗弃，平王或评王知其贤物，领进宫中哺养。第二，龙犬毛色有斑点，或五色，强恶如虎。《评皇券牒》有些异文也有记述龙犬的来历及毛色特征等。《评王券牒》（之一）、《评王券牒》（之二）关于龙犬的来历，只说"评王出世时，得龙犬一只"，称龙犬身长三尺，毛色黄斑，忌（意）异超群之也。①

据上述，盘护神话中的盘护初生于东海或东海龙王家，这是神犬盘护来历的唯一解释。龙崇拜是中国乃至亚洲很多民族中盛行的民间信仰形式。而龙诞生于大海，这是龙崇拜早期的信仰基础，所以瑶族先民龙犬出自大海或诞生于龙王之家的解释合情合理且顺理成章。

盘瓠神话和盘护神话中的盘瓠和龙犬诞生以及容貌特征的解释之间有无相同或相近之处，这是比较研究两者时必须回答的问题。首先，两者均有解释神犬盘瓠或盘护的故事。但两者间的落差颇大，这两个故事在发生学上丝毫没有关联。按有些学者的阐释，前者是氏族社会时期人们图腾崇拜鼎盛时期发生的故事，而龙犬来历的故事则是人们抽象思维高度发达、龙崇拜观念深入人心时期发生的故事，所以两者不能同日而语。至于盘瓠及盘护神犬之毛色及容貌特征的描述，在两者中也能发现一些相同之处。

表4 《评王券牒》诸异文主要母题

猺（瑶）人根骨即系龙犬出身。
评王得龙犬一只，名盘护，身长三尺，毛色黄斑，意异超群，说人语，有时变人身。
一天评王贸然大怒，意欲谋杀外国高王。
平王和高王争天下（争国）；高王犯界，平王甚忧。
平王承诺，能降伏柴王者，赐宫女为妻。（平分彼国）。

---

① 《过山榜》编辑组：《瑶族〈过山榜〉选编》，民族出版社，2009，第8页。

续表

出告示（三天），将相众臣无人承领；评王命臣征伐，俱无接受。
龙犬说人语，称降伏高王不难，愿降伏高王，以报主恩。
龙犬名唤盘王，护国之人（小名盘护）。
龙犬得到平王准许，立即投入大海，七天七夜，游向高王之国。
高王得获龙犬，满心欢喜，称评王无道，不能畜此犬，兹拜我为主。
龙犬向柴王言："我平王国小臣，为王效劳而来。"
高王善待龙犬，常引游皇宫，侍侧不离。龙犬有猛虎之威，可得国界安宁。
龙犬初生东海，具虎色、虎威，评王视之贤物，领养，常作随从。
高王大醉，不省人事，龙犬趁机咬断其首级，送至评王宫殿。
评王派龙犬飘湖过海，口咬高王，命故败绝。
评王为龙犬广排筵席，倍劳待酒，三天三夜，庆贺王国安宁。
诸臣奏报："王应兑现承诺，使龙犬娶宫女为妻。"
龙犬向评王自行请求，不要官职，只请与宫女成婚。
评王决意，与宫女于龙犬为妻，择吉日成亲。（龙犬变人身）
评王把女儿许配给"狗头瑶"。
评王让龙犬穿着打扮，目的是遮掩其"犬色"。
宫女穿花衣，上宫殿，评王为龙犬与宫女举行婚礼。
龙犬认识宫女，咬住其罗裙脚不放，请求宫女作它的妻子。
评王说："虽见此犬，乱喊乱叫，但它咬死柴王，深知护国。"
龙犬娶宫女为妻，生六男六女，评王为他们赐姓、赐官。
龙犬与宫女之子女，受犬之形气而生，属人之胞胎而出。
天子把龙犬夫妇送入会稽山七贤洞，居于青竹林白雪山。
龙犬狩猎，被石（羚）羊角抵落崖而亡（安葬于七贤洞南）。

四　犬祖神话的民间文本比较

　　犬祖神话在中国南方民族中以书面和口头形式流传，尤其是在民间口头流传时发生了一些变化。日本神话学家大林太良在《神话学入门》一书中记录了一则越南瑶族（侵人）中流传的犬祖神话：

> 中国皇帝高辛氏长年和房王作战，但不能取胜。有一天他发出布告说："谁要取了宿敌的首级，就把公主赐给他。"这个布告被一条叫做盘瓠的狗知道了。它冲入房王的阵中，把其首级咬下交给中国的皇帝。皇帝不便违约，即把其女赐给了盘瓠。这对夫妇生了六男六女，其子孙成了瑶族。作为出嫁礼物，公主把其父亲的一半领土给了盘瓠。但是，皇帝为了减少他的损失，就采纳了一个狡猾的大臣的进言。只把对中国人无用的山顶和丘陵送给了盘瓠及其子孙。①

瑶族是跨国民族，中国和越南的瑶族都是汉藏语系民族，两者在民族族源以及语言文化方面都有密切的联系，因此在两国瑶族中都流传该神话是不足为奇的，只是神话的持有者和讲述者的国籍有别而已。越南的这则神话显然是中国汉籍中记载的盘瓠神话的民间口头变体，其中依然包含盘瓠神话的主要情节母题：

1. 国王被敌人侵犯，不能取胜，故发出公告称，谁能取敌人国王的头，就把公主嫁给谁；

2. 盘瓠冲入敌人军营，把敌人国王的首级咬下来交给国王，国王不便违约，就把公主嫁给盘瓠；

3. 盘瓠和公主的子孙后代繁衍为瑶族；

4. 国王把国土的一半分给盘瓠，但都是无用之土地。

越南瑶族犬祖神话里，国王承诺中没有分给盘瓠国土这一项内容，但国王将国土的一半分给了盘瓠。而中国境内各民族的盘瓠神话中有国王承诺为盘瓠分封国土。可见，越南的神话讲述者竟把国王的承诺这一母题忘记了。越南瑶族盘瓠神话是中国瑶族等民族神话和汉籍神话的一则变体。这说明盘

---

① 〔日〕大林太良：《神话学入门》，林相泰、贾福水译，中国民间文艺出版社，1989，第76页。

瓠神话不仅在文献中有记载，还在民间长期留存和传承。

除上述越南瑶族之外，中国南方汉藏语系的相关民族民间口头也流传犬祖神话的各种类型。仫佬族神话《十兄弟》中讲述了一则狗与女子成婚生氏族始祖的犬祖神话，其中的主要母题简述如下：

1. 天上楼星和女星下凡到人间分别成为土王家的一只黄狗和土王的女儿；
2. 土王女儿身上长疮，溃烂不堪；
3. 土王张榜，谁把女儿的病治好，就把女儿许配给谁；
4. 黄狗撕榜文，并表示能治好土王女儿的病；
5. 黄狗用舌头舔，治好了土王女儿的疮；
6. 土王把女儿许配了狗，让他们到山洞里去生活；
7. 黄狗白天是狗，晚上变成小伙子，他们生了十个儿子；
8. 与儿子们一起上山打猎时，黄狗摔死了；
9. 妈妈告诉儿子们那黄狗就是他们的爸爸；
10. 兄弟十个人中九个人分别喝九股泉水，成为诸民族（始祖），没喝泉水的幺兄弟成为汉族（始祖）。①

将仫佬族神话《十兄弟》的这十个母题与在南方瑶族等民族中传承的盘瓠神话和文献记载的盘瓠神话的母题比较，可以发现母题6、7完全和盘护（瓠）神话相符，母题3、4、8有一半相符。这样看来两者之间的差距较小，但是两者之间的核心母题不同。仫佬族神话《十兄弟》与盘瓠神话相比，狗与女子成婚条件有变化。在郭璞《玄中记》、郭璞注《山海经》、干宝的《搜神记》、《后汉书·南蛮西南夷列传》以及《评王券牒》的诸异文所记载的盘瓠（护）神话中，都是敌人（戎王、犬戎、戎吴、紫王、房王等）作乱，国王张榜告知，谁把敌人头目或国王的首级拿下，就把公主许配给谁。而在仫佬族神话中，则是国王或头目的女儿患病，国王或头目宣布，谁能治好女儿的病，

---

① 姚宝瑄：《中国各民族神话：仫佬族 壮族 京族》，书海出版社，2014，第33-35页。

便把女儿嫁给谁。由于两者核心母题的不同，导致它们该母题之后的其他母题大多发生不同的变化，最终导致两个神话成为犬祖神话的不同类型。我们可以从以上比较得出这样的结论：南方汉藏语系民族中传承的犬祖神话属两个类型，第一类是敌人攻击型犬祖神话，即盘瓠（护）神话；第二类是公主疾病型犬祖神话。

根据李福清先生的报道，在中国台湾的原住民中也有流传"狗与女人结婚"神话。布农（Bunun）人、太鲁阁的赛德克（Sediq）人与北部海岸平埔凯达格兰（ketagalan）人，还有卑南人、排湾人都有类似的故事。这种故事的主要母题是少女与狗结婚。但包含"狗与女人结婚"母题的故事并不都是犬祖神话，只有"狗与女人结婚生氏族的始祖"这样母题的故事才属于犬祖神话。

以下以中国台湾布农人的一则神话为中心探讨中国台湾原住民犬祖神话和大陆南方汉藏语系诸民族犬祖神话之间的关系。布农人神话是由中国台湾南投县信义乡地利村的当年 75 岁老人全绍仁（nakas）讲述，由田哲益和李福清于 1992 年 9 月共同采录的[①]。神话中不仅有"狗与女人结婚"这个神话母题，而且还有狗与女子的子孙形成一个氏族或民族的母题，所以这是一则犬祖神话。从该神话析出如下母题：

1. 布农人的头目原来是中国的皇帝；
2. 头目有一公主，突然患皮肤病，全身溃烂发脓，越发严重；
3. 头目通告，谁能治好公主的病，将公主许配给谁；
4. 无人撕公告，一只狗撕掉公告；
5. 狗用舌头舔公主全身，治好了公主的病；
6. 头目反悔承诺，不愿意把公主许配给狗；
7. 头目再提条件，如果狗三十天内变成人，便把公主许配给狗；
8. 第二十八天时头目派人去看，狗的头还没来得及变；
9. 狗将约定的三十天，改为三十一天；

---

① 〔俄〕李福清（B. Riftin）：《神话与鬼话——台湾原住民神话故事比较研究》，社会科学文献出版社，2001，第 351-353 页。

10. 第三十一天狗变成人，去见公主，公主满意；

11. 头目准许由狗变成的人和公主结合，但是命令他们结婚后马上要离开皇宫，到远处生活；

12. 由狗变成的人和公主离开头目，但是兵丁还追杀由狗变成的人；

13. 由狗变成的人和公主坐船来到台湾的鹿港；

14. 由狗变成的人和公主的子孙繁衍为布农人的祖先。

从以上犬祖神话的 14 个母题来看，该神话与中国大陆少数民族中流传的第二个类型即公主疾病型犬祖神话更接近。

上述两则神话具有一些共同点，如国王或头目的女儿即公主患皮肤病，国王发通告，谁能治好公主的病，便把公主许配给谁，但是无人揭通告，只有一条狗揭通告，表示能治好公主的病。狗用舌头舔公主的身体，治好了公主的病，国王按照承诺答应把公主嫁给狗（布农人神话中以狗变成人作为许配公主的条件），但国王要求他们马上离开国王的宫殿，到远处或山洞里去生活。狗和女子结婚，生儿育女，他们的子孙成为新生氏族或民族的始祖。

如上所述，中国大陆仫佬族的犬祖神话和中国台湾布农族犬祖神话中共有的母题连接起来可以形成一个比较完整的犬祖神话，这说明两则神话源于同一则原始神话，进而言之，中国台湾的犬祖神话受大陆神话影响，或者说中国台湾布农人犬祖神话来自大陆同类神话。据李福清先生考证，该神话无论从其情节，抑或从词汇来看，都有借用的痕迹，如讲述者把头目说成 tumuku，这是日语的"头目"，皇帝也叫 huangti，这些词汇以前在布农语中是没有的，是外来语，日本殖民统治之前布农人也没有头目。[①] 既然在布农人历史上没有头目，其语言中也就不可能有表达"头目"这个意思的词汇。一些证据表明，布农人的犬祖神话是从大陆传播进来的。其一，两神话的核心母题链是相同的。其二，神话中的有些词汇是汉语借词。其三，布农人神话一些特定的母题来自大陆的神话，比如，撕榜文，这是大陆南方汉藏语系少

---

① 〔俄〕李福清（B. Riftin）：《神话与鬼话——台湾原住民神话故事比较研究》，社会科学文献出版社，2001，第 353 页。

数民族尤其是汉族神话和民间故事特有的母题,中国台湾布农人犬祖神话也有这个母题,其神话称,头目在"各大路上公开通告",后来狗"把公告撕掉"了。这就是说,该神话中有"贴榜文,狗撕榜文"的母题。而中国台湾其他少数民族的同类型神话中则不见该母题,这说明布农人的犬祖神话与大陆仫佬族等民族的犬祖神话更接近。

当然,我们提出中国台湾的布农人犬祖神话和大陆仫佬族犬祖神话之间相似度很高,并不是说,后者直接影响了前者,或者是前者直接抄袭后者,而是说这是两者神话文化交流的一个组成部分。在中国大陆,除仫佬族之外,瑶、苗、畲、黎等民族中也流传类似的神话。这说明犬祖神话的流传并不是孤立的。在中国台湾,犬祖神话的流传也不是孤立的,排湾人、卑南人等族群中也流传此类神话,所以大陆和台湾之间的犬祖神话的相同性是在民族文化交流的大背景下实现的。

综上所述,中国各民族拥有丰富的犬祖神话资源,尤其是南方汉藏语系少数民族中盛传盘瓠(护)神话,这是中国各民族犬祖神话的主要类型之一,该神话类型具有丰富的文化内涵,形成强大的民族凝聚力和认同感。盘瓠神话首先被记载于《风俗通义》《山海经》《玄中记》《搜神记》《后汉书》等汉籍。这些文献的记载反映了在南方民族中传承的盘瓠神话从简朴到复杂、从不完整到完整的过程。具体而言,最早的《风俗通义》记载的盘瓠神话是仅有数十个字的文本,而《搜神记》《后汉书》记载的盘瓠神话已经成为近千字的故事情节比较复杂的文本,这见证了盘瓠神话在文献传承过程中产生的发展与变化。

瑶族等南方汉藏语系民族中传承的特殊文献《评王券牒》诸异文是研究盘瓠(护)神话的重要文献,其诸多异文也记录保存了大量的盘瓠(护)神话的不同文本,而且各文本之间也有差异。该文献所载盘护神话与上述汉籍记载的盘瓠神话之间既有相同性,又有不同之处。由于两者的传承方式以及文化认可不同,表现出不同的文化含义,所以,通过两者间的比较研究,不但能够发现两者的异同,也可以追寻盘瓠(护)神话发生、发展以及变化的历史轨迹。

　　犬祖神话除在文献中传承之外，还在民间口头传播，一些跨境民族民间也在传播。除此之外，中国台湾少数民族中也在流传犬祖神话，且与大陆仫佬族等民族民间传承的犬祖神话之间存在情节母题上的相似性。经过考证，中国台湾布农人等族群的犬祖神话与中国大陆同类神话之间存在传播关系，这是两者间文化交流的历史见证。

　　除了南方汉藏语系民族之外，北方阿尔泰语系诸民族中也有流传"狗与女子结婚"的神话，与南方犬祖神话比较接近，有学者称其为"狗国"神话。笔者在《中国阿尔泰语系诸民族神话比较研究》一书中曾专辟章节研究阿尔泰语系诸民族犬崇拜及其犬祖神话，通过梳理《山海经》《史记》等历史文献资料，对北方众多民族在历史上存在过的犬祖崇拜进行考证，并对阿尔泰语系诸民族"狗国"神话进行溯源，尤其是"狗国"神话在突厥语族民族中的传承、"狗国"神话在契丹和蒙古等民族中的流布，以及"狗国"神话在满-通古斯语族民族中的传衍。根据狼在蒙古语中的发音，可推断"犬"是蒙古语"狼"（Cyion，Cino，Cinos）的音译，12~13世纪以"赤那"或"赤那思"为名称的"狼族"是"叱奴"和"叱奴根"的继承者，其以"狼"为部族名称，并以狼为兽祖。而《山海经》中的犬戎之犬可以理解为狗，也可以理解为狼，即"犬"的意思是"狼"，犬戎语的"犬"、鲜卑语的"叱奴"和蒙古语的"赤那"是同一语系甚至同一语族或同一语言在不同历史时期对汉语"狼"的意译。北方"狗国"神话的主人翁往往是男性为狗形，女性为人形，与《山海经》所载狗头人身神话更有相通之处。本文作为对《中国阿尔泰语系诸民族神话比较研究》一书中犬崇拜与兽祖神话比较研究的拓展与补充，证明了南方汉藏语系民族和北方阿尔泰语系诸民族犬祖神话具有相同性，均表明了早期人类祖先的犬类动物崇拜之俗存在。

·西南文化资源·

南方创世史诗的人类起源与原初想象[*]

刘 洋[**]

摘 要 人类起源与原初想象是各民族在历史发展进程中，逐渐萌生自我意识并追问生命起源的形而上求索。相较于北方三大史诗，人类起源是南方创世史诗独具魅力的叙事内容，也是绚丽多姿的人类起源文化的重要组成。由于人类起源的思考伴随民族的形成和发展而发展，史诗的人类起源自然就成了某一民族的文化，并导致原本对人类起源的追述，成为各民族对自身起源的追溯，且这种追溯大多赋予本民族先祖神性色彩。本论文选取中华民族大家庭中26个民族享有的43部创世史诗做比较分析，沿南方史诗人类起源母题探索人类起源的原始想象，尝试观照潜隐于史诗文学表达内层的抽象结构，尝试理解南方史诗的文化想象。

关键词 非物质文化遗产；文化空间；史诗文化；南方创世史诗

---

[*] 基金项目：本文为国家社会科学基金青年项目"苗族史诗《亚鲁王》文化叙事研究"（项目编号：19CMZ039）阶段成果。
[**] 刘洋，贵州民族大学社会学院教授，贵州师范大学文学院教授、博士生导师，主要研究方向为中国民间文学、民俗学。

一 原初的想象：元人类的起源

南方创世史诗大多从宇宙演化或开天辟地说起，渐次讲述天地形成、万物生长、人类诞生、工具创造等。其中，人类诞生的讲述各不相同，有神人孕育、神人创造、自然物化生等，不管是何种说法，都反映了早期人类对自身的认识和理解。

（一）元人类起源母题

爬梳南方史诗人类起源母题（见表1），发现天神繁衍或创造人类的史诗有13部，天神与人生育繁衍人类的史诗有1部，自然物生人或变人的史诗有6部。人类在对自身起源的追溯中形成了诸多认识，其中天神创造或天神生育人的观点占比最大。史诗中天神用泥土造人的叙述，事实上是先民对土地和造物主的依赖和崇拜，造物主和族群起源的叙述表达了先民对造物主和祖先的敬畏。在那些关于宇宙万物起源的化生型创世史诗中，体现出的自然力更加神奇，先民对自然力的惊异表现得更为突出。基于此，为了避免在研究过程中出现材料的繁复，本文分别以天神创造母题分析先民对神力的敬畏，以自然化生母题分析先民对自然的依赖，以神人孕育母题分析先民对人类自身的探索以及自我意识的觉醒。

表1　南方史诗人类起源母题概览

族群	史诗作品	起源
傣族	巴塔麻嘎捧尚罗	贡曼神
苗族	苗族史诗	龙人
		妹榜留（蝴蝶妈妈）
彝族	梅葛	雪
	尼苏夺节	神人用红土捏造

续表

族群	史诗作品	起源
彝族	阿黑西尼摩	天神额阿麻
	查姆	儿依得罗娃神
	勒俄特依	天上泡桐树
	阿细的先基	男神阿热、女神阿咪造人
纳西族	创世纪	蛋生人
侗族	嘎茫莽道时嘉	神造
壮族	布洛陀	神造
	姆洛甲	神生
黎族	褪裤跑	神生
布朗族	顾米亚	犀牛脑浆
哈尼族	奥色密色	神生
拉祜族	牡帕密帕	葫芦生
佤族	司岗里	人神生
德昂族	达古达楞格莱标	茶树叶子变成
景颇族	勒包斋娃（穆瑙斋瓦）	天神所生
独龙族	创世纪	天神造
毛南族	创世歌	—
白族	创世纪	—

唐代经学家徐彦认为"元者，端也"，这里的"元"意为开始，本文所指的元人类正是最初诞生的人类。从元人类的起源来看，南方史诗大多讲述了现今人类的诞生经历了类似"独眼人—直眼人—横眼人"的过程。纳西族史诗就有人类经历九代完成进化的叙述，"三个黄海里一代接一代地孕育出了恨史恨公—恨公美公—美公美忍—美忍初除—初除初余—初余初鞠—鞠森精—精森崇八代人类，经过进化，到了崇仁利恩这第九代，便成了完美的人类"。[1]

---

[1] 丽江市博物馆、丽江市东巴文化研究会编《创世纪》，云南科技出版社，2016，第1页。

在古希腊神话中，早期的人类形象与现在的人类形象相异，经历无数次演化后才最终定型，这些叙述印证了人类追溯自身的各个阶段，且大多将人类起源归因于天神的创造或孕育，认为人类一开始就被视作世间万物的统治者。侗族史诗《嘎茫莽道时嘉》中，天神萨天巴创造人的理由即是如此，"原先我播下植物万种，原先我播下动物万样，本想让它们各自生息，本想让它们共生共长。不料动物不遵我旨，一个一个丧尽天良！不光任意吞吃植物，自相残食更是凶狂！现在我要造人，赐予他们灵魂和思想，我要让人治理世间万物，赐予他们智慧和力量！"①

（二）元人类起源类型

自然生人的史诗叙述，反映了先民对自然万物认识的推己及人。纳西族史诗《创世纪》讲述人类是由蛋孵化而来的，"居那若倮山上，产生了美妙的声音，居那若倮山下，产生了美好的白气；好声好气相混合，产生了三滴白露水；三滴露水又变化，变成了一个大海。人类之蛋由天下，人类之蛋由地抱，天蛋抱在大海里，大海孵出恨矢恨忍来"。②苗族史诗《金银歌》亦讲述人类由蝴蝶蛋孵化而成，蝴蝶跟泡沫生下十二个蛋，蛋孵化出人类始祖姜央来。于是蛋生人的说法广泛流传，"蝴蝶生的是央腊蛋，蝴蝶生了她不孵。让继尾来孵。……腊的蛋壳太厚了，神刀才能破得开，一刀切成了几块：一块变夯昌，二块变鼎往，三块变鼎播，四块变夯勇，还有两块小又小，变成夯党酿。大家都生下来了，齐齐睡在窝里头。白的是夯哈，黑的是姜央，亮的是雷公，黄的是水龙，花的是老虎，长的是长虫"。③纳西族史诗与苗族史诗中关于蛋生人的叙述，是先民将自己对宇宙的认识推及人类的诞生，在持续观测"蛋孵化鸟—鸟生蛋—继续孵化成鸟"的周而复始的生命循环中，发现蝴蝶产卵数量巨大，由此反思自我，追寻起源，幻想蛋生万物。

---

① 杨保愿翻译整理《侗族远祖歌：嘎茫莽道时嘉》，中国民间文艺出版社，1986，第30页。
② 云南省民族民间文学丽江调查队搜集翻译整理《创世纪》，云南人民出版社，1960，第14页。
③ 马学良、今旦：《金银歌：苗族史诗》，中国国际广播出版社，2016，第224-231页。

彝族史诗《梅葛》认为，人由雪所变，这与彝族所居住的环境相关，彝族广泛分布在大小凉山区域。《梅葛》主要流传于云南小凉山，在小凉山雪山居多，每年大雪退去后，万物复苏，周而复始，这成为彝族先民追溯本源的想象源泉。德昂族史诗《达古达楞格莱标》认为人由茶叶变成，"万能之神掀起狂风，撕碎小茶树的身子，使一百零两片叶子飘然下凡。这些叶子在狂风中发生了奇妙的变化，竟然变成男人和女人。"[①] 这种自然物生人的说法在其他各族群中也有流传，是早期人类追溯本源的萌芽。诸如泥土造人的叙述在各族群中广泛流传，泥土造人有多重隐喻，一方面是因为人能从身上搓下泥垢，于是认为人是泥土造的；另一方面是因为泥土孕育万物，所以人类与万物一样也是泥土孕育的。

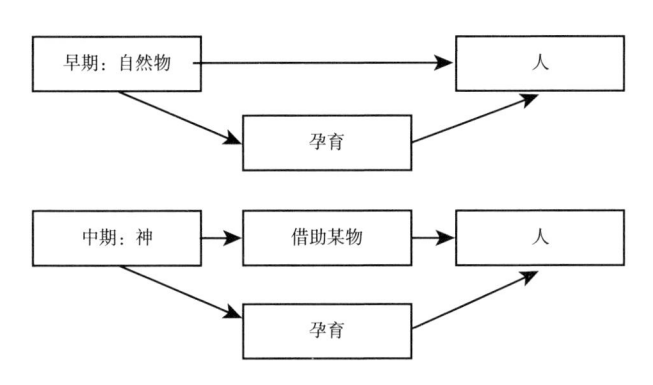

```
早期：自然物 ──→ 人
      │      ↗
      └→ 孕育

中期：神 ──→ 借助某物 ──→ 人
      │              ↗
      └→ 孕育
```

图 1 自然生人与天神造人母题结构

动物和植物化生成人的叙述，是先民最古老的信仰崇拜。在各种传说故事中，普遍存在动植物生人的内容。这种崇拜源于万物有灵的观念，基于万物有灵的理解，先民们将自然中的万物视作生命体，并因所出现的无法解释的现象而产生惧怕和崇敬的心理，于是先民们对自然的崇拜随处可见，甚至将某种动物或植物当作祖先。在很多族群的史诗中，先民们将自己的祖先叙

---

① 陶阳、钟秀：《中国创世神话》，上海人民出版社，1989，第132页。

述为某一种动、植物。

梳理自然生人与天神造人两种起源类型的母题结构，本文认为两种类型的起源均经历了从直接变人逐渐发展到两两结合孕育生人的阶段。且自然生人与神造人两类母题也并非同一时期的产物，人类理解繁衍与两性交合的因果关系是在氏族社会产生之后。

从女性神与男性神创造人的母题分解图示来看，女性神与男性神的创造（孕育）也存在着时间上的先后关系，且四种类型也有时间上的先后区分。即，1>2>3>4。

1. A1+B1+C1；
2. A1+B2+C1；
3. A2+B3+C1；
4. A2+B4+C1。

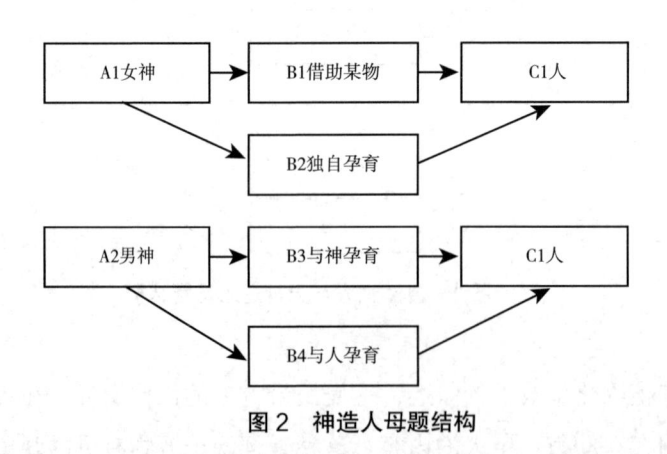

图2 神造人母题结构

彝族史诗《梅葛》的《开天辟地》一章中说："格滋天神要造天，他放下九个金果，变成九个儿子，九个儿子中，五个来造天：一个叫阿赌，一个叫庶顽，一个叫贪闹，一个叫顽连，一个叫朵闹，这是造天的儿子。格滋天神要造地，他放下七个银果，变成七个姑娘，七个姑娘中，四个来造地：一叫扎则，一个叫戳则，一个叫慈则，一个叫勤则，这是造地的姑娘。"①天地造好了，却没有人，所以接着在《人类起源》一章中便说："天造成了，地造成了，万物有了，昼夜分开了，就是没有人，格兹（滋）天神来造人"②。水族史诗《开天立地》也讲述了人由创世女神牙巫所造。彝族史诗《阿细的先基》中，人由天神所造，"造人的男神阿热，造人的女神阿咪，走到太阳下的黄土山，山顶有一张黄桌子，在黄桌子上，要造男人了……走到月亮下的白土山，山顶有一张白桌子，在白桌子上，要造女人了……白泥做女人，黄泥做男人……男的叫作阿达米，女的叫作野娃。坡头白草多，他们养儿养女也多；天下四个方向，处处都住满了"③。先民们将人的产生归功于天神，认为人的产生是天神的旨意，且人由神造，必然带有神的某些特征，具备某种优秀的特质。这是先民们进行自我认识时的一种朦胧思考。他们探索人类的起源时，虽然带有一些幼稚的想象，却是人类在认识史上的一个重要突破。

（三）从想象到权力的转换

天神造人的原始想象进入阶级社会后发生了本质上的变化，奴隶主为了维护他们的统治，除了通过施威，还利用迷信来欺骗和麻痹被压迫的奴隶。在史诗中人们尽管将征服自然的期望寄托在天神身上，但是它的格调基本上是健康的，不完全是消极的。对于不能理解的严酷的自然现象和自然力产生的崇拜和依赖思想，是伴随史诗出现的原始崇拜意识，但是它并没有阶级意识和宿命观点，所反映的还是原始人类想征服自然的积极愿望，这和阶级社会里的迷信是完全不同的。原始崇拜将人类社会中的力量加以神化表现出来，在实践过程中通过人类对自己外部力量的异化来实现，即将支配自己的外部力量想象成与人对立的独立体。由此，崇拜中关于神的一切属性都可以看作人所想象的与自身属性相异的结果。

---

① 云南省民族民间文学楚雄调查队整理《梅葛·彝族创世史诗》，中国国际广播出版社，2016，第1-2页。
② 云南省民族民间文学楚雄调查队整理《梅葛·彝族创世史诗》，中国国际广播出版社，2016，第20页。
③ 云南省民族民间文学红河调查队整理《阿细的先基》，云南人民出版社，1959，第35-37页。

人的本质的自我异化，是通过人对自然力的人格化来实现的。人们在面对自然力时，因为无力反抗，自然力变成了一股外在的压迫力量支配着人类。人类被自然力量征服，但限于知识的有限，只能推己及物，赋予自然以人格，将人的本质和属性赋予自然力，试图将自然同化，成为人类驯服的对象。但是，同化自然的想法最后变成了人类自己本质属性的一种异化。人类同化自然的目的没有达到，反而将这种力量变成了超越人类和自然的神圣力量，成为人们敬畏和崇拜的对象。恩格斯也曾表示，仅仅是以正确的方式正确地反映自然就已经很困难了，这是一种长期的历史经验的产物。先民认为自然力是神秘的、神圣的，是一种超越一切的巨大力量。这是所有族群都必须经历的阶段，在这一阶段，人们希望用将自然人格化的方法去同化自然力，也正是人类的这种欲望，创造了多神。当然人类赋予外界以人格化的力量还表现在社会力量上，将最初局限于自然界的神秘的异己力量延伸到人类社会，并希望使用人格化自然力的方法来对付社会力量，但是结果也并不如人所想，这些社会力量具有了超越人间的神圣性，人们对自己异化出来的神圣形象充满了崇拜之情。亦如恩格斯所说，在自然力后，社会力量也会对人类产生影响。社会力量与自然力一样，是人类的异己力量，单方面强制性地支配着人类。不管是自然力的神化还是社会力量的神化，实际上都是人将自身的本质异化的结果。

人类将自己的普遍性的本质抽象出来，将它赋予自然和社会，自然和社会中的异己力量获得了人类人格化的解释，变成了具有人的本质的超凡力量，成为一种超越了异己力量本身的神圣力量。人的本质经过抽象后运用到这些异己力量的身上，成了能够主宰一切的万能之神，凌驾于人之上，而属于人的创造性的属性，也被人们赋予到这些力量之上，所以神成了造物主。宇宙万物都以神的意志为转移，包括创造什么样的社会、创造什么样的人类，创造性成了解释一切的万能钥匙。①

---

① 熊坤新:《宗教理论与宗教政策》，中央民族大学出版社，2008。

二 神力的选择：完全人的起源

南方史诗的创世部分，几乎都存在元人类的灭亡和完全人的再生，而这种再生基于天神的抉择。因元人类身体、智力或者行为上存在一定的缺失，天神一次又一次地进行造人试验，造人的频次可不予关注，但最后一次的造人必定要历经洪水灾难的筛选。

（一）完全人起源母题

表2 南方史诗完全人起源母题概览

族群	史诗作品	起源
傣族	巴塔麻嘎捧尚罗	天神桑嘎西和桑嘎赛用人种果（麻奴沙罗果）捏成
苗族	苗族史诗	相两和相芒（普通人）
彝族	阿细的先基	瓜生育
彝族	查姆	阿朴独姆兄妹（普通人）
彝族	阿黑西尼摩	阿谱都阿木和天女沙生妹妹生育
彝族	梅葛	无
彝族	勒俄特依	居木武吾与天女兹俄尼拖生育
彝族	尼苏夺节	独阿宙阿土与天女生育
畲族	盘瓠歌	神人生
仡佬族	十二段经	阿仰兄妹生育
布依族	赛胡细妹造人烟	赛胡、细妹生育（普通人）
普米族	帕米查哩	人与天神捏的泥人所生
纳西族	崇搬图	人神孕育
侗族	侗族祖先从哪里来 祖公之歌	丈良（章良）和丈美（章妹）生育
侗族	嘎茫莽道时嘉	神人蛋生
壮族	布洛陀	伏羲兄妹生
黎族	褪裤跑	阿寒和阿弹兄妹生

续表

族群	史诗作品	起源
哈尼族	奥色密色	阿摩卓罗和阿摩卓索生育
	十二奴局	天血与人生育
拉祜族	牡帕密帕	扎笛和娜笛生育
佤族	司岗里	岗和里生育
德昂族	达古达楞格莱标	茶叶（达楞和亚楞）所生
阿昌族	遮帕麻与遮米麻	葫芦生
景颇族	勒包斋娃（穆瑙斋瓦）	神人生
独龙族	创世纪	彭和南木生育
苦聪人	创世歌	单棱和卓罗生育
毛南族	创世歌	盘、古生育
白族	创世纪	赵玉配、邬三妹生育
基诺族	大鼓与葫芦	玛黑、玛妞
	阿嫫尧白	阿嫫尧白造人
汉族	黑暗传	伏羲兄妹
怒族	创世歌	兄妹所生
傈僳族	创世纪	莱飒哥和青飒妹生育
瑶族	密洛陀	密洛陀造人
	盘王歌	伏羲兄妹

通过对南方各民族的完全人起源母题梳理，将其归纳为五种类型：

1. A1+B0+C1；
2. A2+B1+C1；
3. A2+B2+C1；
4. A2+B3+C1；
5. A3+B4+C1。

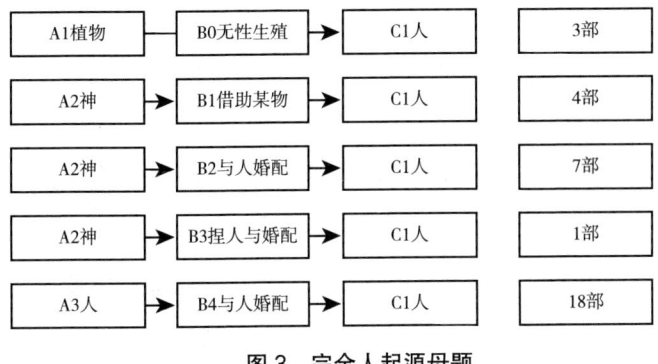

```
A1植物 → B0无性生殖 → C1人    3部
A2神  → B1借助某物 → C1人    4部
A2神  → B2与人婚配 → C1人    7部
A2神  → B3捏人与婚配 → C1人  1部
A3人  → B4与人婚配 → C1人    18部
```

图3　完全人起源母题

其中 A 和 B 作为变量代表着完全人起源的诸多因素，变量 A 从植物到神到人，实现了人类对自身身份认识的变化规律，B 代表着孕育形态，从无性生殖发展到异类生殖最终过渡为同类生殖，A 和 B 的更新与配合最终实现了人类起源认知的科学性。

（二）毁灭和再生的隐喻

彝族史诗《梅葛》讲述"天造成了，地造成了，万物有了，昼夜分开了，格滋天神来造人。天上撒下三把雪，落地变成三代人。"[1] 纳西族史诗《创世纪》讲述人类是经过黄海孵化，从海里出生的。水孕育生命是先民们对生命最早期的体验和认知，原始人类多临水而居，生活生产方式以采集和狩猎为主，至农业时期，干旱和洪涝对当时的人们都是致命的灾难。天灾面前，人类的力量显得十分弱小，无力抵抗成为彼时的常态。但是即便力量悬殊，人类也不停地寻找解决的办法，在长期的抗争中，人们将洪水与干旱等自然灾害融入史诗内容中，史诗所叙述的洪水或者干旱等灾难显然具有客观事实依据。

但是在这些叙述中，人们将灾难的起因归结为人类行为触犯了天神，如人类因为浪费粮食、心地邪恶、不知礼义廉耻，天神决定对这些恶行进行惩罚。洪水或者干旱的叙述就成为南方民族甚至世界民族史诗中最为普遍的内

---

[1]　云南省民族民间文学楚雄调查队整理《梅葛·彝族创世史诗》，中国国际广播出版社，2016，第23页。

容，从洪水和干旱灾难中幸存下来的人，是天神的选择，也是人类生命力的象征。在洪水或干旱灾难发生之前，人类是天神创造的，经历了洪水或者干旱，留下来的人类具有善良、正义、勇敢的特征，通过灾难筛选出来的人类与之前的人类有较大差别，可以将历经灾难视为人类从蒙昧走向文明的象征。从人类在母体中孕育出生的过程来看，母体中的人在发育过程的不同阶段形态各异，经过九个月的萌芽，逐渐显露人形，后经历分娩的挤压才落地成人。基于生命诞生的观察，先民认为人类的诞生必然要经历考验，只有通过考验才能继续存活。这种思考对人类认识自己、明确自己在宇宙中的位置、了解人类发展史均有重要意义。在洪水泛滥或干旱之前，人类与神的关系密切，历经洪水或干旱之后，神退出了人的世界，人神世界分离，人开始依靠自己的能力生存和生活。因此，也可以说，要实现人神分离，人类必须经受考验，完成了考验人就从神的创造物转变为人自己本身，这个阶段也是人类从本能思维转向理性思考的标志。同时，人类童年时期都是在家长的庇护下生活的，这与天神主导人类生活一样，而至成年他们需要自己谋生，为了保证能适应社会生活，则举行成年礼仪，只有通过了考验，才能正式成为部族的一分子，只有通过了成年礼仪考验的人才算真正脱离了孩童状态。灾难的叙述，是族群对自己所处群体的一种肯定，认为祖先的能力和品行得到了天神的认可，且经由天神的引导，祖先繁衍发展，形成了今天的景象。叙述中祖先与天神的亲密关系，凸显了这一群体的神圣性，并期望后世的人能够得到天神的更多庇佑和眷顾。

  从南方史诗中的叙述中可以看到，葫芦生人存在两种形态，一是葫芦生人，二是造就人种置于葫芦之内。葫芦生人的叙述广泛存在于各民族的神话、史诗中，是各民族史诗共有的一类母题。葫芦生人的叙述在阿昌族史诗《遮帕麻和遮米麻》中有记载，天公遮帕麻和地母遮米麻"结婚九年才怀胎，怀胎九年才临产；生下一颗葫芦籽，把它种在大门旁。九年葫芦才发芽，发芽九年才开花，开花九年才结果，结了一个葫芦有磨盘大。遮帕麻走到葫芦下，葫芦里面闹喳喳。剖开葫芦看一看，跳出九个小娃娃。"[①] 拉祜族史诗《牡帕密

---

① 赵安贤等唱《遮帕麻和遮米麻 阿昌族民间史诗》，杨叶生译，兰克、杨智辉整理，云南人民出版社，1983，第22页。

帕》也认为人由葫芦所生,天神"厄莎打开一个箱子,找出一个葫芦籽,把葫芦籽儿撒下地,用草灰把籽种盖起来"①,育出了人类始祖,"男的叫扎笛,女的叫娜笛"②。不光是在史诗里,民间传说、故事和神话中也多有流传。德宏地区的傣族神话中也有这样的记录,远古时候洪水泛滥,从河里漂来了一个葫芦,葫芦中有八个男人,天神让这八个男人中的四个变成了女人,并让他们相互婚配、繁衍子孙,这几个人就是人类的祖先。

除了葫芦生人和上述史诗中所提到的人类的繁衍得益于在葫芦里躲过了洪水灾难之外,还有许多史诗讲述的是葫芦作为拯救物,为留下的人种提供避水场所。彝族史诗《梅葛》中,人为躲避灾难住进葫芦里,"大理出小刀,是开葫芦的刀。用高山的松香封住葫芦口,箐底的黄蜡糊住葫芦口;你兄妹搬进葫芦里,饿了就吃葫芦籽"③。怒族史诗《创世歌》认为,"在远古的年代,洪水卷走村落,洪水淹没庄稼,万物都灭绝了。世上没有人类,世上一片昏暗,世间一片孤寂,世上只剩两兄妹。一个钻进金葫芦,一个钻进银葫芦。……拾起金刀撬金葫芦,拾起银刀开银葫芦。金刀撬开了金葫芦,银刀打开了银葫芦。阿哥从金葫芦钻了出来,阿妹从银葫芦跳了出来"④。拉祜族苦聪人的《创世歌》内容同样也是洪水泛滥,两兄妹躲进葫芦得以生存。"没死的只有两兄妹,哥哥叫单棱,妹妹叫单罗,两兄妹躲在葫芦里。一天水涨三尺,葫芦跟着涨三尺,水落完了,两兄妹走出葫芦"⑤,天神将人类灭绝,留下甄选出来的好人种,寄托在葫芦中逃过水灾。

众多史诗中,凡提到葫芦的,可分为"避水工具"和"造人素材"两类。在天神发大水灭世的过程中,盛载幸存者的物体必须同时具备两个特点,一是能够漂浮水上,可作为避水工具;二是能够产生生命和承载生命。如果说

---

① 刘辉豪整理《牡帕密帕 拉祜族民间史诗》,云南人民出版,1979,第16页。
② 刘辉豪整理《牡帕密帕 拉祜族民间史诗》,云南人民出版,1979,第24页。
③ 云南省民族民间文学楚雄调查队整理《梅葛·彝族创世诗》,中国国际广播出版社,2016,第37页。
④ 云南省少数民族古籍整理出版规划办公室编《云南少数民族古典史诗全集·中》,云南教育出版社,2009,第395页。
⑤ 云南省少数民族古籍整理出版规划办公室编《云南少数民族古典史诗全集·中》,云南教育出版社,2009,第144页。

葫芦是宇宙实体的象征，那南方民族史诗中葫芦生人的叙述则是这一思维的延续，壮族史诗《布洛陀》讲述，雷王要作恶，但为了感谢伏羲的恩情，就将一颗牙齿作为回报送给伏羲，并告诉他要把牙齿种在池塘边，早晚灌溉施肥，三天就可以结出葫芦瓜，让伏羲兄妹见到洪水来，就躲进瓜里面，"大水满地又满天，卜伯气得直叫喊。伏羲兄妹藏在瓜里面，跟着大水漂上九重天。水退了瓜儿也往下降，伏羲兄妹落在大山边"[1]。用葫芦躲避洪水的叙述在苗族、彝族、侗族、布朗族、阿昌族、土家族、哈尼族等民族中都有体现，葫芦作为人类日常盛水工具，能在水上漂浮，且能快速生长和繁殖，不仅为人类提供了丰富的食物，也让当时的人们对其生殖能力和强劲的生命力充满崇拜。在生产能力不发达的先民的意识里，葫芦的这些特征无疑充满着神性色彩。史诗中，葫芦作为避水工具，既有躲避灾难的功能，也有庇护生命的功能，祖先从葫芦中出来，预示着重获新生，这种能力被延伸至万物，葫芦就被神化为生殖繁衍的文化符号系统。

三 规则与结构：人类起源母题的共性

总的来说，南方民族史诗中的人类起源内容常见的类型有天神造人、自然生人、化生或变形为人、婚配生人、感生等。许多南方民族存在人类"多次"起源的叙述。从内容上看，可以分为元人类起源和完全人类起源两种，而完全人类起源的叙述往往是和洪水融合在一起的。另外，并不是说每一则人类起源史诗都仅属于某一种类型。例如，仡佬族神话《四曹人》讲述了四次人类起源，每一代人类的产生方式都不一样，头曹人是用泥巴捏成的，因为大风吹个不停，这曹人给吹化了。第二曹人改用草来扎成，草不会被吹化，却被天火烧掉了。第三曹人是天上星宿变成的，后来因为洪水滔天，大部分淹死了，只剩下兄妹两人，繁衍第四曹人，就是后来的人类。显然，第一次

---

[1] 广西壮族自治区民间文艺家协会编《中国民间创世史诗集成（广西卷）》，广西人民出版社，2011，第72页。

是神用泥巴"造人",第二次则是神用植物"造人",第三次则是星宿"化生、变形为人",第四次则是兄妹"婚配生人"。①

(一)人类起源神话的类型

一是天神造人。此类型的人类起源内容,从造人的主体出发,又分为女性天神造人、男性天神造人、多神共同造人、动物造人,以及人造人。从造人的材料来看,有泥巴、动物、植物,以及其他物质,甚至是人自身的某一部位。

农耕时代的人类起源往往会出现天神用泥土造人的母题。例如,基诺族史诗《阿嫫尧白》中,"阿嫫尧白搓下自己身上的污垢,做出了人和动物"②。傣族史诗《巴塔麻嘎捧尚罗》说,英叭神用身上的泥垢造了两个污垢人,"但这两个污垢人不会繁衍人类,他们从地上挖来黄泥巴,按照自己的模样捏成一男一女两个泥巴人,吹仙气让泥巴人活起来,叫他们结成夫妻,繁衍人类"③。

瑶族有用蜂蜡为材料造人的叙述,密洛陀造好了山河田地、树木花草,她想造人,但是不知道要造什么模样,于是在打猎大神的启示下决定,要将人造得比马蜂的蜂蛹更美,于是就动手将蜂蜡捏成了人,放在缸子里,九个月后变成了人。造成人后,让他们做夫妻,繁衍后代。土家族有用植物来造人的《依罗娘娘造人》故事,"依罗娘娘先摘葫芦做脑壳……砍些竹子做骨架,和些泥土做肌肉,摘树叶做肝肺,又摘豇豆做肠子,还用茅草做汗毛"④。壮族的人类起源叙述中同样使用了各种材料,如用泥土做头、做脚、做身躯,用空心菜来做肚肠,再割下茅草当头发。

---

① 中国民间文艺研究会贵州分会:《民间文学资料 第49集仡佬族民间故事》,内部资料,1982,第13页。
② 中国民间文学集成全国编辑委员会、《中国民间故事集成·云南卷》编辑委员会编《中国民间故事集成 云南卷 上》,中国ISBN中心,2003,第78页。
③ 转引自王宪昭、郭翠潇、屈永仙《中国少数民族神话共性问题探讨》,中央民族大学出版社,2013,第35页。
④ 陈建宪:《中国民间神话经典》,华中师范大学出版社,2014,第320页。

二是动植物生人。此类人类起源叙述表明人类诞生的过程为"生",① 即人类的诞生是从某一物体生出来的,而非"造"出来的,也区别于"化生"。化生是从某物变化成另一物,而"生"则是从母体中新生脱离。在多数史诗中,母体可以是具有生命的动物、植物,如蛋、蝴蝶等。佤族史诗《司岗里》记载,人类的始祖是妈侬,妈侬是从勒尔的动植物中诞生出来的,"神秘的原始老林茫茫苍苍,我们古老的勒尔是林中宝地,丰富的动植物组成个大家庭,妈侬啊我们的原初妈妈,就从勒尔的动植物中诞生出来。"② 纳西族认为人是由蛋孵化而生的,一只名为恩余恩曼的白鸡生下九对蛋,这些蛋分别孵出了天神、地神、开天的兄弟和辟地的姐妹。侗族古歌《松恩、松桑》是如此叙述的,"四个棉婆在寨脚发现了四个蛋,它们就在寨脚孵了起来,但其中有三个寡蛋,剩下唯一的好蛋孵出一个男孩叫松恩;这四个棉婆又在坡脚发现了四个蛋,它们就在坡脚孵了起来,这四个蛋中又有三个是寡蛋,剩下的一个好蛋孵出一个姑娘叫松桑,从此世上有了人类……这个创世神话……人是卵生的"③,在《嘎茫莽道时嘉》中也有相似的叙述,萨天巴从自己身上扯下四颗肉倍子,肉倍子变成了蛋,被萨狔孵了三百六十天,生出了松恩和松桑,两人结合后又继续繁衍人类④。尽管《嘎茫莽道时嘉》出现了神和动物,但是仍然属于"生人"类型。《苗族古歌》里的《枫木歌》解释道,人是卵生的,枫树被砍倒后,化生为鼓、鸡、燕子、蜻蜓、蜜蜂等,同时诞生了人类的始祖妹榜妹留,即蝴蝶妈妈,她同水的泡沫游方结亲,生下十二个蛋,孵化出姜央、雷公、龙、虎、蛇、蜈蚣等兄弟,姜央正是人类始祖。

植物作为生人的母体最常见的是葫芦,德宏地区的傣族神话《牛蛋生葫芦》⑤说,在远古的时代,地上什么都没有,到处都是一片荒芜的景象,天神

---

① 王宪昭、郭翠潇、屈永仙:《中国少数民族神话共性问题探讨》,中央民族大学出版社,2013,第37页。
② 毕登程、隋嘎编《司岗里 佤族创世史诗》,云南人民出版社,2009,第10页。
③ 中国作家协会贵州分会、贵州省民族事务委员会:《苗族布依族侗族水族仡佬族民间文学概况》,贵州人民出版社,1987,第150页。
④ 杨保愿翻译整理《嘎茫莽道时嘉:侗族远祖歌》,中国民间文艺出版社,1986。
⑤ 王宪昭、郭翠潇、屈永仙:《中国少数民族神话共性问题探讨》,中央民族大学出版社,2013,第38页。

看见后，就派了一只鹨子和一头母牛来到地上，母牛原本在天上活了几十万年，来到地上却只活了两年生下三个蛋就死了，鹨子承担起了孵蛋的任务，三个蛋中的一个孵出了一个葫芦，从葫芦里走出许多人。有时，葫芦走出的是兄妹，由他们完成人类的延续，这通常与洪水神话相关联，属于二次起源的人类再生神话。又如，拉祜族的《牡帕密帕》中，人类始祖厄莎种了棵葫芦，野牛踩断了葫芦藤，葫芦滚到海里，螃蟹夹着葫芦上岸，葫芦喝多了水，肚子胀得圆又大。厄莎把葫芦搬回家，77天过去了，葫芦里发出人的声音。葫芦被老鼠啃破，一对男女从中走了出来，男孩叫作扎笛，女孩叫作娜笛，厄莎为了让他们婚配繁衍人类，用了滚石磨、簸箕、筛子等方法，两人还是没有答应在一起。厄莎没有办法了，找来了能让人相爱的药物，让扎笛和娜笛相恋，两人最终结为夫妻，生下了十二对儿女。因为孩子的数量太多，娜笛和扎笛无力抚养，就请来十二种动物帮助他们一起抚养孩子长大，长大后的孩子们分别以这十二种动物命名。

三是化生与变形成人。"化生"与"变形"也是常见的人类起源方式，从化生（变形）的主体来看，主要有神化生、文化英雄化生（变形）、动物化生（变形）、植物化生（变形）、无生命物化生（变形）。从化生（变形）的过程来看，有垂死化生、整体变形为人、局部变形为人，还有偶然受到外力化生变形为人。如藏族、珞巴族的猴子变人神话。《玛尼全集》《西藏王统记》《贤者喜宴》《西藏王臣记》皆有记载，猕猴与罗刹女结婚，生了六只猕猴，将他们送到树林中生活，三年后便有了五百多只猴子。老猴子把他们领到一处有野生稻谷的山坡，猕猴吃稻谷，时间久了，身上的毛发变少，尾巴变短，渐渐学会说话，最后成了人。在《勒俄特依》中，天上降下桐树，霉烂三年后起了三股雾，升到天空中，降下三场红雪来，化了九天九夜，化成了人类。冰成骨头，雪成肌肉，风来做气，雨来做血。受到外力而化生（变形）为人的情况比较少见。

四是婚配生人。若从婚配的双方来看，"婚配生人"有神之间的婚配、人与神的婚配、人与动物的婚配、人与植物的婚配、人与人之间的婚配（血亲婚、正常婚）等。如广西壮族史诗中，米洛甲与布洛陀开天辟地造完万物之后，两人婚配繁衍子嗣。

（二）人类起源神话的特征

一是女性神造人现象普遍。在南方少数民族的人类起源母题中，大部分为女性神造人。例如，侗族的萨天巴、壮族的米洛甲、基诺族的阿嫫尧白、土家族的依罗娘娘等。当然，也有出现男性神的，但女性神往往占大多数，这主要缘于女性的生育能力，反映到神话中，女性神造人的现象就自然更多。

二是泥土作为造人材料运用普遍。在造人的材料中，泥巴（污垢）居多，这与南方少数民族生活的环境、气候有关系，相较于北方广袤的草原，南方多湖泊、山川，而且又是多雨、潮湿的地方，人们日常生活中与泥、水、汗打交道，因此泥巴（污垢）就成了最常见的事物。此外，有学者认为泥土造人的观点当与南方族群广泛使用陶有关，用泥土可以烧制各式器皿和物件，泥土的可塑性极强，甚至捏造出的人偶亦栩栩如生，难免会让人产生泥土生人的遐想。而今，南方少数民族生活的地方还有大量的砖窑、陶窑、瓦窑等，制陶技术仍不断发展。

三是凸显"气"作为人类的灵魂。造出的人需要输入气息才有生命。傣族史诗《巴塔麻嘎捧尚罗》讲述："夫妇两老神，仿照神模样，先做马脸形的人，各自捏一个，桑嘎西做女，桑嘎赛做男；人像捏好了，恰好成一对。两人随即又捏起，捏了两个猴面人，也是一男一女。恰好配成双；接着又再捏，各自做一个，一男又一女，双双牛面形。三对人捏好了，各对不相同。脸形不一样，都是人类种。这时夫妇神，对药果人吹仙气，对药果人做祷告；祷告了七次，吹气了七次。三对药果人啊，就有了生命，心脏跳动起来，渐渐睁开眼，都变成活人。"[①] 彝族史诗《勒俄特依》中提到"做了九次黑白醮，结冰来做骨，下雪来做肉，吹风来做气，下雨来做血，星星做眼睛"[②]。有气息才

---

① 云南省少数民族古籍整理出版规划办公室：《云南少数民族古典史诗全集 上》，云南教育出版社，2009，第797页。
② 冯元蔚译《勒俄特依：彝族古典长诗》，四川民族出版社，1986，第31页。

有生命，这是人们从自身经验引发的想法。

四是葫芦作为再生载体的现象普遍。在植物生人类型中，葫芦居多。南方各民族都有葫芦生人的神话，甚至将葫芦视为祖先来祭拜。如今，德宏傣族还有带葫芦祭拜祖先求子的习俗，这与南方广泛种植葫芦有关，葫芦易生长，产量多，且多籽，可食用。要注意的是，从"葫芦"走出来的人类有相当一部分是洪水灾难后遗留下来的人，并非初次创造的人类。此外，"葫芦""卵""岩洞"虽属不同类型事物，但都有相通之处。

四 想象到科学：人类起源母题的流变

南方少数民族崇拜自然，在人类起源母题中将人类视作与自然物同类的意识是人与自然和谐关系的体现，也是先民们最原始、最朴素的生态思想。先民们生活的环境通常森林密布、山河相间、动物繁多，且人口稀疏，他们将万物视作生命体，将人类的思想意识赋予自然，并对它们怀以敬畏之心，认为人类与它们有着密切的联系。在人类起源母题中，不管是有生命特征的动植物，还是无生命特征的物体，都可以化生成人类，特别是德昂族史诗《达古达楞格莱标》将茶叶视作人类的祖源，充分体现了人类意识中，自然与人类可以相互转换，人类是自然的一分子。万物有灵的观念，在人类的意识里面根深蒂固，这也是自然崇拜发展的结果。南方少数民族构建了自然崇拜系统，创造了许多自然神，近乎"目之所及皆为神"的状态。自然物被人类赋予了神性的力量，而人自己处于被支配的地位，事实上也是对自然依赖的表现。在人类起源问题中，先民们对生命的起源、行为活动和生存发展的思考成为万物有灵产生的基础，他们将自然物与人等同，赋予它们生命特征与思维能力，这是先民对生命观的一种朴素的认识。

先民对自然的崇拜和敬畏是基于两种情感体验的，首先是源自先民对宇宙的未知和猜测，这种神秘是由先民的原始思维所决定的。布留尔在其论著中认为，"原始人的思维本质上是神秘的，这个基本特征决定了原始人的思维、感觉和行为的整个方式"①。同时也决定了他们的情感体验方式。所以人在面对未知而又想去了解的事物的时候就会产生这种神秘的感觉。基于对自然的敬畏，泥土因其强劲的孕育能力，在南方民族史诗的叙述中占有重要地位。土地作为农耕社会的重要生产条件，受依赖程度较大。中国是较早进入农耕时代的国家之一，考古发现的河姆渡文化遗址和仰韶文化遗址，就可以证明先民们在新石器时期的生产方式就已经以农耕为主，土地是农耕生产的必要条件，作物生长需要从土地中汲取养料，人们在土地中种下种子，又从土地中收获粮食，长此以往对土地的依赖十分突出。在体现这种依赖感的创世史诗中，泥土造人的人类起源类型最为普遍，女娲用泥土捏人是中国造人叙事中的经典代表。《风俗通义》记载，在开天辟地之时，地上未有人类，女娲就用黄土造人，因为一个人的力量有限，就用绳子蘸泥造人，绳子上面掉落下来的泥点变成了人。虽然女娲造人的神话有许多版本，但是其造人的核心内容并未发生变化，女娲造人的神话将人类的诞生归功于女性，是母系氏族社会的意识遗存，且泥土作为制陶材料，被制作成各种形状的器物，于是人类就联想到泥土也可以借助某种力量化形为人，又因泥土孕育万物，与女性的生育能力具有同质性，正如柏拉图所言，"在多产和生殖方面，并不是妇女为土地树立了榜样，而是土地为妇女树立了榜样"②，所以泥土在一定意义上被视作女性的一种象征。

　　史诗中泥土造人的观念是先民们对土地的崇拜，也是对土地生殖力的崇拜。女性崇拜与生殖崇拜被隐藏在土地崇拜中，农耕社会女性与土地决定了整个族群的发展，所以史诗中留存下来的泥土造人的叙事，是在向后人传递先民们生存发展的经验信息，先民们通过仪式的开展，在年复一年的述说中训诫后世，将累积的生活经验与文化复刻传递。

---

① 〔法〕列维 – 布留尔:《原始思维》，丁由译，商务印书馆，1985，第412页。
② 朱狄:《原始文化研究·对审美发生问题的思考》，生活·读书·新知三联书店，1988，第287页。

·西南文化资源·

社会适应与功能转换：苗族史诗《亚鲁王》的知识更新[*]

杨 兰[**]

摘 要 "亚鲁王"文化功能在滚雪球式的层累中发生转换。满足认知的需求、满足心理的需求、满足社会的需求和满足适应的需求是文化功能转换的内生动力；制度和机构的适应、行为模式的适应和社会角色的适应是文化功能转换的表现形式；求同存异与主动适应是文化功能转换的实践逻辑。娱人的舞台表演和娱神的仪式展演已自然分离，娱人的舞台表演是"亚鲁王"文化在现代语境中的适应与整合，娱神的仪式展演仍是族群认同的重要行为模式，两者均是表达民族认同的方式。

关键词 非物质文化遗产；亚鲁王；文化功能；社会适应

尽管不同时期、不同地域的民俗功能会发生转换，但正是这些不同的功能意义，构建了一个完整的、多彩的民俗文化，对振奋民族精神具有重大意

---

[*] 基金项目：本文为国家社科基金青年项目"苗族史诗《亚鲁王》文化叙事研究"（项目编号：19CMZ039）阶段研究成果。
[**] 杨兰，贵州民族大学文学院副教授，主要研究方向为中国民间文学。

义。[1]苗族史诗《亚鲁王》是苗族首部长篇英雄史诗,使用五言仄韵格律诵唱,至今仍在贵州麻山地区活态传承。观测列入国家非物质文化遗产代表性名录的苗族史诗《亚鲁王》的历史演变,可见民间话语体系(文化持有人麻山苗族、史诗唱诵者东郎)、行政话语体系(地方政府)和学术话语体系(学术共同体)共同阐释的"亚鲁王"文化历经了传统社会的文化继承到现代语境的文化适应过程。

一 "亚鲁王"文化功能转换的内生动力

功能的表现形式是多样的,如心理层面的、生理层面的,抑或社会层面的,此种多元源自文化现象或文化要素的多元。同时,文化发展和外部挤压产生的变化,可能导致文化功能扩展和功能转化。本文以满足认知的需求、满足心理的需求、满足社会的需求和满足适应的需求等四层级维度观测承载婚丧嫁娶、祛病禳灾、年节祭祖的"亚鲁王"文化,发现四层级体系是"亚鲁王"文化在传统与现代语境博弈中的内生动力。

(一)满足认知的需求

满足认知的需求是人类对事物的认识和追寻,是人类了解内部与外部世界的动力,也是人类解决问题和探索未知的需求。

人类的认知需求分为三个阶段,第一阶段是对自然的认知。任何族群均有对自然现象的认识过程,这一过程中产生的神话及解释自然的科学便是人对自然认知的结果。《亚鲁王》诵唱"火布冷统领仲寞,火布冷统管达寞"[2],"仲寞"和"达寞"便有宇宙之意。事实上,南方史诗多将宇宙开辟或天地初现之前的初始状态描述成"混沌","混沌"指一切都处于模糊状态,没有分

---

[1] 乌丙安:《文化记忆与文化反思——抢救端午节原文化形态》,《西北民族研究》2005年第3期。
[2] 杨正江搜集整理翻译《亚鲁王·苗族英雄史诗》,贵州省文化厅、贵州省非物质文化遗产保护中心,第1页。

界,即宇宙未形成前的原始状态。尽管不同族群对前宇宙状态有不同的想象和描述,但毋论何种形态的"混沌",均是原始先民对"前宇宙状态"这一宇宙本原问题的一种集体想象和形而上追索。

第二阶段是人类对社会的认知。人是社会的人,自然就会产生对社会的认知需求,具体表现为在文化协同的框架下,地域内正式组织和非正式组织所属成员的行为逻辑不仅严格遵从组织目标、组织原则和组织规则,亦受地域文化影响。诸如史诗及其嵌合的葬礼仪式表明,先祖故地在东方,在亡人盖棺前,需以"卜就"盖面方能得到祖先认可,接纳其回归祖先故地。东方故地成为不断接纳族群回归的特殊空间,特殊空间不依靠熟悉的面孔和声音界定是否归属族群,而是依靠集体共识的旗帜来进行筛选接收。

第三阶段是人类对自我的认知。这一需求是在基本需求满足后的自我追寻。东郎唱诵《亚鲁王》之时需沐浴更衣,着长衫,戴斗笠,持长标,如遇忘词,则须从头唱诵,诵唱行为并不与经济利益挂钩,而是享受族人认可的荣誉。丧家要确保亡人骑战马、着战甲、持战刀,回归东方故土,此种自我认知无疑可以解释麻山苗族基于"差序格局"的"家庭本位主义"。

(二)满足心理的需求

满足心理的需求是人类精神文化产生的根本,也是人与动物的本质区别。动物仅有物质需求,其行为源自本能;人类在物质需求之外,还追求理想和美,形成了精神文化。这种满足心理需求的精神文化成为信仰习俗,并衍生出宗教、神话、道德、伦理等。

首先是美的感受,目之所及皆美景、闻之所言皆乐音、嗅之所味皆清香,以此为艺术。人类为满足自身需求而产生表演艺术、音乐艺术、美术艺术等,以调节各器官间的平衡,愉悦心灵。《亚鲁王》唱调悠远绵长,又因东郎个体差异,有清亮清澈、浑厚有力、磁性沙哑之别。唱诵仪式上,东郎着盛装回归传统，每一场唱诵对听众而言都是一场视听盛宴。[①]同时，砍马仪式前，东郎须唱诵《砍马经》告知马砍杀它的缘由，唱诵过后，砍马师[②]会模拟砍马动作预演，待每位砍马师预演完成，就点燃鞭炮惊吓马匹，马开始跑动后，砍马仪式正式开始，如马不处于奔跑状态则不允许砍。在鞭炮声与人们的呼喊声中，烟尘滚滚的场景与史诗中亚鲁王带领族人奋战的厮杀场面具有一种跨越时空的错位重合感，人们在观看仪式或参与仪式时经历了镜像认同，获得了审美快感，消除了平凡生活所带来的倦乏感，在可观可感的场景中回忆历史、激励现在，从仪式的肃穆和感召中获得力量。

其次是自尊与自信的需求，此种需求要求个体和社会的认可。对个体而言，个体自信与外部认可紧密联系，能力得到肯定、人格实现独立、文化达致自觉、自我得以实现，是个体理想和能力达成一致的最优效能。就东郎来说，承担为族群唱诵史诗的职责是自我价值的实现，东郎在唱诵过程中得到族群的认可，获得族群认同与个体荣誉，并持续尽责主持每次仪式和诵唱每场史诗。由于非理性的情感和信仰需求，族群亦在东郎循环往复的诵唱中得到满足，特别在遭受挫折之际，将希望寄托于祖先，通过祷告和祈求先祖亚鲁王获得情感慰藉。值得注意的是，过去交通尚不便利时，如有人生病，外出求医的可能性很小，宝目[③]承担起治病救人的重要职责，进行看蛋仪式、通灵仪式等，与先祖对话，询问病情缘由，为病人驱病禳灾，同时也辅以苗族特有草药，以达到"神药两解"的功效。这些企图借助自然界神秘力量的仪式，主体神圣、场域肃穆、过程神秘，无疑使人们相信神圣仪式的超现实力量能够祛除病痛。这种毫无保留的信任事实上是仪式行为与文化体系的交织并进，仪式成员主客体通过仪式将日常生活中的人们与先祖联结为一体，与族群联结为一体，集体获得情感慰藉和情绪疏解。

[①] 杨兰、刘洋：《记忆与认同：苗族史诗〈亚鲁王〉历史记忆功能研究》，《贵州大学学报》（社会科学版）2018年第4期。
[②] 砍马师必定是东郎，但东郎并不全是砍马师。
[③] 宝目层次比东郎稍低，仅诵唱《亚鲁王》创世部分，多负责驱病禳灾仪式。

（三）满足社会的需求

满足社会的需求主要表现为满足人与社会和人际关系的需求。不同文化系统的个体在性格、观念、行为模式方面均存在差异。具体来讲，不同族群受所属文化系统影响形成不同的文化形态，个体则会在所属文化系统的社会化过程中，形成具有民族性格的人。事实上，伴随族际交往的频繁，语言、服饰、习惯、风俗、心理等差异让麻山苗族产生自卑、自信、自强等不同心态。诸如《亚鲁王》尚未列入国家级非物质文化遗产名录之时，在麻山苗族的社会交往中无处不在，是麻山苗族在长期生活实践中的文化选择，这源于"亚鲁王"文化嵌合的仪式场域是交通尚不便利时族内交往的重要空间；列入国家级非物质文化遗产名录后，学术共同体、国家话语体系的再阐释和信息技术的变革事实上强化了"亚鲁王"文化的解释力，"亚鲁王"文化不再局限于族内交往，更扩展成为族际交往的文化符号。

中华传统文化重视集体意识，强调个人价值置于集体价值之下，通过抑制个人私欲培养自律意识，以典型人物树立规范形象，宣传和强化自律意识，通过道德感化、启蒙教育使每个人产生集体责任感和荣誉感。麻山苗族人民面对各种艰苦的生存环境，都保持乐观的心态和顽强的拼搏精神，这与"亚鲁王"文化传递的文化精神高度关联。亚鲁部族在迁徙和征战中通过自身努力提高生活质量，同时，麻山苗族重视互帮互助和无私奉献，这亦是在艰苦环境下，团体协作发展的一种生存模式。[1]西方文化强调硬性制度，从外在条件约束和规范人的行为意识，这种行为被称为制度自律[2]。"亚鲁王"文化强调人与自然和谐相处的生命平等意识、家庭中长幼有序的伦理原则，其不仅是保证社会良性运行的一种文化现象[3]，亦是一种以中华传统文化为根基，呈现苗族文化特色的制度自律。

---

[1] 肖远平、杨兰、刘洋：《苗族史诗〈亚鲁王〉形象及母题研究》，中国社会科学出版社，2017，第1-2页。
[2] 盛洪：《儒学的经济学解释》，中国经济出版社，2016，第72-73页。
[3] 肖远平、杨兰：《文化调适与民俗变迁——基于麻山苗族民俗转型的实证研究》，《贵州社会科学》2015年第4期。

（四）满足适应的需求

文化具有强凝聚力，同一文化系统的成员有着相同的生活方式、思维方式、行为规范、伦理道德和价值观念，并在不同场合表现为一种潜意识[①]。文化凝聚力在文化交流的过程中表现在两个方面。一方面是内部的紧密联系，即国家、民族或民族内部的凝聚和发展；另一方面则是与外部世界紧密结合。不同民族的文化凝聚力表现不同。不同文化在接触和互动的过程中，会因文化差异产生不同后果，通常表现为审美趣味不同，不能形成共同的审美意识和文化心理，这源于不同文化价值判断的不一致导致的文化分歧，可能导致文化鼓励，也可能实现文化创新。诸如"亚鲁王"文化在与主流文化的互动中，曾被框定为封建迷信，这对文化持有人认知"亚鲁王"文化产生过重大影响，除部分东郎坚持传承外，其他文化持有人多将"亚鲁王"文化认定为封建糟粕。但丧葬仪式的特殊传承场域为"亚鲁王"文化的赓续提供了空间，伴随弘扬优秀传统文化和非物质文化遗产的保护实践，"亚鲁王"文化得到革命性的阐释，获得强发展动力和新生存空间。

值得关注的是，"亚鲁王"文化嵌合的麻山地区，长期处于大封闭、小融合的状态，区域内汉族、布依族、苗族等多族群和谐共生，族际经商、族际交往乃至族际联姻是常态。田野作业中，笔者便发现苗族女性嫁给布依族男性，且该苗族女子通晓布依语，布依族男子亦通晓苗语，两者在对方文化语境中均能无障碍沟通，且能彼此尊重对方族群习俗。此种多元文化共存事实上成为一种生存策略和一种制衡模式，也是"亚鲁王"文化主动调适的最优策略。

二 "亚鲁王"文化功能转换的表现形式

文化适应是动态的过程，是"因接触两种或多种不同文化而产生的文

[①] 〔美〕爱德华·希尔斯：《论传统》，傅铿、吕乐译，上海人民出版社，2009，第50-58页。

变迁"。爱德华·泰勒（Edward Burnett Tylor）将文化视作人类生活的环境。[①] 朱利安·斯图尔德（Julian Haynes Steward）探讨特定民族文化与所处自然与生态系统之间，经过长期互动与磨合形成的"实体"，认为文化是人类适应环境的工具。[②] 前者将文化视为主体，认为文化决定了人的行为和思想方式；后者则以人为主体，认为文化是人适应社会环境的变化所需的工具。这两种截然不同的观念，看似将文化视作两极，实则存有内在关联。文化适应从一定程度上讲，具有消除冲突和矛盾、消除主客体间隔阂的功能。社会心理学家帕迪拉（Padilla）将文化适应延伸到了文化意识层面，强调个体对本民族文化的忠诚度和认同感。[③] 而加拿大学者约翰·贝利（John W.Berry）等则认为"文化适应"是社会流动与社会交往带来的不同文化背景下的成员之间的互动，对某一方或者多方产生了文化上的影响，甚至是改变了其原有的文化模式的社会心理现象。[④] 费孝通先生在讲文化意识的时候，也强调文化在新环境下的自我适应问题。[⑤] 本文以行政话语体系、学术话语体系和民间话语体系观测"亚鲁王"文化进入大众视野后的功能转换，发现制度和机构的适应、行为模式的适应和社会角色的适应伴随"亚鲁王"文化功能转换的始终。

（一）制度和机构的适应

即便是非物质文化遗产资源丰富、传统文化活态传承有序的麻山地区，经济社会的快速变迁和多元文化的强烈冲击，也对地域文化持有人产生了革命性的影响。

---

① 〔英〕爱德华·泰勒：《原始文化》，连树声译，上海文艺出版社，1992。
② 〔美〕朱利安·斯图尔德：《文化变迁论》，谭卫华、罗康隆译，贵州人民出版社，2013，第32-50页。
③ 陈红：《人格与文化》，安徽教育出版社，2009，第65页。
④ John W. Berry, Ype H. Poortinga, Marshall H.Segall, Pierre R. Dasen, *Cross-Cultural Psychology Research and Applications* (Cambridge University Press, 2002), pp. 20-21.
⑤ 费孝通：《土地里长出来的文化》，中国民主同盟中央委员会、中华炎黄文化研究会编《费孝通论文化与文化自觉》，群言出版社，2005，第41页。

不论是政府职能部门，还是文化持有人，顺应文化适应的规律和把脉文化功能的演变是机遇，也是挑战。一方面，制度适应涉及面广，政策难以即刻落实与民众要求立即见效的矛盾在实践中有巨大张力，政府需要通过快速反应消解这种矛盾。从2009年入选贵州省级非物质文化遗产名录，到2011年成功入选国家级非物质文化遗产名录，再到2015年安顺市专设职能部门服务"亚鲁王"文化传承，直至2019年地方性法规《安顺市亚鲁王非物质文化遗产保护条例》通过贵州省人大审查并正式实施，10年间，行政力量和学术共同体始终参与并致力推动"亚鲁王"文化的保护、传承与发展。

另一方面，政府通过特事特办处置文化部门与组织机构的适应能力。文化部门下设独立机构亚鲁王文化研究中心，服务史诗若干事宜，包括组织、管理、宣传、服务、协作等，由于机构为专设，无法解决所有成员编制，多聘用通晓苗语西部方言和能够进行田野调查的灵活就业人员，尽管待遇有限、工作繁杂，但自我实现的意义确保这些工作人员成为田间地头的多面手。此外，"亚鲁王"文化活动大多由苗族民众自发举行，亦由民众组织参与和表演，但是民间力量有限，政府在"亚鲁王"文化活动中承担领导者的角色，村委在"亚鲁王"文化活动中承担组织者的角色，亚鲁王文化研究中心在"亚鲁王"文化活动中承担协调者的角色，三者还同时承担宣传和服务的职责，要对活动进行事前宣传、事后总结展示。同时，亚鲁王文化研究中心及村委会直接为表演群体服务，确保活动有序和圆满完成。值得关注的是，文化持有人参与"亚鲁王"文化活动分为直接参与和间接参与，即使不作为表演主体，也会在相关部门的协调下成为活动的观众，参与到活动中来。一般活动前夕，文化持有人便主动投入宣传工作，不管是上街游行，还是知会亲朋，他们都在台前幕后积极参与，完成社会角色扮演。

同时，亚鲁王文化研究中心在麻山腹地大营镇芭茅村村民杨某华家设置学术接待站[①]，在当地基础设施不完善的情况下，解决了学术共同体参与"亚

[①] 2017年1月，亚鲁王研究中心在大营镇芭茅村设立"亚鲁王文化田野调查芭茅学术接待站"，供研究中田野调查时使用。此外，在紫云县6个乡镇设置了26个非遗传习所。

鲁王"文化研究的田野调查问题。田野调查点设置在村民家,一方面可以为村民补贴经济收入;另一方面,可以增强村民的参与感,让他们加入民族文化的传承和保护,从而获得精神上的享受。同时,亚鲁王文化研究中心在学术共同体与调查对象之间搭建了桥梁,起到了协调关系的作用。

（二）行为模式的适应

就个体而言,社会行为必然在社会背景中产生,且必然影响周围人群和社会环境,难以称为纯粹的个人行为,所以具有社会意义。就社会而言,个体的社会行为是在社会中产生的,所以其适应性主要针对社会。个体的价值观与社会主流思想相一致,其行为意义就与社会意义相一致,对个体和社会来说都是有益的。以历时脉络梳理,"亚鲁王"文化历经"压制—忽略—复苏"的过程,但值得关注的是,尽管支持"亚鲁王"文化的民众始终如一,但"隐蔽学习—主动学习—消极学习"的行为模式转变仍可认定为文化适应的历程。

在特定时期,"亚鲁王"文化一度陷入外部力量"一刀切"禁止的尴尬境地,根据当地东郎回忆,当时几乎所有的东郎都被召去进行学习改造,一时间在麻山当地坚定传承的"亚鲁王"变得"销声匿迹",激发了东郎们前所未有的危机感,传承"亚鲁王"成了东郎们的时代使命。年长东郎们秘密教授年轻东郎,并暗地为族人主持"亚鲁王"仪式,正是东郎们的责任感,将"亚鲁王"文化艰难地传承了下来。文化本就具有缓慢形成和缓慢发展的特征,"一刀切"的文化变革带来的文化阵痛,并不能阻挡文化赓续的内生动力。

进入新时期,资本市场的快速扩张导致生活生产的日益分化,尽管乡村振兴和精准扶贫为麻山地区注入经济活力,但因较长时间的地理封闭,地域经济社会发展仍然滞后,青壮年进城务工仍是主流,传统文化的呼唤、城市生活的便利、多元文化的冲击集合而成的矛盾在社会流动中凸显。在消极学习"亚鲁王"文化成为普遍现象的同时,亦有许多青年利用各种科技手段主动学习"亚鲁王"文化,这显然是族群成员在时代变革中的自我选择。从主观认识上看,从一个族群中的部分成员意识到固有文化的某一些特点有待更新，到大多数成员有更新愿望，再到成员们落到实际的更新举动，必然有一个漫长的进程。从客观方面来说，任何文化要素的执行都不是超然独立的运动，它有待于物质条件的齐备、族群文化承传的实现、相关要素的协调等。在这些条件未具备之前，部分族群成员的有意更新依然只能是一种良好的愿望，只有经历长期准备之后才能付诸实施。更为关键的原因在于族群及其文化是一个活的机体，不能中断其生命来专门进行文化修补，只能在有机的运作过程中修复和完善。其文化适应只能在文化运作不中断、不受振动的前提下进行。若文化适应激烈以致其运作失常，那就不是适应而是一种毁灭了。

（三）社会角色的适应

人既创造文化，也承继文化，既是文化适应的客体，又是文化适应的主体。东郎作为"亚鲁王"传承主体，成为典型的角色集合，其社会身份经历了从社会排斥的巫婆神棍到社会支持的非遗传承人的转变，曾经的以表现性角色为主亦转变为表现性角色与功利性角色并存，这缘于"亚鲁王"文化表现形式的分解。若东郎在娱人的舞台展演，则可能是功利性角色，以获取报酬为主，亦可能是功能性角色和表现性角色共存的角色集合；若东郎在娱神的仪式展演，则必然是表现性角色，以实现自我满足为唯一诉求。同时，国家话语体系和学术话语体系为非物质文化遗产传承人赋权，传承人成为地域内文化精英，本身也是角色确定和角色再现。

值得关注的是，社会角色的适应与国家话语体系中传承人的分类分级制度有显著相关性。一方面，传承人分级分类制度导致传承人群体的内部分化。如传承人列入各级政府公布的传承人名录，则其社会角色的职能性得以凸显，有义务在非遗讲习所教徒授艺，也有权利获取相应津贴。国家级传承人东郎陈兴华考虑到能让更多人加入文化传承的行列中来，有意识、有目的地将自己的唱诵录音制作成二维码附在文本中，方便学习的人对照文字理解和记忆。如仅是登记在册的传承人，则其社会角色的多重性得以凸显，诸如只有在相应仪式或活动时，才需要扮演相应角色。针对传承人分类分级制度，除传承人陈兴华主动积极招收徒弟学唱史诗外，大部分东郎在传承过程中呈消极态度，将"国家级传承人"的称号视作对东郎能力的一种评定，认为自己没有被评为传承人，是因为自己的唱诵能力没有得到认可，不具备传承资格。理解的偏差导致了传承状况的不理想。为鼓励东郎传承，亚鲁王文化研究中心于2015年举办紫云·千名东郎唱诵史诗亚鲁王大赛，为东郎们颁发传承人证书。

另一方面，传承人分级分类制度亦导致东郎唱诵禁忌的变化。因被赋予各级传承人称号的荣誉，常有跨家族和跨村寨请求具有传承人身份的东郎主持仪式的现象，这在东郎群体的禁忌规范中是不允许的。东郎岑某详在访谈时就讲了东郎习唱或主持仪式的规定，"学唱亚鲁王这个，必须是各个家族学各个家族的，不然别的家族的人来和我们岑家的学，就算是学会了，他也只能给岑家主持仪式，不能给自己家或者别的家族主持仪式。"①偶有招架不住丧家请求前往的东郎，事后常常表示担忧，认为跨家族唱诵违反了禁忌，自己正在遭受惩罚，"我这段时间，脚痛，痛了有好久了，我觉得是给别个家族的去唱《亚鲁王》搞的，因为人家觉得我唱得好，本来他们家族、他们寨子有东郎的，他们不请，就专门来请我去唱，我害怕是不是人家因为这些事情有想法了。我这个腿老是不好，走路都走不得。我看，我还是不能这样了，这样得罪人得很，以后只给韦家开路算了，不惹这么多麻烦事情"②。

三 "亚鲁王"文化功能转换的实践逻辑

伴随历史进程、族际互动与现代化浪潮的冲击，作为核心载体的葬礼仪式，其功能拓展至表达认同与认同表达。而以其为核心的衍生展演形式，功能则完全转向娱人，以适应现代社会发展需要。"亚鲁王"文化的传承与发展在某种程度上回应了乌丙安先生留住"文化记忆"的呼唤，其功能的转

---

① 访谈对象：岑某详，访谈人：杨兰、梁朝艳，地点：紫云县大营乡芭茅村，时间：2017年7月。
② 访谈对象：韦某五，访谈人：杨兰、杨正超，地点：紫云县宗地镇歪寨村，时间：2017年7月。

换亦使"亚鲁王"文化在现代化浪潮的冲击中,获得了新意义,产生了新价值。

(一)求同存异的文化互动

民族文化互动,绝非将民族文化全部规整到主流文化当中去,而是强调要始终保持中华民族多元一体的格局。一方面,需认识文化积极的一面对事物的发展具有促进作用,而消极的一面对事物的发展非但没有助推作用,甚至还具有不利的作用。而在同一区域社会,同一习俗观念对不同群体而言,产生不同的影响,这种影响有时是积极的,有时是消极的。"亚鲁王"文化承载的丧葬仪式在维系人际关系、提升民族和社区认同上具有积极作用。仪式活动的举办,不仅是一次民族文化的重温和学习,也是促进族群交往和沟通的重要方式,人们在活动中瞻仰先祖、沟通情感、增强凝聚、强化认同,实际上是维护社会秩序的重要方式。但是"亚鲁王"文化仪式程序繁杂、耗时长、花费多,与当下节约型社会的建设不相吻合,可能导致的致贫返贫现象也不容忽视。同时,仪式活动为族群带来了建立民族情感、共同参与活动的机会,增强了村民对社区的归属感和认同感,对提升麻山苗族地区的社会整合度意义重大。

另一方面,民族文化交流互动在价值取向方面上体现为一体两面,一面强调同质,另一面强调异质。具体来讲,关注点不同衍生出"求同存异"还是"求异存同"的核心议题。从国家实际情况来看,多元文化强调差异性,但是从中华民族多元一体格局的现实需要来看,维护和巩固国家统一需要强调"求同存异"。在增强民族认同感的呼声下,增强中华民族的认同感亦是现实所需。这里的"同"并非指同化,而是指各民族的价值取向相同、目标相同,这对于协调整合民族文化来说,具有根本性意义。"异"也并非片面强调其差异、追求差异,而是尊重各民族间存有的经济文化差异,向世界展示中华文化的多样性。事实上,"亚鲁王"文化的异同之争反映了万物同源的思想意识和天下一家的价值观念,这显然契合人类命运共同体的价值取向,实践中亦是如此,"亚鲁王"文化与道教文化的共生,均指向"求同存异"的现实需求。

(二)主动适应的功能转换

功能转换是指原有功能在新的环境中发生了变化。将整个结构看作庞大的系统时,结构要素成为系统中的子系统,子系统中又包含了无数小因素。功能的转换是外部环境引起的,某一文化因素,在环境的变化下其功能亦会发生变化,正如人的皮肤在夏季具有散热排汗的功能,在冬季具有保温储热的功能。马林诺夫斯基在谈及功能转换时用马车与汽车的例子进行了说明,他认为当汽车替代了马车成为更快捷的交通工具时,马车与汽车车道之间不再匹配,因而可以认为是一种旧时残余,而当它被作为一种满足人们怀旧的需求而出现的时候,它是作为一种具有观赏价值的物品而存在的,并不是残余,而是其功能发生了变化。①

"亚鲁王"文化完成了主动适应的功能转换。一方面,传统禁忌肃穆的仪式是人们缅怀过去和祭祀先祖的神圣场域,是亡人归返故土和融于族群的唯一通道,仪式行为、仪式器物和仪式祭品均以缅怀过去和取悦先祖为目的。另一方面,"亚鲁王"文化在进入大众视野的同时,其文化功能在滚雪球式的层累中成为家庭感受族群认同和人们表达民族认同的方式。"亚鲁王"文化衍生的舞台展演,娱人功能更加凸显,其目的就是让人们走进麻山,了解苗族,走近"亚鲁王"文化。同时也希望通过生产、扩散、销售"亚鲁王"象征符号和视觉财产,为外来游客提供差异性的习得体验,获取资本和生产生活资料。具体来讲,"亚鲁王"文化由缅怀过去、祭祀先祖、祈福纳吉、身份认同的神圣场域分解为神圣仪式的展演场域和世俗表演的舞台展演,是"亚鲁王"文化在现代社会下的适应结果,也是传统文化革新的重要内容。

---

① 何星亮:《文化功能及其变迁》,《中南民族大学学报》(人文社会科学版) 2013 年第 5 期。

四 小结与思考

"亚鲁王"文化功能在滚雪球式的层累中发生转换。满足认知需求、心理需求、社会需求和适应需求是文化功能转换的内生动力;制度和机构的适应、行为模式的适应和社会角色的适应是文化功能转换的表现形式;求同存异与主动适应是文化功能转换的实践逻辑。从"亚鲁王"文化衍生的舞台展演来看,娱神功能和娱人功能已自然分离,娱人的舞台展演是"亚鲁王"文化在现代语境中的适应与整合,娱神的仪式展演仍是族群认同的重要行为模式,两者均是表达民族认同的方式。文化功能的表现形式是多样的,如心理层面的、生理层面的,抑或社会层面的,此种多元源自文化现象或文化要素的多元,同时,文化发展和外部挤压产生的变化,可能导致功能扩展和功能转化。

一是作为内生动力的四种需求。满足认知的需求是人类对事物的认识和追寻,是人类了解内部与外部世界的动力,也是人类解决问题和探索未知的需求。满足心理的需求是人类精神文化产生的根本,亦是人与动物的本质区别。动物仅有物质需求,其行为源自本能。人类满足心理需求的信仰习俗,衍生出神话、传说、道德、伦理等。人类在物质需求之外对理想和美的追求,形成了精神文化。满足社会的需求主要表现为满足人与社会和人际关系的需求。不同文化系统的个体在性格、观念、行为模式方面均存在差异。具体来讲,不同族群受所属文化系统影响形成不同的文化形态,个体则会在所属文化系统的社会化过程中,形成具有民族性格的人。事实上,伴随族际交往的频繁,语言、服饰、习惯、风俗、心理等差异让麻山苗族产生自卑、自信、自强等不同心态。

二是作为表现形式的文化适应。中华传统文化重视集体意识,强调个人价值置于集体价值之下,通过抑制个人私欲培养自律意识,以典型人物树立规范形象,宣传和强化自律意识,通过道德感化、启蒙教育使每个人产生集体责任感和荣誉感。文化具有强凝聚力，同一文化系统的成员有着相同的生活方式、思维方式、行为规范、伦理道德和价值观念，并在不同场合表现为一种潜意识。但即便是在非物质文化遗产资源丰富、传统文化活态传承有序的麻山地区，经济社会的快速变迁和多元文化的强烈冲击，也对地域文化持有人产生了革命性的影响。不论是对政府职能部门，还是对文化持有人来说，顺应文化适应的规律和把脉文化功能的演变是机遇，也是挑战。对个体而言，社会行为必然在社会背景中产生，且必然影响周围人群和社会环境，难以称为纯粹的个人行为，所以具有社会意义。对社会而言，个体的社会行为是在社会中产生的，所以其适应性主要针对社会。个体的价值观与社会主流思想相一致，其行为意义就与社会意义相一致，对个体和社会来说都是有益的。以历时脉络梳理，"亚鲁王"文化历经"压制—忽略—复苏"的过程，但值得关注的是，尽管支持"亚鲁王"文化的民众始终如一，但"隐蔽学习—主动学习—消极学习"的行为模式转变仍可认为是文化适应的历程。

三是作为实践逻辑的知识更新。人既创造文化，也承继文化，既是文化适应的客体，也是文化适应的主体。东郎作为"亚鲁王"传承主体，成为典型的角色集合，其社会身份经历了从社会排斥的巫婆神棍到社会支持的非遗传承人的转变，曾经的以表现性角色为主亦转变为表现性角色与功利性角色并存，这缘于"亚鲁王"文化表现形式的分解，若东郎在娱人的舞台展演，则可能是功利性角色，以获取报酬为主，亦可能是功能性角色和表现性角色共存的角色集合；若东郎在娱神的仪式展演，则必然是表现性角色，以实现自我满足为唯一诉求。

文化功能转换是过程，亦是结果。一方面，文化功能转换倡导正确的价值观、人生观和审美观，并要求多元文化矛盾冲突的解释力和引导力，旨在文化的扬弃，亦在族群向心力的凝聚，是地域文化维护社会稳定与和谐发展的主动适应。另一方面，文化功能转换的过程中，尽管文化形态会随时代变化而改变，但满足认知的需求、满足心理的需求、满足社会的需求和满足适应的需求能够确保转换过程中的秩序与规则。值得注意的是，与所处环境不相适应，且对文化功能转换产生阻力的要素，会被改造或重建，这种改造或重建实质上是对原有知识的更新，知识更新的过程促进了文化融合，但绝不排挤既有文化体系，这种消解与重构无疑是中华民族多元一体格局的生命力所在。

·西南文化资源·

传承鼓盆歌 唱响活化石*
——鼓盆歌传承与发展问题及对策研究

章 芳**

摘 要 沙市鼓盆歌是荆楚先人留下的一件历史瑰宝,它宛如一朵文化奇葩盛开在民间,直到今天依然艳丽夺目。然而,随着社会快速发展,现代科技日新月异,多元文化汇合交织,这一古老艺术形式赖以存在的社会基础发生了深刻变化,以致其活动空间日益缩小;传统民间艺人相继离世,现有传承人年事渐高,造成这一民间艺术传承严重断层,其制作技艺和演奏技巧逐渐陷入后继乏人的艰难困境,加强对这一民间曲艺的抢救、保护工作已迫在眉睫。探讨鼓盆歌传承走向,挖掘其发展潜能,为这一珍贵的文化遗产创造新的生机,是文化工作者的责任与使命。

关键词 鼓盆歌;非物质文化遗产;荆楚文化

流传于江汉平原沙市、荆州、江陵一带的鼓盆歌兴起于战国时代,是一种古老的曲艺形式,2006年5月20日经国务院批准列入第一批国家级非物质

---

* 基金项目:本文为湖北省非物质文化遗产研究中心(长江大学)研究项目(2019005)阶段性成果。
** 章芳,长江大学副教授、硕士生导师,主要研究方向为民间文学及民俗学。

文化遗产名录。至今活跃在群众日常生活中的鼓盆歌，其表演仍然沿袭了早期简单利落的形式：一面鼓，一对槌；焚香点灯，一人主唱，数人围坐。简洁遒劲的表演风格，近乎原汁原味的原生态呈现使之被誉为荆楚文化的活化石，堪称中华民族传统文化的珍贵见证。

然而随着现代生活的飞速发展，各种娱乐活动层出不穷，近些年来人民群众对鼓盆歌的需求日渐减少，表演热情亦大幅下降，尤其是被网络"围困"的青少年更是不知鼓盆歌为何物。一度兴盛的鼓盆歌，其传承发展陷入了前所未有的困境。杨新兰是湖北省级非遗传承人，因为喜爱鼓盆歌艺术，她从1989年开始，先后拜毛伯秀、望熙诰等鼓盆歌大师为师。转眼30多年过去，如今荆沙一带能够演唱鼓盆歌的艺人大概还有七八十位，能够演唱的曲目仍有《庄子试妻》《梁祝》《观灯》等近百个。但是近年来，鼓盆歌国家级传承人已经相继离世，如今省级传承人也仅有杨新兰一位。杨老师在两年前收了一名徒弟，其在业余时间学唱鼓盆歌。对于鼓盆歌这项国家级非遗的传承，她颇为焦虑，忧心忡忡："我现在最担心的就是鼓盆歌后继无人，如果这一优秀的传统文化在我们这一代人手中失传，那将是我一辈子的遗憾，也是我们这个时代的悲哀！"杨新兰强烈希望更多的年轻人能够喜爱和学习鼓盆歌，希望有关部门加强对鼓盆歌的重视和保护，希望人们能够了解和喜爱这门极富哲学思想的古老曲艺。

党的十九届五中全会通过的《关于制定国民经济和社会发展第十四个五年规划和二〇三五年远景目标的建议》明确指出，传承弘扬中华优秀传统文化，加强文物古籍保护研究利用，强化重要文化和自然遗产、非物质文化遗产系统保护，加强各民族优秀传统手工艺保护和传承，已经成为国家总体战略的重要部分。党的十八大以来，习近平总书记高度重视中华优秀传统文化的传承发展，为传承和创新发展中华优秀传统文化指引了方向。2014年2月17日，习近平总书记在省部级主要领导干部学习贯彻党的十八届三中全会精神全面深化改革专题研讨班上指出，要加强对中华优秀传统文化的挖掘和阐发，努力实现中华传统美德的创造性转化、创新性发展，把跨越时空、超越国度、富有永恒魅力、具有当代价值的文化精神弘扬起来，把继承优秀传统文化又弘扬时代精神、立足本国又面向世界的当代中国文化创新成果传播出去。① 同年6月6日，习主席在会见第七届世界华侨华人社团联谊大会代表时一再强调：有着5000多年悠久历史的华夏文明，是中华民族自强不息、努力奋进的强大精神依靠和力量源泉。我们的同胞无论走到哪里，身体里都流淌着鲜红的中华传统文化血液，这种一脉相传的精神基因和灵魂内核及其蕴含的思想观念、人文精神、道德规范，不仅是我们中国人思想和精神的强大内驱力，对解决人类问题也有重要指导作用。同年10月13日，习近平总书记在中共中央政治局第十八次集体学习时再次高屋建瓴地提出我们最深厚的文化软实力就是中华优秀传统文化，中国特色社会主义的文化沃土必须也只能植根于此。2020年9月28日，习近平总书记在中央政治局第二十三次集体学习时的再次强调，让我们更加明确地认识到中华优秀传统文化已经成为中华民族的基因，它已经延续了几千年，经历了岁月的打磨和历史的考验，凝聚成了伟大的民族精神和优秀的文化记忆，是中华民族生生不息、长盛不衰的文化动力，也是实现中华民族伟大复兴的精神力量，一定要结合实际在新的时代新的境遇中发扬光大。包括鼓盆歌在内的非物质文化遗产是中华优秀传统文化的重要组成部分，它们的传承高度依赖人，因此，不断加强宣传，促进非遗传承是摆在传承群体、专家、研究和教育机构面前的一个重大课题。

一 鼓盆歌传承与发展中的问题

笔者在阅读相关书籍文献的基础上，通过调查走访，了解到当前鼓盆歌的濒危状况主要表现为三个方面。第一，从古至今对鼓盆歌的认识存在很大的分歧。晋朝太守孙楚（？-293年）对庄子妻死不哭而歌，大惑不解。他在《庄周赞》中谈道："妻亡不哭，亦何所欢，慢吊鼓缶，放此诞言，殆矫其情，

---

① 党建网微平台：《习近平谈中华优秀传统文化》，党建网微平台公众号，2020年11月20日。

近失自然。"1988年，因"打丧鼓"吵闹邻居，又有封建陋习之嫌，沙市文明委明文规定不准"打丧鼓"。近年来，市群艺馆音乐干部推陈出新，新编了鼓盆歌演唱节目，但演出在开幕前夕，也被取消。因而沙市鼓盆歌从未上过"大雅之堂"。第二，荆州目前的丧事中大多数丧家都请流行歌手和戏班来"闹丧"，而请鼓盆歌班的人家逐年减少。第三，一些颇有造诣的歌手和鼓手年事已高，有的相继谢世，会唱鼓盆歌的人逐年减少。[1]

上述现状表明，在现代化进程日益加快的今天，鼓盆歌的发展与传承和其他民间艺术形式一样出现了前所未有的危机，令人担忧，急需想方设法加以重视和保护，使之薪火相传。鼓盆歌的表演与民间习俗密切相关，在艺术价值之外，它还有民俗学、社会学和文化学的多重价值，因此拯救鼓盆歌，使之蓬勃发展意义非凡。

传承鼓盆歌，唱响活化石是当前热爱传统文化、致力于非遗保护的从业人员的迫切心声，也是地方政府、文化产业部门需要着手解决的重要课题。

二 鼓盆歌传承与发展的对策

经过长时间的思考与田野采风，笔者认为，鼓盆歌的传承发展或许可以从以下两个大的方面去展开。

（一）外部寻求支持与合作

1. 湖北省文化部门的政策支持

湖北是楚文化的发祥地，历史悠久，文化灿烂。在漫长的历史长河中，勤劳智慧的荆楚儿女不仅创造了大量的物质文化遗产，而且创造了丰富多彩、绚丽多姿的非物质文化遗产。这些宝贵的文化遗产，凝聚了荆楚先民的民俗信仰、价值观念、神会理想与道德追求，不仅是荆楚民众生生不息、繁衍发

---

[1] 谢志华主编《鼓盆歌演唱曲目集（上、下）》，湖北人民出版社，2013。

展的精神支柱，也是推动当今社会发展进步的重要力量。湖北是非物质文化遗产大省，是全国实施非物质文化遗产保护工程较早的地区之一。十年来，在湖北省委、省政府的高度重视和社会各界的大力支持下，全省非物质文化遗产保护工作成绩喜人。作为民族智慧结晶的非物质文化遗产是联结民族情感的纽带和维系国家统一的基础，要切实落实科学发展观，实现经济、社会全面、协调、可持续发展，必须保护和利用好非物质文化遗产。加强非物质文化遗产保护工作是各级文化部门的重要职责，是全省文化工作者义不容辞的责任。相信在省委、省政府的大力支持下，相关部门会以更加扎实的作风、更加有效的措施，努力提高非物质文化遗产保护工作的质量和水平，为推动文化强省建设、实现"建成支点、走在前列"做出积极贡献。

2. 荆州市政府、市文旅局的制度保障

荆州历史悠久、人文荟萃，是楚文化的发祥地之一，在漫长的历史演进中，积淀了极为丰富的人文景观，创造了丰富多彩的民间文学、精湛的手工技艺，形成了独具特色的民间习俗，文化资源十分丰富。在市委、市政府的大力支持下，包括鼓盆歌在内，先后有楚式漆器髹饰技艺、铅锡刻镂技艺、荆河戏、啰啰咚、马山民歌、说鼓子、楚简制作技艺、五虾闹鲇9个项目成功列入国家级非物质文化遗产代表性项目名录，三国故事、三袁传说、荆州花鼓戏、汉绣、汉滩小曲等34个项目列入湖北省级非物质文化遗产代表性项目名录。这些成绩的取得表明荆州市政府对非遗工作是非常重视并大力支持的，而荆州市文旅局更是做了大量实质性的推进工作。如果鼓盆歌从业人员继续合理地表达自己的诉求，荆州市政府一定会在原有基础上提出更有利于该曲艺传承与发展的指导性意见，制定出促进其勃兴发展的举措。市文旅局出面促成鼓盆歌歌班与方特、园博园、博物馆等旅游景点建立长期合作伙伴关系，也是可行之路。

3. 与荆州市群众艺术馆（荆州市非遗中心）的深度合作

荆州市群众艺术馆（荆州市非遗中心）于1949年建馆，原为沙市群众艺术馆，为公益类事业单位。该馆一直坚持围绕中心，服务大局，认真履行工作职能，真抓实干，不断丰富群众文化活动。近些年该馆在非遗保护与传承工作上不遗余力，在鼓盆歌宣传、保护与传承方面更是下了大力气，先后取得了一系列的成绩。①活态传承保护：举办了 2018 年国家级非物质文化遗产鼓盆歌专题研讨会；在沙市区和荆州区两地的殡葬管理所计划建立"国家级非遗项目鼓盆歌活态传承基地"。②项目展示展演：多次受邀到长江大学演出鼓盆歌经典曲目，将"非遗进校园"落到实处，在广大青年学子中产生了强烈反响；邀请鼓盆歌省级代表性传承人杨新兰及鼓盆歌相关传人参加"全国非遗曲艺周"；举办了 2018 年国家级非物质文化遗产鼓盆歌演唱会。③项目抢救性记录：完成了对全市主要鼓盆歌歌班的采录活动，整理有价值的传统曲目，形成鼓盆歌数字化保存的资料。对项目代表性传承人杨新兰、汪显凤的活态表演进行抢救性记录拍摄。

上述成绩充分说明荆州市群众艺术馆（荆州市非遗中心）历任领导和全体工作人员在非遗保护与传承工作方面热情满溢、信心百倍、经验丰富、能力十足。鼓盆歌歌班要继续强化与该馆的合作，齐心协力做好当前最重要的事务，即协调好与荆州市民政局的关系，以便及早落实在沙市区和荆州区两地的殡葬管理所建立"国家级非遗项目鼓盆歌活态传承基地"这一重要计划。

4. 地方高校长江大学的学术提升

2020 年 10 月 23 日，习近平总书记在给中国戏曲学院师生的回信中殷切寄语：以建校 70 周年为新起点，全面贯彻党的教育方针，落实立德树人根本任务。广大师生务必坚定文化自信，弘扬优良传统，坚持守正创新，在教学相长中探寻艺术真谛，在服务人民中砥砺从艺初心，为传承中华优秀传统文化、建设社会主义文化强国做出新的更大的贡献。非遗进校园、入课堂，高校服务非遗、发展非遗，既是总书记对全国所有高校师生的嘱托与要求，也是必走之路。正如北师大陈丽副校长于 2020 年 12 月 5 日至 6 日在"非物质文化遗产教育与学科建设"国际学术论坛所阐述的："非遗是文化多样性的源泉，也是社会认同、民族认同和社会凝聚的重要载体，发展非遗教育，高校责无旁贷"。①

长江大学荆楚文化研究中心和非遗中心是专业的文化研究机构，有较扎实的研究基础和过硬的研究团队。2020年11月13日，国家级非物质文化遗产鼓盆歌学术研讨会在长江大学人文与新媒体学院的圆满召开，标志着鼓盆歌的学术研究迈入正轨，表明高校的加盟是鼓盆歌传承发展的强劲支撑。积极推动包括鼓盆歌在内的非遗创造性转化、创新性发展和人才培育、科研合作，在非遗理论研究和实践应用等方面做出探索，也是长江大学非遗中心正在思考和急需解决的课题。一直以来，长江大学在非遗保护和传承事业中展现出了浓厚的人文情怀和坚实的学术担当，学界同人有目共睹，他们值得这份信任与期待。

(二) 内部力主优化与创新

1. 更新观念，突破服务范围，回归本源

鼓盆歌起源的记载可以追溯到《诗经》和《周易》。在先秦时期，"鼓盆"与"击缶"主要是普通音乐和日常娱乐活动。在战国时期有一则故事，赵国相国蔺相如略施小计让秦王为赵王"击缶"，以回击秦王让赵王"鼓瑟"的讥讽，传为千古美谈。那时候，"鼓盆"与"击缶"仍然作为主要日常娱乐内容，为华夏民族音乐表现形式之一，可见鼓盆而歌、击缶而唱是人们表达情感的一种方式，并非生来就与死亡和丧葬相联系的。直至战国时期庄子的妻子去世，庄子鼓盆而歌，则赋予了"鼓盆"丰富的哲学内涵：在庄子之前，人们认为生是令人开心的事，而死亡则是一件令人忧伤的事。庄子则有不同看法，他认为死与生一样，同样是值得歌颂的。庄子认为人的生命是由于气之聚，人的离世是由于气之散。他摆脱了鬼神摆布人类生死命运的看法，只把生死视为一种自然的现象，认为生死的过程就是像四时的运行一样。

---

① 民俗学论坛：《会议回顾｜聚焦非遗教育，共探非遗学科建设之路——北京师范大学召开"非物质文化遗产教育与学科建设"国际学术论坛》，民俗学论坛微信公众号，2020年12月9日。

"鼓盆而歌"是一种旷达的人生境界，是一种全新的生死观念。鼓盆歌走向丧礼，成为道家学派和国人乐观看待生死的一种丧葬礼仪则是鼓盆歌的后续发展。如今，庄子已经去世2000多年，而庄子的鼓盆歌并没有成绝唱。2000多年来，在楚国故都荆州大地，传唱不绝。是什么原因使得鼓盆歌流传至今呢？省级非遗传承人杨新兰认为，因为它是用传统文化表现对已经逝去的生命的尊重、对生命的颂扬，所以好听，容易懂。这些歌词都是传统的、由民间艺人创造出来的，但是都是在传达庄子的生死哲理，思辨性强，充满了对生命的赞扬、赞美。特别是老一代人，非常喜欢用这个歌词来悼念亡人。

荆州是楚文化的中心，为楚国故都所在地，而春秋战国时期，楚国也是道家思想的发源地与兴盛之地。如今，江汉平原的沙市、荆州、江陵一带是鼓盆歌的主要流传地，一人或二人自击鼓板独唱或对唱是最常见的表演形式。民间演出时热心的听众也可参与帮腔，人数多的时候可以达到十人，各自扮演不同角色演唱，而在每段唱词的开头和结尾则大家齐唱。另外，鼓盆歌也有一人无伴奏的清唱形式，这也是为了纪念庄子，因为庄子当年就是一人清唱的。如今很少有人知道鼓盆歌，更少有人请鼓盆歌艺人演唱。有人甚至错误地认为鼓盆歌表演就是在宣传封建迷信。这一方面是某些群众在认知上存在不足，对这项国家级非遗误解太深；另一方面也说明非遗工作者、鼓盆歌从业人员没有意识到宣传工作的重要性，甚至自己也只是觉得鼓盆歌仅仅与死亡、丧葬有关，只能在殡仪馆和亡者丧事举办场所表演，从而人为地局限了鼓盆歌的功能、意义和价值。

鼓盆歌艺人刘书义在接受笔者访谈时说，鼓盆歌有丧歌，更有喜歌、寿歌，它的题材是非常丰富的。歌手还可以根据现场气氛即兴创作当场表演，杨新兰、刘学翠、刘娟、魏开喜等艺人都有这项绝活，数菜歌、数茶歌、数楼歌是她们的拿手好戏，而这些跟丧葬没有丝毫关系，全是鲜香热腾生活的直接描述与歌唱。的确，鼓盆歌原本来源于生活本身，而生活是错综复杂的，更是多姿多彩的，嬉笑怒骂即为人生，喜怒哀乐皆是存在，那么让鼓盆歌回到生活中去、回归本源，应该成为创作者和表演者努力追求的方向。

2. 创作演出更新换代，紧跟时代脉搏

2013年12月，由谢志华主编、湖北人民出版社出版的《鼓盆歌演唱曲目集（上、下）》问世，开创了鼓盆歌研究的新征程。该书收录了鼓盆歌演唱曲目共127篇（其中文字部分120篇、曲目部分7篇），比较完整地记载了鼓盆歌在当今的传唱现状。27幅插图则直观真实地再现了近些年来的表演实情，为进一步的研究提供了非常翔实的第一手文献资料。

从127篇曲目的分类来看，题材主要集中在传统习俗、警世、民间故事、人物传说、三国水浒故事这五个方面，反映当前生活、现实人生的几乎没有，但据歌手熊世才介绍："在全民抗疫期间，我们也创作了一批反映疫情，歌颂一线医务人员、警务人员、党务人员、人民群众的作品，在这方面我们今后还要加快步伐，努力去做。"可以推测在2013年以前这类作品肯定也出现过，只是数量非常有限，演出机会也不多，因此没有引起主编者的重视。但这也恰好说明，鼓盆歌曲目比较陈旧，创作人员更新换代意识相对淡薄，紧跟时代脉搏的作品要么不成气候、要么水平不够档次，而这种不足与空白又刚好给我们提了个醒，如何推陈出新、怎样升级改造既是压力，更是动力。

鼓盆歌演出要经久不衰，固然得守正，经典曲目、传统名篇必须唱，还要唱好；也要创新，新人新事新气象新面貌也必须唱，要顺应时代潮流，跟着年轻人的步伐走。长唱长新，且新且唱，传统现代齐唱共进，而这正是2014年9月24日习近平主席在纪念孔子2565周年诞辰国际学术研讨会暨国际儒学联合会第五届会员大会开幕会上谆谆教导我们的："一个国家、一个民族传承和发展的根本是优秀传统文化，这一精神命脉任何时候都不能丢掉，也不能割断。善于把弘扬优秀传统文化和发展现实文化有机统一起来，紧密结合起来，在继承中发展、在发展中继承才是正道，才对得起老祖宗。"按照习近平总书记2019年5月15日在亚洲文明对话大会开幕式上的指示："自古以来，中华文明在继承创新中不断发展，在应时处变中不断升华，积淀着中华民族最深沉的精神追求,是中华民族生生不息、发展壮大的丰厚滋养。"①鼓盆歌的创作和演出推陈出新,紧跟时代发展,既有理论依据,也是现实呼唤。

　　由荆州市群艺馆主持创作的少儿群舞《击壤歌》获得第十八届群星奖。据初步统计,共有来自4159个演出单位的7905个作品参加本届群星奖初选,这是湖北省入围舞蹈类决赛的唯一作品。而《击壤歌》舞蹈的创作灵感就来自鼓盆歌,它生动形象地展现出荆楚少年儿童对美好生活的向往与追求、对优秀传统文化的热爱与传承。这是一次传统曲艺与现代舞蹈的完美结合,表明国家级非物质遗产鼓盆歌始终具有生生不息的艺术生命力,只要我们开动脑筋,多方面思考出路、全方位探求生机,就一定会让它熠熠生辉、光彩夺目!

　　综上所述,非遗保护与传承是一项浩繁复杂的系统工程,意义重大、任重道远。对国家级非物质文化遗产鼓盆歌的传承发展方向进行科学预测与可行性探讨,必将对荆州市、湖北省乃至全国的非物质文化遗产保护工作起到积极推动作用。

---

① 党建网微平台:《习近平谈中华优秀传统文化》,党建网微平台公众号,2020年11月20日。

·西南文化资源·

"民间"的言说*
——论土族当代文学与民间文化

张 歆**

摘 要 作为民族"母体文化"的民间文化,不仅是作家创作过程中可堪运用的材料,还作为一种变化中的活态文化存续于"生活世界"。土族当代文学中对于民间文化的多维呈现以一种想象的形式再现了具有指向性意义的民族文化符号,呈现出独特的文本形态和无尽的书写魅力。在文学创作中,土族作家合理运用民间话语,打破被表述、被书写的状态,缓解了应对现代化而产生的主体性焦虑。

关键词 土族当代文学;民间文化;民间话语

晚清以来,在"西学东渐"及本土变革的推动下,文学承担起唤起人心、改造国民乃至塑建国家之责。[①]从维新时期的"学堂乐歌"到1918年的"歌

---

* 基金项目:本文为2020年国家社会科学基金一般项目"新中国70年少数民族民间文学学术史"(20BZW190)的阶段性成果。
** 张歆,廊坊师范学院文学院讲师,主要研究方向为少数民族文学与文化传播。
① 徐新建:《"文学"词变:现代中国的新文学创建》,《文艺理论研究》2019年第3期。

谣运动",及至1919年兴起的"到民间去"运动,国家叙述与文学叙述在文学革命的"振臂呐喊"下渐行渐近,"无论意识形态的守旧或维新,各路人马都惊觉变局将至,而必须采取有别于过去的叙写姿态"①。但如果就此评判"感时忧国"之语为"群体机器之附庸",未免过于狭隘,这些民众易于接受的,具有地方性、民族性的文学样态中的"革命性"被凸显与创制,并以渗透、挪移及变形的方式弥合着"知识人"与"民间"的间隙。从"文艺大众化运动"到"延安文艺运动",再到"新民歌运动",随着数次与"民间"有关的思潮及运动的出现,人们开始意识到作家们在用文学将他们的个人知识变成文学语言时,或者在将"口传文学内容移植到书面文学"②中时,他们都在有意无意之中参与了关于民族文化记忆的建构。而作为"母体文化"的民间文化,作为一种持续发展的活态文化存续于"生活世界"之中,影响着作家文学的创作与发展。最终,经由文本显现的民间文化呈现一种"妥协、交易而达成的"合力的状态。

  土族在其漫长的历史发展中形成了表现形式多样、题材类型丰富的民间文化传统。民间文化全面而深刻地影响着土族当代文学的言说方式、审美建构、价值观念和文化意蕴。当我们试图探寻民间文化资源进入土族当代文学的现实路径时,可以看到,河湟地区的"花儿"③频繁地出现在文本之中。这些人们在辛勤劳动之余,口中不经意间"漫"起的"花儿"里承载着某种真实的情感体验与文化记忆。而民间故事或歌谣,作为活态的口头传承的语言艺术,生动细致地描摹了一个民族的社会生活和心理状态,又由于其传承和发展与当地人们的现实生活情境存在一定程度的联系,从而具有一定的地域

---

① 〔美〕王德威:《被压抑的现代性 晚清小说新论》,宋伟杰译,北京大学出版社,2005,第5页。
② 钟进文:《在"失忆"与"记忆"之间——中国人口较少民族文学"跨境叙事"研究》,《民族文学研究》2018年第5期。
③ 花儿是山歌歌种,流行于中国西北陇中高原。此处的"河湟花儿"以甘肃的临夏地区、青海东部川区诸县为中心,因这一地区古属河州辖境,所以称为"河州花儿"(或称"少年")。又因它们都在黄河、湟水流域,故也称为"河湟花儿"。流行于宁夏固原、西吉、同心、海源的花儿及新疆昌吉回族自治州的花儿,因与河州花儿相近,一般将它们归入后者。参见黄金中《花儿:西北高原上的艺术奇葩》,《当代音乐》2018年第11期。

特征。土族书面文学及其最初的作家队伍萌芽于对民间文学的搜集和整理工作中,民间文化作为一种资源存续于文学文本空间中,与书面文学文本互文共生。一首首悠扬动听的民歌,一个个奇绝瑰丽、充满哲理的民间传说作为土族当代文学创作的胚胎,在作家文学之中得以衍生、发展。

一　民间文化的多维呈现

土族是甘青人口较少的民族[①],其民间文化"以其特有的内涵和色彩,形象地展示了这一民族的历史进程和精神风貌,以经济、生活、风俗习尚、宗教、艺术、心理意识等诸种形态沉淀为本民族固有的传统"[②]。如《思不吾拉》《恰然》《幸木斯里》《阿干之歌》等土族世代流传的古歌、《阳世的形成》《混沌周末歌》《双阳公主》《丹阳公主》等古老的神话传说、《拉仁布与吉门索》与《祁家延西》等民间叙事长诗,承载着其精神内蕴的三川、柳湾、塔尔寺等地域景观以及青稞、盘绣、七彩袖、牛角号、蒸馏酒等审美意象,形成了土族当代文学中特有的审美意趣。

这种审美意趣首先体现在地域景观的建构上,如土族作家鲍义志的《神仙淖尔》中,"神仙淖尔"[③]作为真实的地域景观,在文学文本中被赋予某种神圣的意味,在阳光的照耀下,神仙淖尔的水面变幻着奇异的色彩,而"生着满月似的脸盘"的杏女则在神仙淖尔的奇遇之后,奇迹般地生下了婆婆和丈夫一直期盼的男孩,从而实现了对于自身命运的"救赎"。题目《神仙淖

---

① 指人口在十万以下的民族,共 22 个,但至 2011 年 6 月,国家民委联合其他部分编制出台的《扶持人口较少民族发展规划(2011-2015)》将人口上限提升至 30 万,有 28 个民族的人口较少。参见钟进文《书写我们自己的历史与未来——人口较少民族的书面文学掠影》,《中国民族》2004 年第 6 期;钟进文《我国人口较少民族书面文学初探》,《民族文学研究》2007 年第 4 期;李长中、代娜新《在历史记忆中重构传统——当代中国人口较少民族文学论》,《民族文学研究》2015 年第 6 期;钟进文《在"失忆"与"记忆"之间——中国人口较少民族文学"跨境叙事"研究》,《民族文学研究》2018 年第 5 期;等等。
② 马光星:《土族文学史》,青海人民出版社,1999,第 1 页。
③ 土族语,湖泊。

尔》中隐藏着多重意蕴,在文本层面,被拯救的是求子心切的杏女;但在其意义层面,携带着独有的历史叙述——对血缘的淡化处理。土族女诗人阿霞在《烟雨扎隆寺》《在丹阳城》《塔尔寺:莲的花蕊》《柳湾:陶的歌声》等作品中,从扎隆寺、丹阳城、塔尔寺、柳湾等真实的地理现实空间切入,追寻着民族文化的记忆。"在保持自我独立性的前提之下"[1],将民间文化传统、生存现实情境与实际生活经验相融合。

人们在文本中建构的理想的地域景观作为对一种"真实"景观的书写触发了读者的历史记忆,为其信仰表达提供了场域,同时依托于景观而存在的民间传说也有了核心驱动力,景观的存续提供了一种记忆的确证,地方历史的记载与民间故事的流传加深了人们对于"事件"的记忆。土族诗人师延智在长诗《彩虹:在中国辽阔西部的高崖上》中描述了族群西迁路途上的悲壮。当目光回转到今日的家园时,"亘古的星月照耀辽阔的西部高地,苦难岁月淘洗和过滤的夜色无比宁静,温馨和美丽无处不在地拍亮浪花——她们是众水之源,是星河,是母亲、家园和情人……"[2] 诗作《叩问伏俟城——在吐谷浑王国的废墟遗址上》中追忆的是那"一片,一片,碎裂的草原王朝",当一切历史都已经逝去,没有人去关心"王朝的遗民"抑或"丢失的断剑"。就像苏珊·朗格在《情感与形式》中所说的那样:"任何事物一旦进入诗的领域,不管它显得如何逼真,都已成为一种纯粹的意象。幻象建立之下,是诗人按照情感模式构建的艺术形象,反映着某种情感概念。"[3] 这种地域景观的建构核心指向是民族文化的"建构"、地域"我者"叙事的建构与形成。通过地域叙事与文化景观的建构,新的地域文化认同也在逐渐形成之中。

文学文本对民间文化资源进行了创造性运用。作家们孜孜不倦地在文学创作中对古歌、神话、传说等民间文学文本进行现代重述,或追忆古老民族

---

[1] 权绘锦:《民族认同的诗意建构与女性生命经验的知性书写——评土族当代诗人阿霞的诗歌》,《青海社会科学》2015年第2期。
[2] 师延智:《玫瑰·家园》,青海人民出版社,2006,第6页。
[3] 〔美〕苏珊·朗格:《情感与形式》,刘大基等译,中国社会科学出版社,1986,第246页。

的荣光，或感慨当下文化的消散，他们纷纷在民间故事或叙事诗中寻找原初情感的表达方式，民间文化资源亦成为他们素材来源和价值标准。他们这种汲取民间文化重新组合、编制自己文本的形式，使得其创作本身与民间文化之间构成一种"交流"与"对话"。

如土族诗人东永学的作品中，叙事长诗《福羊之歌》《祁家延西》《阿干之歌》等作为独特的文化符号多次出现。[1] 他的《跳越的民族叙事》一诗运用浓郁的民间文化叙事方式勾勒了土族的历史与现实。如"不为回头，垒一堆石头只为一种念想／马在嘶鸣，前路有牧草，营地，休憩／更有战争，厮杀，献血会把花朵漂染／然而，马有血性，更不说马背上的男儿／《阿干之歌》从此开始传播并千古绝唱／痛定思痛之后有了折箭遗子的古老族训"。这段描摹具有丰富的视觉性意象：石堆、马群、牧草、厮杀、鲜血等，通过"我"的目光流转衔接得自然流畅，营造了极具历史纵深感的战争画面，其中提到的《阿干之歌》，最早记载于《晋书·四夷·西戎·吐谷浑》：

> 阿干西，我心悲，阿干欲归马不归。为我谓马何太苦？我阿干为阿干西。阿干身苦寒，我大棘住白兰。我见落日不见阿干，嗟嗟！人生能有几阿干！[2]

其中包含着慕容庞对哥哥深深的愧疚、忆念与不舍，表达了中华民族团圆统一的家国伦理。[3] 在东永学充满诗意的语言中，《阿干之歌》溢出了文学的边界，让读者越过历史，直抵意义的核心，建构起具有历史深度的原乡时空。

在土族作家鲍义志的小说《杏川雨》中，少女梅梅演唱《思不吾拉》的美妙歌声感染了"我"，她质朴圆润的嗓音十分动人，令"我"神思飘荡。当

---

[1] 在他的诗中，《祁家延西》重现着祖辈的辉煌，《福羊之歌》则传唱着礼仪的高贵。
[2] （唐）房玄龄等撰《晋书》卷九十七，中华书局，1974，第2537页。
[3] 李平、王云鹏：《文化血脉中的"捣衣"精神：慕容鲜卑〈阿干之歌〉和渤海国〈夜听捣衣诗〉比较》，《民族文学研究》2015年第3期。

梅梅退亲之后被父亲责打偷跑出来找"我"时,"我"被少女濡湿的面孔和温软的身体打动,虽然"我"也隐隐感觉到这种爱情的轻率,"缺少那种能使人心驰神荡的罗曼蒂克",但是由于"我"贪恋着少女带给"我"的短暂温情,"我"还是接受了她。情热之时,少女在"我"的怀里轻轻唱起"花儿":栽下的葫芦搭下的架,葫芦高杆上挂下;唱下的"少年"说下的话,心儿里牢牢地记下。①

然而,"少年"还是辜负了情深时许下的诺言,由于"我"去团部开结婚证明遇到了困难,再加上"我"即将返回西宁,最终抛弃了梅梅,没有兑现自己将回来接她的许诺。这成了隐藏在"我"心中的一个秘密。当十多年后再见梅梅时,她已经变成一个精干少妇,"'进屋,喝茶去吧!'她认出了我,脸上溢起一丝无法掩饰的惊喜,笑吟吟地说。"②她的坦然态度更加凸显了我的"卑琐",记忆中那个纯洁无瑕的少女也在岁月淘洗之下褪去了青涩与天真,眼神亦变得浑浊复杂,梅梅对于"我"的坦荡态度更是带给"我"一种深深的挫败与痛苦。文中对于民歌的运用不仅仅是一种民族文化风情的展演,故事中少女的歌声成为话语建构之下女性身体的一种"漂浮的能指",而贯穿全文的"花儿"经由叙事者的"发声"参与到文本叙事之中,成为一种记忆的指涉。文中对于"姣姣女"故事的重述③更是作为一种潜在的叙事与表层叙事互文共生,预示着少女与"我"由于在文化及感情方面存在的"裂隙",最终不得不走向"见面也搭不上话了"的悲剧结局。

在土族作家李占忠的《艾怨的恋歌》中,主人公"金银花"由于自己父辈之间的仇怨而与原本山盟海誓、私定终身的初恋分手,嫁给了有着"国家职工"身份的丈夫,但当她最终得知,丈夫只是工厂合同工,而且没有念过书时,感受到了"落入陷阱似的痛苦"。于是转而对有着与她相似的求学经历

---

① 鲍义志:《杏川雨》,《民族文学》1986年第5期。
② 鲍义志:《杏川雨》,《民族文学》1986年第5期。
③ "月亮里头的婆罗罗树,姣姣女上了吊了;天大的亏往腔子里装,见面着搭不上话了。"参见鲍义志《杏川雨》,载《呜咽的牛角号》,青海人民出版社,1989,第118页。

的尕毡匠心生爱慕。她和尕毡匠通过唱"花儿"来表达彼此之间的爱意,"哎哟——红嘴的鸦儿满天飞,心想着钻云着哩;阿姐的'少年'不敢回,尕憨头听疯掉哩。"[①]这里的"花儿"成为一种情感载体,承载着原先处于隐匿状态中的女性情感诉求。

除了对于民间资源的创造性运用外,文本中还巧妙地运用民族文化符号的象征意蕴,将不同意义系统及文化语境中借用的符号并置,从而在某种程度上对原文本叙事产生了颠覆性的效果。如鲍义志《呜咽的牛角号》中用"牛皮鼓""面具"等意象连缀起具有浓厚宗教氛围的场景描写,"牛皮鼓发出单调而又沉闷的声响,围成一圈的人群当中,装扮成神仙鬼怪的喇嘛们戴着怪模怪样的面具,伴着鼓声移动着缓慢而又悠远的宗教故事。"[②]牛角号、转经筒、经堂等意象的大量出现使其意义的"真实"被文本中强调的符号意义所掩盖。如汉族姑娘晓月在观看姑娘出嫁时,听到新娘演唱的"库哭嫁调"和送亲阿姑们感情真挚的"骂媒",也只是觉得稀罕和有趣。现代性带给人们的是一种非连续性的生活方式,在这种处境下的人们感受到延续感的缺失以及身份的游弋。在这里,文学叙述本身成为一种意义的可能,我们感受到文化符号作为一种象征隐喻着某种特定的话语,记忆的力量再一次得到确认。在某种意义上,现代性的总体阐释影响了我们对于文学背后的民族心理与民族情感的深层次思考。但正是由于个体的参与,才使得关于族群的记忆被重述,族群身份得以在书写中再一次得到确证。

民间文化作为土族当代文学的重要叙事资源,既为书面文学提供了源源不断的文学素材,也以其携带的民族文化基因与书面文本互为文本,在文学语言形式、叙事结构及时空等方面影响了书面文学的审美呈现。受民间文学口头性、集体性、传递性、继承性等文学特征及其文化传统的影响,土族当代文学书面文本既为其民族精神的文学呈现建构了多维的叙事时空,也在口头—书面的转化生成之中呈现出独特的文本结构形态及文学魅力。

---

① 李占忠:《艾怨的恋歌》,中国国际出版社,2008,第3页。
② 鲍义志:《呜咽的牛角号》,青海人民出版社,1989,第161页。

二　民间话语的意义生成

霍米·巴巴（Homi Bhabha）曾在其著作《文化的位置》(*The Location of Culture*) 中提道，"我们曾经把文化看作一种同质化和统一的力量，过去的起源性记忆赋予它真实，民族的传统使它常葆青春"，但是，"表达行为的介入使意义和指涉结构成为一个矛盾过程"①。综观土族当代文学，历史、故乡成为叙事的支点和逻辑认知的起点，那些远去的"尘封的草原王朝的历史"，那"沉睡的王和他的妃子"，那于梦中"世代传唱着英雄的史诗和传奇"②被反复书写③。而生长于黄河河畔的土族女作家阿霞用自己独特的女性体验书写民族记忆及关于女性的历史。她的《记忆之外：献给故乡三川的节日》中记录了那些渐渐远去的族人们虔诚的面容，书写了草原上奔涌着的"永不回头"的河流，诉说了远望故乡的疲惫旅人希冀"在神佛的指引下走向永恒"的愿望。阿霞以一种作为女性特有的对于生活、生命、生态的感触书写了存续于故乡的隐秘情感，她的文字体现了一种女性经验感知下的世界，"故乡"作为一种存在和话语方式得以呈现，她试图改变的是建立在他者观看（other's looking）之上的镜像，从而完成对自我情感的赋权。这种文学话语的欲望化处理是中国文学不同时期反复出现的一个叙事母题，其文学书写中的民族化美学在传统之外呈现出一种新的表现形式，呈现出浪漫主义的写意风格。

那些流传久远的民间叙事与现实情境产生了一种互文关系，文本中对民间文化符号的并置和重构也带来了意义的漂浮和滑动。如土族作家鲍义志的小说《思不吾拉》围绕着"他"寻找装着一肚子神话传说的贡巴老汉的经历展开，借由主人公"他"围绕搜集整理民间歌谣时遇到的形形色色的人和事

---

① Homi Bhabha, *The Location of Culture*, (London: Routledge, 1994), pp.37-38.
② 师延智：《叩问伏俟城》，载中国作家协会编《新时期中国少数民族文学作品选集·土族卷》，作家出版社，2015，第198页。
③ 如土族作家师延智的《玫瑰·家园》、衣郎的《夜晚是我最后的家园》、李卓玛的《吐谷浑王国》、李贤德的《古镇怀古》、祁建青的《望北》等作品。

的回忆与想象，串联起主人公感受到的土族文化的真实情状。当那些存续于记忆、幻想、神话中的具有象征意味的文化符号意义开始渐渐消逝的时候，"他"醉心于三十多岁的少妇在被请求演唱"阿家哟"①时展现的羞涩；痛心于山禄老汉对本民族文化充满表演色彩的"言说"；愧疚于由于自己的推荐，一位纯真少女因为当众演唱"花儿"，违背了当地的风俗而被夫家退亲。对于土族"金蛤蟆起源神话"只能借助录音机这样一个冷冰冰的机器得以传承的现状，面对着经由"磁带嘶嘶拉拉地传出"②的古歌，"他"表现出深切的悲伤，在那个唯一能够讲述故事的老汉去世之后，《思不吾拉》③古歌的传承形式被新技术改变，那些充满意义的话语经过电流传递，飘散在空中，已经很难让人再感受到语言的力量，而仿佛只是一种记录，一种早已逝去的文化。

在小说《思不吾拉》中，"思不吾拉"和"金蛤蟆"作为象征符号在真实与虚幻之间游移，使"民间"得以在作者的笔下再现生机。《思不吾拉》古歌贯穿全文，在叙述中，作者通过隐喻传达的是已经被人们渐渐忘却的民族文化——那些本不应该被遗忘的东西。文本中对于原初的回溯，所希冀到达的就如同"既不能实现，也不能满足"的想象界一般，只是一种"象征和再现的开端"，"是欲望、记忆、神话的无限更新的源泉"。④通过《思不吾拉》、"金蛤蟆"的传说、"阿家哟"等一系列承载着民族记忆的文化形式的重构，作者试图寻找族群存续的意义与归属感，从而为现代化语境之下的个体生存寻找一种排遣个体孤独感的崭新路径。小说集中于"寻根"与"呈现"，"寻根"是对民族自我身份的寻求和确立，后者则近乎原生态地呈现了本民族文化。两个主题交织着文化认同的自豪与面对未来发展的忧思与困惑。

---

① 土族语，土族情歌的一种。
② 鲍义志：《呜咽的牛角号》，青海人民出版社，1989，第219页。
③ 《思不吾拉》以一问一答的形式和纯粹的土语演唱，歌颂的是土族神话中的一座神山，这座山被人格化成为屹立于宇宙间的巨人，他头顶蓝天，额贯众神，嘴衔五谷，左肩斜扛北斗七星，右肩斜担南斗七郎，左手拿松木弓箭，右手执毛笔砚台，双脚踩着天下的土地。在他身上集中了人类赖以生存的主要物质财富和精神财富。参见张成志《土族创世神话的文化蕴涵》，《青海社会科学》2014年第1期。
④ 罗钢、刘象愚：《文化研究读本》，中国社会科学出版社，2000，第213页。

马歇尔·伯曼认为，当现代"直接跨越了一切地理的和民族的、阶级的和国籍的、宗教的和意识形态的界限"①之时，实际上是将人们抛入了一个充满着斗争与冲突、异样感与痛苦的巨大漩涡之中。而处于这个漩涡之中的作家们则通过创作寻找一个能够让人们界定自身的崭新坐标，以民族文化传统的活态传承去应对现实情境给人们带来的异样感，并"以本民族的文化属性和固有的文化尺度去抵御他者的干扰。"②对于民族历史的现代重述、民间文化的文学呈现、日常生活的审美化表述更多地进入土族当代文学的创作范畴之中。其文学表述对生命体验的关注体现了当下在场叙事的"向内转"趋势，如土族作家东永学的小说《神泉》中描写了当地的地域景观——神泉——的兴衰历史。围绕着这眼带着丝丝甜味的泉水，有很多神异的民间故事流传至今，庄子上的人们出于敬畏，将之敬为神泉。神泉承载着村民们的历史记忆，为乡民的信仰表达提供了场域，为村民们建构了充满神圣感的生存空间。"传说和景观共同构成了民众的记忆影像，他们共同确定，强化文化身份的同时，也逐步形成文化共同体的记忆"③。神泉作为一种真实的地域景观承载了民众对于过去宁静祥和氛围的记忆，强化了对本族群地域身份的认同感。景观的存续在神泉传说中无疑达成了一种历史与记忆的共识，给民众带来强烈的认同感与归属感。与神泉有关的文化想象与地方风物黏连在一起，建构了一个较为完整的、具有地方特色的叙事框架，唤醒了共同的文化记忆。但是，茶园的兴建打破了"神话之源"与"日常生活"的平衡，神泉的神圣性也日益被消解。神泉原本是天、地、神、人之间的媒介，"为信仰者塑造神圣秩序并生成神圣意涵"④。而在现代化的语境之中，原有的社会运行机制和社会结构已经被改变，原本的信仰和世界观受到了极大的冲击。神泉的变化作为社会发展

---

① 〔美〕马歇尔·伯曼：《一切坚固的东西都烟消云散了——现代性体验》，徐大建、张辑译，商务印书馆，2003，第15页。
② 李长中：《小民族文学：重述历史的边界与越界》，《文艺理论研究》2017年第2期。
③ 毛巧晖：《民间传说与文化景观的叙事互构——以嫘祖传说为中心》，《贵州民族大学学报》（哲学社会科学版）2018年第3期。
④ 王子涵：《"神圣空间"的理论建构与文化表征》，《文化遗产》2018年第6期。

演进的镜像呈现，关涉个体生命观、世界观和地方认同，不仅仅只是民间信仰和日常生活的集中呈现，还是一种可以与神圣情感之间"形成一种相互回应、相互印证的共鸣"①的地方。然而这一切都被打破，进而重组，通过突破各种权力话语的制约和经济的约束而四处蔓延。

三 结语

土族当代文学中对于民间文化的记忆和建构实质上是一种对于自我族群文化身份②的理解：他们将身份视作一种"生产"，一种集体的真正自我，作为共有的历史记忆和文化符号。这种记忆和符号为处于变幻莫测的沉浮之中的人们提供了"一个稳定的、不变的和连续的指涉和意义框架"。③

马光星先生在《土族文学史》中提及"星星伙里的明月亮，娃娃们亲的是爹娘。土民爱的是共产党，救命的恩情难忘"④等"新民歌"是土族当代文学的开端。古谓歌谣，"不过妇人竖子，贩夫走卒，口中所道，俚鄙俗陋，不登大雅之堂"⑤，然而20世纪30年代的"文艺大众化"运动与"通俗文艺"运动均将运动之重点置于"民间"，且尤为强调民歌、小调、鼓词、评书等群众喜爱的传统艺术形式的创造性转化。⑥"歌谣"中独特的"生活性"、"地方性"及"民族性"在其与政治的结合中成为这一时期民间文学样态的主体表征，尤其是随着抗日战争的全面爆发，文学及文学创作者们的叙写姿态逐渐从"到民间去"转变为"从民间来"，民间文艺中最富情感的"由衷

---

① 王子涵：《"神圣空间"的理论建构与文化表征》，《文化遗产》2018年第6期。
② 关于"身分"与"身份"的辨析：参见郭宝林《"身分"，还是"身份"？》，《语文建设》1999年第2期；苏培成《"身分"与"身份"》，《咬文嚼字》1998年第4期；张春植《朝鲜流亡文人的身分认同与中国朝鲜族移民文学》，《民族文学研究》2018年第6期；何圣伦《现代语境下少数民族作家汉语写作的身分选择与民族性表达》，《民族文学研究》2017年第3期。
③ 罗钢、刘象愚：《文化研究读本》，中国社会科学出版社，2000，第209页。
④ 罗钢、刘象愚：《文化研究读本》，中国社会科学出版社，2000，第225页。
⑤ 陈雯登：《抗日宣传与民众歌谣》，《国民革命军遗族学校校刊》1931年第14期。
⑥ 郑伯奇：《左联回忆散记》，《新文学史料》1982年第1期。

之言"——歌谣，亦在延安文艺运动中呈现出丰富样态，并成为"民族形式"创制、认同及进行社会主义革命动员的重要形式。① 新中国成立之后，浸润着"革命"的民间歌谣以其独特的"人民性"与"口头性"逐步成为风行一时的文学话语，并在1958年前后的"新民歌运动"中达到顶峰。新时期以来，面对着现代化进程中民间传统文化的消逝，"寻根"书写逐渐成为少数民族文学创作的主流，亦形成了"寻找和失落"叙事框架。土族作家鲍义志曾表示，如果说一篇文学作品、一篇小说，能较为真实地揭示一个民族的心态，较好地把握住这个民族的心理素质，从而在一定意义上取得成功的话，就无法漠视民间文学的存在和影响。作为中华人民共和国成立后才形成发展的土族当代文学，其文学演进虽然与文艺政策、文学思潮等中国当代文学发展的大背景紧密相关，但若缺少丰富多样、源远流长的民间文学资源的滋养，其书面文学不可能在短短几十年时间内，由萌芽渐至繁荣。

正如陈思和等在《理解九十年代》中所言：对于当代文化演进的历史进行研究，对于"民间的存在"的研究应该得到加强。他提出："不了解民间因素在整个20世纪中国文化中的位置，就不可能完整地理解我所说的'三分天下'。"② 民间文化是中华民族精神和情感的重要载体，是民族亲和力与凝聚力的纽带。在民间文化的视野下重新审视土族当代文学生成的多元文化语境、趋向及文本审美形态可以发现，作家们对于民族历史的现代重述、民间文化的文学呈现、日常生活的审美化表述是在尝试提出一种描述和命名，通过书写文化完成对身份的回归，从而缓解应对现代化而产生的主体性焦虑，同时也是土族当代作家积极主动的话语实践方式。文化是一个国家、一个民族的灵魂。对于民间文化的记忆与重塑使那些被"淹没和改写"的记忆得以复归，成为"建设中华民族共同体的精神保障"③。

---

① 毛巧晖：《延安时期解放区革命歌谣：社会记忆与时代"共名"》，《民间文化论坛》2015年第5期。
② 陈思和等：《理解九十年代》，人民文学出版社，1996，第169页。
③ 郝亚明：《论中华民族多元一体格局与中华民族共同体建设》，《湖北民族学院学报》（哲学社会科学版）2019年第1期。

·西南文化资源·

他者形象在恩赐型谷种神话中的文化建构*

李　鹏**

摘　要　神话表现的实则自我和他者相互构建的过程。谷种神话是神话的重要类型之一，它用神话的语言解读了人类对谷种来源的认识，其中一种认识便是谷种源于神、神性人物或动物的恩赐。这些形象虽以他者的身份出现在神话中，但所呈现的是先民对自我表达的思考。他者与自我在神话中的融合并非一蹴而就，它们存在着适应、共存的过程。谷种神话借助他者形象的塑造，能够较好地展现人类在最初迈入农耕社会的艰辛和不易。

关键词　他者形象；谷种神话；少数民族；民间文学

"他者"是相对于"自我"而存在的概念，一切自我之外的人和事物都可认为是他者。神话这一艺术形式从根本上而言也是一种自我和他者相互建构的过程，不同阶段的神话对自我和他者的建构是不同的。神话是原始先民记录古代社会生活的百科全书，它用奇特幻想的情节勾勒出了早期先民的认

---

* 基金项目：本文为国家社会科学基金青年项目"中国各民族灾难与救世类型神话研究"（编号：20CZW060）的阶段研究成果。
** 李鹏，廊坊师范学院讲师，主要研究方向为多民族神话比较。

知观和价值观,所以它本身应是一种独特的自我表达。然而通过神话的表述,可以看出先民试图借助他者来表达一定的思想。谷种神话是神话的重要类型,它用神话的语言解读了人类对谷种来源的认识,其中一种认识是先民认为谷种源于外界的馈赠,这里赠送谷种的行为主体可以是神、神性人物、动物和其他人,他们都以他者的形象出现在神话中。目前搜集到的资料显示,此类神话在全国 45 个民族的 253 篇文本中都有存在,从这些神话中也能够看到先民借助他者形象的创造来展现自身在特定时代的独特体会。

一 自我表达在他者形象中的适应

自我在最初阶段会借助他者的力量进行表达,进而适应他者在自我构建中所起到的作用。在神话中,先民用独特的方式解释了自然万物的起源,同时也在探索神秘自然的过程中将对万事万物的思考和认知展现出来。神话以神灵为他者形象,不仅传递人们对神崇敬的观念,也表述出先民对原始社会的探索精神,在歌颂神的同时也赞颂了一种人文精神。

(一)神灵作为他者形象的塑造:神灵主动恩赐

谷种神话中塑造的神灵有一部分是主动为人类奉献谷种。神主动将谷种恩赐人间的行为,本身就是人适应他者形象的过程,利益的最终获得者仍是人类。如中国台湾排湾人的《祖神赐种》、仡佬族的《敬狗》、汉族的《荞麦的来历》、拉祜族的《牡帕密帕的故事》、苗族的《狗取粮种》等文本都是此类表达。神主动将谷种恩赐人间有以下四种情况。

第一,神灵并无任何理由而恩赐人间谷种。有的神话并未交代神恩赐人类谷种的理由,像排湾人神话中的祖神让后代子孙拥有了粮食,仡佬族神话中的神为人们寻找到水稻种子。这些行为本都属于文化英雄的功绩,其寻找谷种和种植方法的艰辛早已消失在神话中,这里只通过他们被奉为神的他者进行表述,这些神的原型应在早期发现谷种的过程中起到了重要作用。

第二，神灵因自己的过错而赐种。有的文本中犯下过错的行为者和行为本身并不相同，但弥补过错的主体都是神灵。如犯错的行为有两个，一个是黄牛因传错话而被罚下凡，另一个是人类因不珍惜真主赐的粮食而被罚以耕种为生。神话融合了传错话、惩罚等母题，但无论神灵如何惩罚人类，最终都会用一定的方式进行补偿，这其实也是人类的一种自我补偿形式。像汉族神话中纣王的马童误让天降大雪而使庄稼冻死，玉帝因此主动赐下荞麦。神话中纣王是玉帝的化身，文本中的纣王已经神化，在人们的历史记忆中他本是暴君的形象，此处却借助他的形象来恩赐人间谷种，这一颠覆性的刻画似乎别有深意。

第三，神灵因人类诞生而赐种。在创世神话中，天神是创造天地万物的行为主体，而神话里的谷种也往往是在人类产生之后才出现的。如拉祜族神话中的天神厄莎在人类开始繁衍之后才恩赐谷种，并通过布谷鸟将谷种送到人间。天神通过飞禽或走兽间接将谷种送到人间，这在很多谷种起源神话中都很常见，像仡佬族神话中的天神让狗将水稻种子送给人类。相比神撒落谷种到人间的行为，这类神话本身就体现出了一种进步思想，谷种撒到人间可能有播种地区不适合、播撒不均匀等多种问题出现，而将谷种带到人间交由人类种植，既能让人知道谷种来之不易，也能让人选择适当的地方均匀地播种谷子。

第四，神灵因怜悯人间而赐种。天神因人间没有食物或者食物不足而降下谷种，这是较为典型的原因。如苗族神话讲："很古的时候，人吃草根树皮。"[①]树皮并不能保证人们基本的生存，而谷种不仅能实现一定时间内的循环耕作和收获，品尝起来也相对美味。在这则苗族神话中，玉帝和王母恩赐人间谷种也是用间接的方式，文本中玉帝让人上天取粮种，人却派狗去取谷种。在苗族的很多聚居地区普遍流传有狗上天取谷种的神话，在人们的思维模式中，狗是取谷种的特定文化英雄，苗族吃新节中先喂狗的习俗也与此相关。

---

① 中华民族故事大系编委会：《中华民族故事大系（第二册）》，上海文艺出版社，1995，第653-654页。

（二）神灵作为他者形象的塑造：神灵被动恩赐

神作为神话中至高的他者形象，往往也会在神性人物、文化英雄、动物的恳求下将谷种恩赐人间，神灵在其中的行为是被动的。如白族的《五谷神王》、藏族的《藏族的起源》、门巴族的《猴子变人》、德昂族的《百片树叶百个人》、珞巴族的《阿巴达尼南迁》、仡佬族的《家畜咋个帮人做事的》、羌族的《五谷粮食的来历》等文本都属此类。

在此类神话中，谷种的获取与天神的恩赐和英雄的求取都有关系，其内容相比神灵主动恩赐要复杂些。神话中天神赐谷种的非主动性恰恰突出了文化英雄求种的功绩，如果没有文化英雄，人类的谷种便不会出现。像白族和藏族分别选取了跋达和猴子作为各自的文化英雄，跋达有着和其他文化英雄一样的坚毅精神，他本身与掌管谷种的神没有联系，只是通过求种的行为才发生联系。而藏族的猴子本身便受到佛陀的点化，与佛陀有渊源，在向佛陀求种的过程中虽并未体现出如白族英雄跋达般的艰辛，但其求取谷种的结果同样造福了后世。同时选取猴子的意象作为人类始祖也体现了早期原始进化论的思想。

在被动恩赐类型神话中，文化英雄作为先民自我的表征，是向天神求取谷种的关键因素之一。像德昂族神话讲述田公上天向天神要籽种，天神给了"玉米、旱谷、小麦、大豆、瓜果和葫芦的籽种"[1]。珞巴族神话中的阿巴达尼带着妻子基辛亚闷来到天上学习消灭坏乌佑的本领，天神教授了他本领之后，又额外赠送"鸡、猪、牛、羊，以及玉米、鸡爪谷、旱稻等种子"[2]。这是一则主动恩赐的神话，不过要是没有阿巴达尼上天的行为，天神也不会将粮种赐给人间，故而这篇文本是主动和被动的结合。此类型中的许多神话叙事大多是按如下顺序推进的：

---

[1] 陈建宪选编《人神共舞：中国各族民间神话精品》，湖北人民出版社，1994，第25-26页。
[2] 中华民族故事大系编委会编《中华民族故事大系（第十六册）》，上海文艺出版社，1995，第696-700页。

①粮食不够／没有谷种 → ②文化英雄求谷种 → ③神／神性人物恩赐谷种 → ④文化英雄带回谷种 → ⑤人类有各种粮种。

动物作为文化英雄也在被动恩赐的过程中起到了较为重要的作用，像仡佬族神话中的人知道天上有谷种，便派狗上天取种，天神让狗到谷仓取来谷种；羌族神话中的狗顺水浮到了天上要粮食，得到了老天爷所赐的粮食。两则文本的内在叙事逻辑与上述所列发展顺序较为一致，只是文化英雄变成了狗，而且狗在谷种神话的各种类型中都占有相当重要的位置，尤其是在取种神话中，狗表现出了坚毅不屈的精神，更成了取种的重要因素。神话不仅表达了先民对狗的信任与依赖，更传递出了对狗的崇敬之情。在被动恩赐神话中，文化英雄的功业是显而易见的，上天赐粮的被动性也恰恰反映了先民追求文明的主动意识和迫切心理。

谷种神话中神的主动恩赐和被动恩赐表现了不同的文化内涵。谷种既然来自神的恩赐，便具有了神圣属性，这种思维认识与人们神崇拜观念的逐渐形成和万物有灵观念的深入有必然联系，神作为他者的形象也在其中得以彰显。

二 自我表达在他者形象中的嵌入

神话中神性人物的身份介于神与人，实际上这里已经渐渐将神性与人性合一，自我与他者的想象也渐渐融合。这类人物在神话中并不以神的形象示人，但又表现出与凡人不同的神性和能力。这类神性人物主要包括老人、女人和梦中人等。在15个民族的25篇神话文本中都能找到此类描述。

（一）神性人物在神话中的表现：神性老人赐谷种

具有神性的老人是赠送谷种的主要群体，他们在很多神话文本中都以较为神秘的形象出现。如汉族的《香稻丸》、基诺族的《吃新米的故事》、苗族的《狗取粮种》都属于此类。这些文本中赠予谷种老人的神性表现各有不同。第一，地下人的形象，在台湾高山族神话《老人授种》中，卡那普"从洞穴回来的时候"，地下宫殿老人"在卡那普的口袋里塞满了许多豆粟种子"①。地下人的观念在高山族中较为普遍，这与一些民族对世界认识的观念有关，天上、地上、地下的宇宙三层观在中国各民族的原始思维认识中都有不同程度的体现，并且这同谷种从地下生长出来的事实有一定关联，最初自然生长的谷种是从地下生出的，这不难让人联想到谷种是源于地下世界的，地下的神秘力量是促使谷种成长的重要动因。如台湾排湾人认为"祖神 saljimlji 到地下界得到粟种数粒归来"②，雅美人认为是捡柴的两兄弟从地下人的地下世界中要来了小米种子，邹人认为是大力士巴斯亚从地下人那里偷出了稻种，鲁凯人认为是祖先从地下番社中盗出了谷子，台湾高山族诸多的神话都表明了他们对谷种源于地下世界的认同。

第二，得到不同神性老人的指点和赠予，如汉族青年直接在老人的点拨下来到有庄稼的地方，苗族的狗在老人所吹的五谷香气的引领下来到了天庭的小岛，并得到另外一个老人所授予的谷种。汉族神话中神性老人赠予谷种比较突然，他并没有问清原因就将盖有谷种的布包交给青年，可见他事先已经知道英雄历经艰辛取种的事情，苗族神话虽没有交代白胡子老人赠予的细节，但他默认了狗在谷堆上打滚粘上谷子的事实，这也可作为赠予的另一种表现方式。

第三，在原有粮食的基础上再次赠予谷种，基诺族神话中，狗取回了谷种，兄弟二人也收获了播种的粮种，此时神性的白胡子老阿普又出现并赠予了他们谷种，教授他们食用的方法。藏族神话中人们原先将草作为食物，之后石巴圣人教人种田吃粮。藏族的神话表述更接近现实，毕竟草不能代替粮食，而基诺族神话既有糅合的痕迹，又在表达他们对狗和神性老人功绩的认可。狗取粮种应是较早出现的神话形式，老人在播种粮种方面有相对丰富的

---

① 中华民族故事大系编委会编《中华民族故事大系（第八册）》，上海文艺出版社，第 442-443 页。
② 鹿忆鹿：《偷盗谷物型神话——台湾原住民族的粟种起源神话》，《西北民族研究》2014 年第 1 期。

经验，神话后半部分更凸显了老人的形象。

（二）神性人物在神话中的表现：神性女子赐谷种

神秘女子赠谷种的文本出现得较少，但也表现出了一类神话特色。如瑶族的《谷子的来历》、藏族的《洪水滔天》等都属于此类。两篇神话中的女子既与一般人一样，又表现出了较为神秘的一面，如瑶族神话中的姑娘从海外带回谷种的行为本就不是一般人能做的。在很多谷种神话中，谷子在海外或海的对岸，人很难做到渡海取回谷种，只能借助狗或其他动物的力量来获取谷种，那么得到谷种的这个姑娘就笼罩了神秘的色彩，并可能具有超乎寻常的能力。其情节又与飞来稻的谷种神话有重合，在比较典型的飞来稻型文本中，妇人将谷种的谷魂打跑或骂走，如果该则神话所表现的母题与其他飞来稻型的内核一致，那么谷子姑娘的形象就应当是谷魂或谷神。藏族神话中的三个姑娘知道将粮食给神后，神会"用粮食喂泥巴娃娃，娃娃即人的祖先"[①]。这种认识也不是一般人能拥有的，而且在洪水后能够幸存且懂得射箭的姑娘也非寻常人。此篇神话又是谷种起源和人类起源神话的复合，从泥巴娃娃的意象可推断人起源于神的抟土创造。在汉族和阿尔泰语系民族的很多神话中，抟土造人的母题也较为常见，而且神给予人类生命的方式多是通过吹仙气和灌仙水来完成的。藏族神话中神通过喂粮食使人类获得了生命，这在抟土造人母题中是比较特别的，却也不难理解。一方面粮食是人们生存的依靠，这是既定的事实；另一方面此处的粮食是三个姑娘恩赐的，可能已经具有神性，因而神话中的粮食可以使泥人获得生命。

（三）神性人物在神话中的表现：梦中人赐谷种

梦赐谷种是更加特别的一类神话，内容多是神性人物在梦中告知谷种所在的地方或者直接在梦中将谷种赠予文化英雄。如朝鲜族的《高粱是咋来

---

① 编审委员会:《中国各民族宗教与神话大词典》，学苑出版社，1993，第749页。

的》、汉族的《一粒谷籽》、傈僳族的《喜鹊和布谷鸟》等都属于此类。

第一，梦中指导人类种植粮食。如朝鲜族神话中五姑娘是在现实中获得谷种的，食用和保留种子的方法却是老太太在梦中告知的。傈僳族神话中传授耕作技术的是一对男女，而获得谷种和技术的则是兄妹。在这样的对应关系中，女性文化英雄参与了粮食的获得和种植过程，这与神话所产生的时代和女性在早期参与主要劳动有直接关系。

第二，梦中将谷种赠予文化英雄。如汉族神话中的炎帝在梦中得到云里的神人所恩赐的五穗果子，傈僳族神话中的兄妹在梦中得到小兔姑娘与小伙子所赠的珠子。梦授的母题在神话中显得比较神秘，像汉族炎帝神农氏的神话，在其他的汉族神话文本中，神农是历经了重重艰难险阻才从百草中尝出了可食用的五谷种子，此处将赐种的功劳归于虚无缥缈的天上人或者其他神性人物，而且神农在梦中还经历山鸡抢夺、掉入深潭等艰险。这样不仅增添谷种来源的神圣性和神秘性，同时也告知人们无论是在梦中还是在现实中，谷种都得来不易，要珍惜粮种。

神性人物在谷种起源的过程中扮演了较为重要的角色，他们的主要功绩在于指导人们发现谷种和赐予人类谷物及种植技术。神话中的这类人物之所以能够称为神性人物，是因为他们表现出非比寻常的能力和与众不同的行为。此类神性人物的主要功绩和神性表现可做如下归纳。

表1 神性人物在部分谷种神话中的功绩及神性表现

民族	篇目	神性人物	主要功绩	神性表现
朝鲜族	《高粱是咋来的》	要饭老太	指点人得粮种	梦中教吃和存谷种
高山族	《老人授种》	一个老人	赠予豆粟种子	住在洞穴的宫殿内
汉族	《天降嘉禾》	云中之人	赠予五穗果子	梦里从云中丢谷种
汉族	《香稻丸》	白胡老头	赠予长芒稻谷	突如其来的送稻谷
基诺族	《吃新米的故事》	白胡阿普	赠谷种教吃谷	化作一缕轻烟飘走
傈僳族	《喜鹊和布谷鸟》	姑娘小伙	教人种植粮食	梦中赠谷授予技术

续表

民族	篇目	神性人物	主要功绩	神性表现
苗族	《狗取粮种》	白发老人	让狗带走谷种	住在天庭一个岛上
瑶族	《谷子的来历》	五谷姑娘	给人家送谷种	从海外带回来谷种
藏族	《洪水滔天》	三个姑娘	赠粮食教射箭	知道让神繁衍人类
	《人类种粮的来历》	石巴圣人	教人种田吃粮	被人们尊称为圣人

表1所列大体呈现出了不同民族的神性人物的主要行为表现，赠予谷种和种植方法似乎是神性人物较为一致的功绩，但他们的神性表现各有不同。如台湾高山族神话中的地下老人所住的洞穴宫殿与地上人的居住环境形成极大反差，基诺族的老人能够化作轻烟，基诺族的姑娘和小伙子能在梦中传授种植技术给文化英雄。这都是较为神奇的叙事部分，也与他们的神性相映衬。

神性人物是不可混同于神的，如白胡子老人、老太太、五谷姑娘、小兔姑娘等，他们拥有与常人不同的神性，不过又未在神话中表露其神的身份，应将其归入神性人物一类。神性人物在神话中的表现已不再是决定性的，他们有时多以虚幻的形象出现，他者形象的塑造在其中已经渐渐让位于自我。不过神性人物作为一种独特的他者形象，确实也展现了不同民族的独特思考。

三 自我表达对他者形象的征服

在谷种神话中，先民也充分表达过对自我的肯定，如谷种被认为来自人自身的恩赐，但此类文本的数量并不多，从现有搜集的资料来看，仅在阿昌族、高山族、汉族、珞巴族、怒族、水族、藏族7个民族的9篇文本中找到相关的表述。如阿昌族的《人们为何要跟着牛脚印插秧》、怒族的《稻谷的由来》、水族的《谷神》等都属于此类。在这些文本中，人是谷种的持有者和拥有者，虽然从神话中已无法判断出文本中的持有者是否为谷种的原始掌控者，但他们都是谷种神话中自我征服他者形象的典型代表。

第一，国王是持有谷种的人。国王的意象标志着神话发生在部落联盟或国家政权出现时期，国王作为权力的集中者，自然也对作为生产资料的谷种享有绝对的控制权。阿昌族神话中的国王将播种的任务交给燕子和猫头鹰，它们按照各自的方式播撒谷种，显然飞禽穗落型的播种方式是较为原始的方法，而猫头鹰跟随牛脚印撒种的方式又表现出了进步的一面。神话中虽出现了国王的意象，但神话的表达与叙事保留了较为原始的意蕴。

第二，洪水后的兄妹是谷种的持有者。怒族神话中兄妹婚生的第九对子女是怒族，他们的父母赠送了他们杂谷种子，狗为他们盗出了稻谷。神话并未交代兄妹所持有谷种的由来，不过对比洪水中谷种起源的其他文本可见，洪水后大多数幸存的兄妹、姐弟等获得谷种的方式以神恩赐和动物寻取居多。这则神话中的兄妹是谷种的持有和分配者，子女从父母手中盗取稻谷，这也是部落之间生产资料相互争夺的另类写照。不过无论是父母还是子女，神话中对人的地位的肯定是显著的。此时先民已不再借助他者形象来确定自己的本质力量。

第三，守谷种的老人赠送谷种。如水族神话中看护谷种的老人与神性人物恩赐神话中的老人形象极为接近，只是这里的老人并未体现出神性。老人也是谷种神话中出现频率较多的人物，他们由于身体的原因，大多能依靠自身的农事经验来指导青年人进行耕作。神话中的老人将"穗子长、颗粒饱满的谷种"赠送给孤儿[1]，这也可以视作老人对青年人的种植指导，神话对老人的刻画更突出了他们的社会地位。此时先民自我意识的表达更占主体地位。

人赠送谷种的神话较少出现在谷种神话中，神话中谷种的掌控者更多是神或神性人物。在此类神话中，掌控谷种的虽是人，但他们也多具有较高的地位、神秘的身份或与神有某种联系，他们或者是本民族的英雄，或者以英雄协助者的形象出现在神话中。如洪水后的兄妹，他们多是接受了上天恩赐

---

[1] 李子贤编《云南少数民族神话选》，云南人民出版社，1990，第519-521页。

的谷种，或者通过去天上或渡海寻找而成了谷种的实际拥有者。所以，先民的自我表达在其中虽已展现出了对他者形象的征服，但仍跟他者形象的构建保持了紧密的关联。

四 自我表达对他者形象的另类呈现

谷种神话中，谷种的获取还有一类是源于动物的恩赐，动物在其中承担起了文化英雄的角色，先民通过塑造此类动物形象，表达了人类获取谷种的不易。在白族、布朗族、德昂族、汉族等17个民族的22篇文本中有此类表述。

（一）他者形象的另类呈现：飞禽赠予谷种

此处所指的飞禽包括神鸟和一般的鸟，如凤凰、大雁、布谷鸟、鸡等，它们在白族的《人类和五谷是怎样来的》、京族的《三岛的来历》、黎族的《布谷鸟》等文本中都有出现。这几篇文本是该类神话中比较有代表性的，它们没有神或人的授意而自觉或无意地送来谷种。该类神话分为两种情况。

第一，多种飞禽赠送谷种的情况。如白族神话中出现了金凤凰、大雁、金鸡、箐鸡、阳雀五种飞禽，飞禽不仅数量多，还都有各自栖息的山，像金凤山的金凤凰送一粒金稻种、马耳山的大雁送一粒苞谷种、石缸山的金鸡送一粒蚕豆种、九鼎山的箐鸡送一粒苦荞种、龙华山的阳雀送一粒黄豆种，每一座山和每一种动物、每一类谷种都有对应的关系。神话中这种精致的表达似乎与《山海经》有类似之处，如"堂庭之山，多棪木，多白猿，多水玉"[①]，此类描述在《山海经》中俯拾即是。白族神话中的山名至今仍可考，从白族的分布范围来看，如今云南大理州鹤庆县的马耳山和龙华山、祥云县的九鼎山，名称仍存在，而金凤山和石缸山尚待考证，但按照其他山来推测，它们

---

① 袁珂校注《山海经校注》，上海古籍出版社，1980，第2页。

也应当位于大理州鹤庆和祥云县附近。这样获得谷种的范围大体局限于云南大理州范围内。神话借助多种类型的鸟来帮助人间获得谷种，实际上这些鸟作为他者形象都是为自我主体服务的，神话借此放大了谷种的神性，也呈现了独特的地域文化风貌。

第二，单种飞鸟赠送谷种的情况。如京族神话便是飞鸟有意送给人间谷种，神话讲云雾里飞出的一群鸟给他们送来五谷种子。这里只交代了飞鸟送人类谷种的行为，对于谷种来源于何处的问题却模糊带过，它与白族神话形成了鲜明对比，也较好地反映了原始先民的思维状态。人们在神话表述的最初，基本上不会做到如白族神话似的精确描述，早期先民的思维方式比较容易接受直观而直接的表达，随着口头文本在民间的不断流传，很多文本发生融合，许多情节被植入神话传说之中，神话的神圣性和直观表述性都逐渐让位于故事的娱乐性和情节性。当然还有像黎族神话所讲的情况，是飞鸟无意将谷子掉落在人的头上，毕竟飞鸟掉落谷种的行为具有较大的偶然性，它很有可能是飞禽恩赐的原型之一。

（二）他者形象的另类呈现：走兽赠予谷种

神话中赠送人类谷种的走兽大体有鼠、猪、狗等动物，如傣族的《向鼠王寻找谷种》、珞巴族的《种子的来历》、彝族的《开山种地的古根》等。走兽赠送人类谷种的具体情况虽有别于飞禽，但最终都是人类借助动物的力量实现自身文明的跨越。

第一，老鼠赠送谷种的情况。如傣族神话中桑木底来到鼠国，鼠王"取出一颗'麻波提赛栽'谷种送给他"[①]。这里鼠王的形象已与人无异，它掌握着谷种，对人类有着畏惧和怜悯之心。在谷种起源的其他神话文本之中，老鼠能在洪水中保留谷种、在旱灾中藏好谷种、能去天上为人类盗取谷种，现实中老鼠偷粮的本领又能与神话中的情节相符合，神话将老鼠的形象进行了放

---

① 编审委员会：《中国各民族宗教与神话大词典》，学苑出版社，1993，第84页。

大。此外有学者认为"南方民族中崇拜鼠王的习俗值得注目"①，白族、傣族、德昂族、布朗族中都流传有不同的鼠崇拜观念和鼠王神话传说，那么此处鼠国或鼠意象的设置便有了一定的深意。

第二，母猪赠送谷种的情况。如珞巴族神话中，母猪的毛发中夹杂着五颜六色的小籽粒，女儿从中捡出来各类谷物，母猪被杀后的碎片变成了人。这里的母猪将谷种藏于毛发之中，该母题并非独有，狗在取种过程中也曾用过此类方法。狗是人类获取谷种的重要帮助者，而珞巴族的母猪则具有掌谷者和赠谷者的双重身份，它还是人类的始祖母，人类诞生于其尸体的碎片，人类便是母猪身体的一部分。既然人的诞生与母猪身体有关，那么谷种的诞生与母猪的关联也可推断而出。

第三，狗赠送谷种的情况。如彝族神话中的大白狗将谷种送给人类，此处的狗和谷种都来自天上，但狗并非谷种的掌握者，它只受命于神的委托或通过偷盗的方式将天上的谷种送到人间，故而它只是传递者。在谷种神话中这类母题也是较为常见的。

在动物恩赐谷种的神话中，赠送人间谷种的飞禽与走兽的区别较为明显，飞禽并不具备神性，它们只有将谷种送给人类的行动，而没有独立的思考和独特的神性展示。相对于飞禽，走兽的形象更加丰满，鼠王同人一样怀有畏惧和怜悯的情绪表达，母猪能舍弃自己的生命来繁衍人类。人们对于鼠、猪、狗等动物习性的了解更胜过对飞禽的认识，在神话中也更能够用人的视角来诠释这些动物送谷种的行为。动物恩赐虽然在恩赐型的神话中并不占有很大的比重，不过它所表达的内容是相对独立的。在神恩赐人间谷种的很多神话文本中，神是谷种的掌握者，他们多通过动物将谷种恩赐人间。而在动物赐予的神话中，很多飞禽走兽并不听命于神灵，它们自身便掌控着谷种，可以依靠自己的意愿将谷种赠予人类，显示出了与其他谷种神话较大的不同，这也是自我表达对他者形象塑造的另类呈现。

---

① 乌丙安：《中国民间信仰》，上海人民出版社，1998，第67页。

五　结语

在谷种神话中,恩赐谷种是谷种起源重要的方式之一,从自我和他者的层面来看,神、神性人物和动物都是作为他者形象而出现的,是自我实现表达的方式,人类通过他者的作为实现了迈入文明社会的进程,因此他者在谷种神话中起到了至关重要的作用。由于他者形象的出现,谷种神话得以呈现出不同的风貌。

恩赐谷种的神话体现出了人们对谷种起源的认识已经升华,从最初认为谷种来源于自然界的自然生长,到飞来稻的谷魂观念,再到神与神性人物恩赐谷种,其中最大的变化在于先民宗教信仰观念从万物有灵观逐渐发展到神灵体系观念。人们认识到谷种所具有的神圣性,并将对谷种或神灵的崇拜观念通过神话的形式表现出来,寄寓他者的表达之中。自我的表达与他者的呈现已经渐渐融合在谷种神话中,而通过对他者形象的解读也可发现,谷种神话中先民所展现的独特认知与思考,以及人类在踏入农耕文明之初的艰辛和不易。

·西南文化资源·

随命而转:《侏儒怪》童话故事与女性生产力的下降*

杰克·齐普斯［著］　程　萌　桑　俊［译］**

摘　要　《侏儒怪》讲述了一个受迫害的女人和纺纱象征着女性创造力的故事。长期以来，民俗学家一直将它作为故事类型AT500（神奇的援助者）进行研究，这更多地与男性的学术偏见有关，而非故事所带来的具体问题，即对女性的压迫和社会对纺纱行业及女性参与的态度变化。本文通过探讨女性生产力的一些问题，并将《侏儒怪》与其他关于纺纱工的故事以及18世纪和19世纪纺纱业的社会历史发展联系起来，将注意力重新集中在故事的实质范畴上，以此把握它们在文明过程中所扮演的对话角色。

关键词　《侏儒怪》；女性生产力；故事

《侏儒怪》（*Rumpelstiltskin*）是个令人不安的童话，这不是因为我们都不曾知晓这个能将麦秸纺成金线的矮小神秘怪物的身份，而是因为尽管事实上

---

*　原文发表在《西部民俗》1993年第1期，第43页。*Western Folklore*, Vol. 52, No. 1, (1993), p.43. 原文无摘要，摘要为译者整理。译文由美国崴莱大学张举文教授审校。

**　杰克·齐普斯，美国明尼苏达大学德语与比较文学终身名誉教授；程萌，华中师范大学国家文化产业研究中心博士生，主要研究方向为民间文学；桑俊，长江大学人文与新媒体学院教授，主要研究方向为民间文学。

"龙佩尔施迪尔钦（Rumpelstiltskin）"这个名字毫无意义，但民俗学家、心理分析家和文学评论家却都醉心于此名及侏儒怪角色的研究。[①]的确，该名字未透露任何有关侏儒怪本质和身份的信息。获悉此名也只是让这个危险的侏儒怪输掉了干扰王后生活的筹码。他的角色总是以一种误导性的方式呈现。根据阿奈-汤普森分类法中的故事类型AT500（神奇的援助者），侏儒怪被归类为神奇的援助者，但很显然，他是一个敲诈者和压迫者。简而言之，学术界对侏儒怪名字的研究是无意义的，而这种归类奇怪地刺激了人们去关注这个名字也同样是毫无意义的。

《侏儒怪》讲述了一个受迫害的女人和纺纱象征着女性创造力的故事。长期以来，民俗学家一直将它作为故事类型AT500进行研究，这更多地与男性的学术偏见有关，而非故事所带来的具体问题，即对女性的压迫和社会对纺纱行业及女性参与（female initiation）的态度变化。本文通过探讨女性生产力的一些问题，并将《侏儒怪》与其他关于纺纱工的故事以及18世纪和19世纪纺纱业的社会历史发展联系起来以反驳对该故事所进行的肤浅研究。[②]

先明确一点，我并未完全摒弃命名母题（the motif of naming），而是将注意力集中在故事的实质特征上。在我看来，在女性成为纺纱工的历史传统中，实质特征构成了名字的意义，而这个历史传统已令人困惑难解了。毫无疑问，给勒索者/迫害者/恶魔命名在故事中实现了一个重要的功能，而此功能作为基本情节有几个目的。

（1）作为一个谜语，命名增加了叙述张力和幽默感，并且显然与不同文化的口头传统中的各种难题和游戏相关。命名是戏剧性调剂，并指出了该故事的乐观倾向，目的是表明这位纺纱工如何克服障碍并实现她的人生愿望和目标。

（2）命名证明了纺纱工机智过人、足智多谋和交了好运，她通过猜对名

[①] 民俗学家一直致力于追根溯源侏儒怪的名字，并将该故事与矮人和魔鬼的传说联系起来。
[②] 本文关注《侏儒怪》故事变化和女性生产力转变的社会历史原因。

字解放了自己，主宰了自己的命运。

（3）命名总是与获得对未知事物的控制联系在一起。命名就是通过知识获悉、识别未知，获得安全，进而保护自己。在这方面，命名是纺纱工最恰如其分的结局，纺纱工已经认识了自我及确定了她的敌人的身份。虽然龙佩尔施迪尔钦这个名字可能无任何启示性的意义，但命名这个行为本身是有意义的。

（4）命名行为的重要性在命名所经历的变化中，这具体取决于我们所接触的版本。正如将看到的那样，它可以是压迫者的要求、与魔鬼的分离、向男性权威的屈服或作为纺纱工完成纺纱的工作。

（5）该行为传递了一些关于纺纱工而非干扰她生活的矮小怪物的信息。通过命名，她定义并主宰了自己的命运。命名行为（the act of naming）使纺纱成为一种生产性和叙事性的行为。正如卡伦·罗所说："在民间故事和童话故事的历史中，作为故事讲述者的女性在做编织或纺纱工作时，一方面，她们是面对一个总体文化进行讲述；另一方面，是面对能够理解隐藏语言的读者姐妹们"。

在故事中，如果命名是有意义的，那也只是跟女性纺纱工所经历的成长有关。通过描述主人公学习如何纺纱及如何控制纺纱使其作为一种生产，故事一度赞颂了一位年轻女性的自我认同（self-identification），但这还表明男人如何介入女性的成长并进行干预以霸占（appropriate）的叙事传统。结果是这种成长被限制在男性话语的框架里。

为表明在纺纱故事传统中，参与（initiation）如何变成操纵（manipulation）（或迫害如何被忽视），本文开宗明义：将使用格林兄弟1857年版本的《侏儒怪》并将其视为文学童话进行分析，这在民间传说和法国文学传统中都有先例，即姆勒·莱里蒂尔（Mlle L'Héritier）的《里丁-里登》（*Ricdin-Ricdon*）（1798）[①]。在讨论完格林兄弟在口头转述（oral rendition）中

---

① Published in La Tour Ténebreuse et Les Jours luminieux, (Paris: Barbin, 1705).

所做的改编的性质（nature）［记录在1810年的奥伦贝格（Ölenberg）手稿中］后，本文将重点关注学者们漠然置之的纺纱主题，尽管它是到目前为止几乎所有口头和文学版本中最能达成一致的母题。的确，早在1898年，著名的英国民俗学家爱德华·克洛德就曾首次对AT500类型的故事进行过重要研究，称其为"汤姆·蒂特·托特（Tom Tit Tot）"，他评论道："在汤姆·蒂特·托特组，所有的女主人公都被安排了纺纱任务，在一个神奇的时间内纺出大量的亚麻线，正如在瑞典的故事异文中要将稻草纺成黄金这种更加艰巨的任务一样，类似异文种种。代表女性典型职业象征的纺车和纺纱杆因此受到重视。"①

学术界是时候重新重视"侏儒怪"传统中的纺车和纺纱杆了。

在奥伦贝格1810年的手稿中，德文版本的《侏儒怪》是基于雅各布·格林于1808年在海西亚记录的一个匿名口述故事展开的。其内容如下：

  很久很久以前，有个少女需要把一束亚麻纺成线，但她纺啊纺，纺出来的都是金子，却始终纺不出线来。她非常伤心，坐在屋顶上开始纺，整整三天，她只能纺出金子。这时，一个矮小的男人出现了，他说："我会帮助你摆脱所有的烦恼，你年轻的王子会来娶你，把你带走。不过你得答应我，把你的第一个孩子给我。"

  她向他保证了一切。此后不久，一位英俊的王子经过，带走了她并娶她做了新娘。一年后，她生了一个英俊的儿子。这时那个矮小的男人出现在她床前并索要这个孩子。她愿意把她所拥有的一切都给他，除了孩子，但他却只要那个孩子。于是他给了三天时间，三天之内她如果猜不出他的名字，她就必须把孩子给他。王后想了很久。她想了整整两天，还是想不出他的名字。第三天，她命令她的一位忠实的侍女到这个矮小的男人所在的森林里去。那晚，侍女走了出去，看见这个矮小的男人正

---

① Tim Tit Tot: An Essay of Savage Philosophy, (London: Duckworth, 1989), p.36.

骑在一个长柄勺上,在一堆火前,大喊道:"除非王后知道我的名字是龙佩尔施迪尔钦"。

该侍女急忙把这个消息告诉了王后,王后听了非常高兴。午夜时分,这个矮小的男人来了,他说:"如果你不知道我的名字,我就把孩子带走。"

她猜了各种各样的名字,最后她说:"你的名字是不是龙佩尔施迪尔钦?"

这个男人听了后,吓了一跳,说:"一定是魔鬼告诉你的。"说完,他就骑着长柄勺从窗户飞了出去。①

1812年,为出版《儿童和家庭故事》(*Kinder- und Hausmärchen*),基于桃珍·怀尔德讲给他们的故事以及约翰·费舍尔的《卡冈都亚》(*Gargantua*)(1582)中的材料,格林兄弟对该故事进行了修改。后来他们将利泽特·怀尔德讲给他们的另一个口头版本整合在一起,并且也有明显的迹象表明他们知道姆勒·莱里蒂尔的法语版的《里丁-里登》,② 姆勒·莱里蒂尔的故事也影响了格林兄弟的《三个纺纱女》童话。简而言之,1857年版的《侏儒怪》是由文学作品和口头故事整合而成的,被格林兄弟精心改编以呈现无法通过纺纱来解救自己的年轻农妇所面临的困境。而且,正如冈瑟-路易斯·芬克所认为的那样,③ 在启蒙运动时期,口头传统经历了一个重大的变化,结果是下层阶级中的愿望实现型(wish-fulfilment)故事将欺骗王子与嘲笑魔鬼的主旨结合起来。然而,他未注意到的是故事讲述者可能是女纺纱工以及17世纪和18世纪口头故事所经历的一次文学变革,同时由于整个英国和欧洲大陆的工

---

① Heinz Rölleke, *Die älteste Märchensammlung der Brüder Grimm*, (Cologny-Genève: Fondation Martin Bodmer, 1975), pp. 238-240.
② Kinder und Hausmärchen gesammelt durch die Brüder Grimm. vol. 3, 3rd ed., (Göttingen: Dietrich, 1856), p.107.
③ Les Avatars de Rumpelstilzchen: *La Vie d'un Conte Populaire in Deutsch-Französisches Gespräch im Lichte der Märchen*, (Münster: Aschendorff, 1964), p. 63.

业化发展，纺纱业也正在经历着一次重大变革。

显然，当格林兄弟开始听口头故事及阅读文学版本的故事时，纺纱的性质、将纺纱作为一门手艺、人们对纺纱的态度都在他们《侏儒怪》的最终版本中明确下来。如果将1810年版本与1857年版本进行比较，将看到格林兄弟正在对女纺纱工的被剥削问题和男性对纺纱技术/工艺的占用做出社会历史性的声明。首先，来看看格林兄弟在记录口头版本后所做出的关键修改：

1810年版《侏儒怪》	1857年版《侏儒怪》
①有一个将亚麻纺成金子的少女（没有父亲）。	①一个贫穷的磨坊主吹牛说他的女儿可以把稻草纺成金子。
②这个少女陷入的困境是她没有做好自己的工作。	②磨坊主女儿的困境是她父亲撒的谎，这让她看起来可以做出非凡的成就。
③这个少女欣然地接受了这个矮小男人提出的条件。	③磨坊主的女儿受到国王的威胁。后来她在胁迫下接受了与这个矮小男人的交易。
④这个少女，现在是王后，派出了一名女仆去揭开侏儒怪名字之谜。	④磨坊主的女儿，现在是王后，派出一名男信使去揭开侏儒怪名字之谜。
⑤侏儒怪骑着长柄勺飞走了。	⑤侏儒怪把自己撕成两半。

在两个版本中都至关重要的一点是一位农家女孩无法完成工作的窘况。也就是故事的情节取决于纺纱的性质，取决于女孩无法根据社会的期许完成纺纱工作。没有这个窘况，就没有故事，也就无须讲这个故事。故事诞生于需求和欲望。

无从得知1810年手稿《侏儒怪》源于何人，有趣的是该故事似乎代表了农妇的观点。首先，对纺纱工来说，能把亚麻纺成纱比纺成黄金更重要。事实上，纱线是她的黄金。她的价值是由她的勤奋和纱线来衡量的，而黄金本是一个荒谬的讽刺象征，象征着她的笨拙及无法学会正确地纺纱，即大多数人都会珍视的黄金在妇女们眼中并不宝贵，因为纺纱与再生、叙述和创造息息相关。所以，整个故事就是个恶作剧。这不是说一个农妇不想把亚麻纺成黄金、不想要黄金，而是说每个农妇都知道她有一个更好的、现实的寻得一个男人和凭借纺纱谋生的机会。因此，作为一位真正的纺纱工，这个男人就很重要，他同她一样知道他的价值所在。他并不需要勒索她，他更像一位先知或创造奇迹的人，他开诚布公地提出交易，甚至当他回来要接走王后的第一个孩子的时候，他用猜谜的形式提出了一个新的交易来试探她是否比以前更聪明。她通过派出一位女仆得知了侏儒怪的名字，进而通过了这项测试，而这个男人并未被杀死，而是指控魔鬼背叛了他。象征性的是，他骑着长柄勺从窗户飞了出去。就是说，与女性相关的器皿（长柄勺）将他放逐了，妇女和器皿团结起来打败了他。

在阅读这则以纺纱为中心主题的故事时，可以看到这是一位通过纺纱在社会上取得进步的年轻女性。这个男人可被理解为纺纱师傅，他想在教会她如何纺纱后取得他应得的报酬。他是一个神奇的代理人，通过做必须得以正确处理的事情，即把亚麻纺成纱，为她把事情做得稳稳当当。到他要求回报时，她已具备纠正自己错误的能力。这笔交易不公平，她在天真笨拙的时候已受到剥削。在另一个女人的帮助下，她说出了剥削她的人的名字，这个剥削者被一个与女性特质相关的器具带走了。

格林兄弟修改了1810年版本的《侏儒怪》童话，在某种程度上破坏了纺纱的价值和纺纱工的自主性。在他们的版本中，他们关注于提供一个更清晰的动机、更好的过渡、一个流畅的及合乎逻辑的情节。在这里，磨坊主女儿完全由男人摆布。实际上，她一生都在被男人陷害：其父是吹牛者，国王是压迫者，侏儒怪是勒索者，信使是救世主。她唯一能做的事就是生一个孩子。甚至纺纱这份工作也不被重视，因为只有当磨坊主女儿把稻草纺成金子时，纺纱才受人尊敬。在女性成长过程由其他纺纱工决定的背景下，这并非一个有效的方法来测试一位年轻女性，因为格林兄弟并未真正理解纺纱对女性的意义。在格林兄弟的眼中，好女人就是有自知之明的女人，清楚自己的位置，而故事是男人让一个女人处在她自己的位置上，是男人给了她那个位置。这是一个关于家庭化（domestication）的故事，在这里，把亚麻纺成纱的艺术变得无关紧要。显然，格林兄弟文学版的《侏儒怪》使得故事中的男性在场对于决定磨坊主女儿的困境和命运来说都至关重要，而1810年版本《侏儒怪》中的少女则在与男性的冲突中主宰了自己的命运。因此，这两个故事可能反映了19世纪初女性和男性针对女性和纺纱问题的不同立场。

但在考虑将故事与欧洲纺纱业联系之前，应考虑两版本之间的相似之处。与格林兄弟《三个纺纱女》童话不同，这两个版本将纺纱置于男人的手中。不管是将亚麻纺成纱线还是将稻草纺成黄金，纺织技术都已被男性霸占，是纱线还是黄金已不重要。坦率地说，控制生产资料的是男人，而女人则受其支配。实际上，对纺纱的控制和纺纱的价值是《侏儒怪》类型故事的关键主题，这些故事被错误地归类为"神奇的援助者"。

这里有必要谈谈关于纺纱的社会历史和人们对纺纱的态度。

在关于女人与纺纱的研究《如何从女性手中夺走纱线：必然的纺锤》中，格伯格·特鲁斯奇·迪特尔认为：历史事实是在纺纱机发明前，纺锤一直掌握在女性手中。纺纱可被视为女性生产力的象征。[①] 特鲁斯奇·迪特尔研究了纺纱作为一门手艺的演变历程，分析了从基督诞生前几个世纪到19世纪的人工制品、符号和文献资料，以证明纺纱作为一种艺术形式是女性的发明和女性生产力的体现。[②] 当一位女性纺纱时，她手里不仅有线，还有线的原材料羊毛或亚麻。换言之，她左手拿着纺纱杆，右手纺纱。在希腊神话中，纺锤是宇宙的一个形象，其中包含了柏拉图式的必然纺锤（Platonic spindle of

---

① Berlin, Ästhetik und Kommunikation, 1964, p.12.
② Patricia Baines: *Spinning Wheels, Spinners & Spinning*, (London: Scribner, 1982); Marta, Spiders & Spinsters: *Woman and Mythology*, (Albuquerque: University of New Mexico Press, 1982); and Annette B. Weiner and Jane Schneider, *Cloth and Human Experience*, (Washington D.C.: SmithsonianInstitution Press, 1989).

necessity）[1]。即将重生的灵魂的命运是由纺锤带来的，并且是由纺锤准备的。作为一个"单性生殖"的机器（parthogenetic machine），纺锤并没有给予灵魂以存在，但它为灵魂作为人的存在做好了准备（does not give the soul its existence but it prepares the soul for being）。灵魂在出生前和死后都处于中间状态。没有纺锤作为女性生产力的体现，就没有存在，它/她创造了一切存在的基本条件。正如特鲁斯奇·迪特尔指出的那样：如果我们研究必然的纺锤的运作方式，我们能看到它如何确定女性生产力的基本方面：

> 不断地旋转，只旋转。无论生产出什么，它都会在假定存在之前消失。与此同时，它又是新事物的起源。
> 在时间上没有达到客观化的水平。纺锤的活动与历史无关。它现在是持续（the continual）而没有存在的。是气（Air）。

"纺锤的运动是一种纯粹的自然现象。它的拥有者无须帮它，它也不需要任何援助，它会自己运动，把自己从自己身上带出来。似乎。"[2]

特鲁斯奇·迪特尔认为作为女性生产力的主要象征，纺锤之所以被神话化和神秘化，是因为它不应该是真实存在的。换言之，女性生产力不被认可。因此，它只能以一种不真实的形式出现。"柏拉图的纺锤是一个由火和水环绕而成的圆圈。遗忘，遗忘之水。那是被禁止观察和洞悉的。既然它不在任何地方，它就好像被排除在现实之外。"

特鲁斯奇·迪特尔认为纺锤作为神话，是神秘的。神秘的神话转化成这样的一个象征，是因为社会，而不是文明，非常依赖作为女性生产力的纺纱。纺纱不仅是家里、宫廷、庙宇里的一种基本的生产方式，也是供应了古代商品交易市场里的首批产品的生产方式之一。"这意味着，对女性来说，在文明

---

[1] 译者注：柏拉图在《理想国》第十卷《厄尔神话》中提出了一个形象的宇宙模型——必然的纺锤——像真正的纺锤一样，由挂钩，纺杆和纺轮组成。

[2] Wie den Frauen der Faden aus der Hand genommen wurde, p.19.

发展的早期阶段，对剩余产品的需求就摆在她们面前。用纱线和线做成的东西既简单又耐用。就好像它是为商品交换而创造的。由于纺纱原料的生产是人类的工作和职业，所以无论是养羊还是种亚麻，都没有限制。其结果是，这种原材料，丝束（羊毛或亚麻）成为自然财富的体现，是'生活物质'的绝对象征，成为女性取之不尽的工作来源。"

从放牧社会的早期形成阶段到19世纪，女性几乎承担了所有与纺纱有关的工作。照管牲畜，栽种亚麻，清洗、准备羊毛，烤、剪、梳理亚麻。纺纱成了女性的特权、她们的领地，因为它允许纺纱工作家庭化（domestication）。①

在积极意义上，这种家庭化很重要，一方面，它使男性可从女性的剩余生产中获利以完成原始的积累，同时也使男性能够通过将女性生产力从他们的视线中移开，转移到家中，进而否认他们对女性生产力的依赖。另一方面，这种家庭化使女性能够将自己与男性分开，划清界限，并保持对自己生产力的控制，这被视为一种单性生殖（pathogenetic）的象征。纺锤与子宫、她的创造力和自主性联系在一起。作为纺纱工的女性是生命之线的供应者，是人类区别于动物的最早文明标志之一的服装的生产者，也是剩余利润的生产者。

作为生产力的纺纱也为各种文化活动奠定了基础。到欧洲中世纪晚期，纺纱在每个社会阶层的所有家庭中都很普遍。② 人们认为制作服装的线、纱和布的生产是如此重要，以至于在17世纪之前，许多大户人家通过安置纺纱工来维持服装的生产，开始了原始的工厂制度。在农舍和中产阶级家中都可以找到纺纱室，它们也是女性、儿童和男性的工作和社交场所。通常情况下，一群年轻的女性在一个独立的纺纱室接受管理，不受干扰地工作、交流故事和寒暄。农民阶级尤其如此，他们是19世纪以来将纺纱作为女性生产力的最庞大的阶层。正如汉斯·梅迪克对德国西南部村庄的记录情况一样，"允许男女青年单独使用纺纱室，同时允许以家庭和邻里的形式使用纺纱室。村里绝

---

① John Horner, *The Linen Trade of Europe During the Spinning-Wheel Period*, (Belfast: M'Caw, Stevenson, and Orr, 1920).

② "Women in the Crafts in Sixteenth-Century Lyon", *Feminist Studies*, vol8, (1982), p.62.

大多数参与者都是未婚的青年女性。在农村纺纱密集生产的地方,也有相应形式的男性集会,但从数量上看,从来没有这么重要。村里的男青年至少在晚上的一小段时间内(通常是晚上 9 点~10 点)出现在女性的纺纱室已成为一种惯例。在这里,'两性的游戏'规则极大程度上是由在场的女性决定的,而不是像人们常说的那样由村里的男性决定。"[1] 在欧洲许多地方,纺纱盛行,农妇们从早到晚都会在纺纱室或装有纺锤的房间里工作,晚上男性和男孩们也会加入她们的行列,在那里唱歌、游戏、跳舞、吃饭和讲故事。年轻男性可以找到自己的伴侣,而女性则可通过展示自己的技能来赢得一位丈夫。[2] 显然,因地而异,但很多地方有证据表明,纺纱室是 19 世纪初以前的"文化或社会中心",[3] 男女双方都通过故事交流来消磨时光。

这些故事是什么?关于纺纱工和纺纱的故事有哪些?玛丽安·朗夫区分了几种不同的故事类型。由于勤于准备纺纱所用的亚麻和羊毛被认为是农民女性,特别是适婚年轻女性的一项重要素质,因此许多故事都集中讲述一位年轻妇女如何通过辛勤纺纱来获得丈夫或社会地位。主题是一位年轻女纺纱工的成长和愿望的实现:一个女工通过纺纱和辛勤劳动获得了美好婚姻。这个主题有不同的形式。有些故事是幽默的轶事(Schwänke),取笑那些不擅长纺纱或不知道如何纺纱,需要年长女性的帮助或奇迹来证明她们是纺纱能手的年轻女性。如果一个年轻女性不善于纺纱,她的父母会以她为耻,对邻居撒谎或吹牛,假装女儿是纺纱高手中的佼佼者。这样的谎言和吹嘘成为许多其他故事情节的基础,而这个年轻的女人,被一个荒谬的谎言或夸耀所困住,必须找到奇迹般的援助来证明她是一个像她父母所宣称的那样优秀的纺纱工。通常关于纺纱工的故事结合了其他故事的母题,如"魔鬼的欺骗"(the

---

[1] "Village Spinning Bees: Sexual Culture and Free Time Among Rural Youth in Early Modern Germany," *in Interest and Emotion:Essays on the Study of Family and Kinship, ed.* Hans Medick and David Warren Sabean, (Cambridge: Cambridge University Press, 1984), pp.329-331.
[2] Marianne Rumpf: "Spinnerinnen und Spinnen: Märchendeutungen aus kulturhistorischer Sicht," *in Die Frau im Märchen, eds.* Sigrid Früh and Rainer Wehse, (Kassel: Erich Röth, 1985), p.65.
[3] Hans Medick: "Village Spinning Bees in Early Modern Germany," pp.334-335.

duping of the devil）或"上流社会的一员"（a member of the upper class）。在这里，愿望的实现又起了作用：这个年轻女性克服了逆境，智胜了魔鬼，将自己伪装成一个神奇的纺纱工，这样她就能在社会上崛起，嫁给一个国王或王子。拼图或猜谜语是另一种添加到纺纱故事中的元素。这些活动有助于在纺纱室消磨时光，许多故事利用猜谜和解谜来设置故事的悬念。然而，最重要的是，谜语通常是一种叙事手段，并未有意成为故事的中心焦点。正如玛丽安·朗夫所说："在那些有纺纱援手的故事中，有大量的证据表明，它们最初是谜语故事，而这些故事也一定是在纺纱的环境中产生的。令人吃惊的是，在所有的异文中，每次猜测的名字都是不同的。它们从来都不是人们常用的名字，而是一个戏谑的名字、宠物名或昵称，如 Zistel im Körbel、Purzinigele、Kugerl、Waldkügele、Hahnenkickerle 及很多其他名字。"

换句话说，名字无关紧要，猜谜游戏之所以重要是因为它在故事的叙述结构中设置了悬念。然而，主题自始至终都是将纺纱作为一种创造性和生产性的行为，对女性而言至关重要，因为纺纱将决定她的命运。即使在那些幽默的故事里，年轻的女性梦想着永远不再纺纱，但她也知道，只有通过纺纱，她才能证明自己的价值。纺纱就是为女性而创造的，创造出维系社会的丝线。一个年轻女性正是通过纺纱进入社会的。事实上，从中世纪到19世纪，纺锤和纺纱是欧洲农民家庭的焦点，当时的这种女性生产力模式最终遭到侵蚀和诋毁。

实际上，这种侵蚀过程开始得更早。随着詹姆斯哈格里夫斯于1764年发明了纺纱机，人们逐渐从女性手中夺走了纺纱工作，并由男性接管。正如特鲁斯奇·迪特尔所说，"纺纱机取代了纺纱工，这是肯定的。从纺纱工所代表的女性生产力的基本含义来看，可得出这样的结论：子宫和纺锤，使女性获得长达千年的、直接的（unmediated）独立性，这种独立性被视为保护女性生产的屏障，就此永远崩塌了。保护宇宙的最后一道屏障也随之倒塌了，现在它成了原材料，完全没有任何禁忌，可以由任何人支配。机械取代了直接生产性的（generating）和社会性别化（engendering）的女性，从现在起，它负责满足社会的根本需求。'珍妮'（第一台纺纱机）的范式意义使人们可以做出这样的概括，伟大的工业是从其单性生殖的子宫里产生的，即使它是由蒸汽驱动的。"①

18世纪后期和整个19世纪，世界发生了重大变化。简·施耐德在一篇题为《侏儒怪的交易》的论文中指出，从17世纪到19世纪，重商主义者和制造商一直在鼓励纺纱和生产亚麻，以建立本土市场并增加人口。他们之所以成功，在某种程度上是因为他们承诺增加年轻女性的结婚机会，为人们提供就业机会，并为剩余生产创造市场。然而，到了18世纪末，由于新技术使加工棉花更便宜，亚麻制品的生产开始减少。此外，亚麻对土壤有危害，制备亚麻纺纱的过程漫长而艰苦。因此，推广亚麻和纺纱成了值得怀疑的事情，亚麻生产是否为家庭带来利益，农民们产生了分歧。在很大程度上，商业资本主义的强化导致他们失去了对自己的工作和市场的控制。据施耐德所言，亚麻的推广者干扰了他们的传统工作和仪式，被一些人视为"恶魔"和异类，如同侏儒怪与邪恶的外部势力联系在一起一样。"亚麻布的仙女、巨魔、矮人和绿衣人变得恶魔到以至于亚麻制品的生产侵入了他们的生活空间，超过了先前对自给自足的农作物和牲畜的入侵。因为在承诺爱情和金钱的同时，亚麻的推广计划不仅破坏了更早的自治和社会关系，也破坏了土地的早期使用及其使用者。"②

对女性而言，最灾难性的是纺织变得越来越机械化。男性取代女性，并负责纺纱机。这些机器被带出房屋，人们建起了小工厂。尽管女性继续在这些工厂工作，但她们逐渐让位给男人，管理权主要由男性掌握。女性提供的剩余产品和利润被机器和工厂的所有者接管。在整个19世纪，纺纱工作一直都存在，但女性作为纺纱工的角色已或多或少地被弱化了。帕特丽夏·贝恩斯在《纺车、纺纱机和纺纱》一书中指出，在19世纪纺纱作为一种手艺几乎被摧毁了，这种破坏强烈影响了农民和工人阶级女性。西方社会在女性纺

---

① Wie den Frauen der Faden aus der hand genommen wurde, p.35.
② "Rumpelstiltskin's Bargain,"p. 206.

纱态度上的变化并非偶然，并以"老处女"（spinster）一词词义的转变为标志。《牛津通用词典》解释，"spinster"是"附加在女性名字后面的，原指她们的职业，但后来在中古英语中是对未婚者的合法称呼。"到1719年，该词就成了老处女（old maid）的代名词。在法语中，"spinster"意为"老姑娘"（vielle fille），与"filer"或"filare"相关联。在德语里，"eine alte Spinne"意为一个丑陋的老妇人、纺织（spinnen, spinnen），也可表达为疯狂地胡言乱语。

如果要理解《侏儒怪》的中心主题和格林兄弟的《儿童和家庭故事》中其他纺纱故事的中心主题，就必须把握这些社会态度的变化和纺纱生产中的实际变化。《侏儒怪》最早的文学形式见于姆勒·莱里蒂尔的《里丁-里登》，文中指出，纺纱在17世纪末18世纪初为贵族所珍视。女王特别渴望雇用罗莎妮为纺纱工，并珍视她纺织出的所有物品。许多法国大户人家家里都为女性设置了纺纱室以生产急需的布料，在姆勒·莱里蒂尔所写的故事里就指出当时对有天赋的纺纱工需求很大。有意思的是，她的模范纺纱工，罗莎妮，拥有魔鬼的神奇魔杖来创造出一个满足社会期待的形象。她没有将稻草纺成黄金，而是将亚麻纺成了纱线。她也没有以虚假的借口与王子成婚，由于她的"天然"美德，她展现自己，并在大户人家中享有一席之地。当然，事实证明她生来高贵，但这一发现仅强化了这样一种观念，即存在一种"天然"的等级制度和得体的举止方式，贵族就是最好的例证。以罗莎妮为例，纺纱展现出她的勤奋、忠诚和特别诚实的特质，因为她承认自己的纺纱依赖于超自然力量的神奇干预。她编造（spin）自己的故事，她的命运与她的贵族出身、基于法国文明进程的规范及法国贵族妇女所确立的价值观（即想宣布自己的早熟）（proclaim their precocity）所做出的即兴编造谎言和克服谎言的勇敢努力交织在一起。在整个故事中，纺纱和女性创造力仍然是人们关注的焦点，并被认为是需要得到支持的社会价值观，尤其是得到男性的支持。

该主题在18世纪的口头和其他文学版本中被复制和改编。《德库尔兹·

曼特尔》(*Der kurze Mantel*)(1789-1792),译为《斗篷》(*The Cloak*)①,完全着眼于德国纺纱传统的积极方面。它是由本德迪克特·诺伯特撰写的,他把霍勒夫人或胡拉修女描绘成纺纱工的守护神。在该版本中,纺纱仍掌握在女性手中,因为霍勒夫人指导两位女主人公,年轻的吉奈拉斯和聪明的女人罗斯来欣赏纺纱的艺术,使她们都能按自己的意愿结婚。事实上,正是通过纺织出一件华丽的斗篷,两位女性意识到了自己的潜力,并能够在叙事结束时从腐败的宫廷走向更乌托邦的地方。

格林兄弟知道该故事,但是当他们开始记录时,当时的人们对纺纱的态度更加矛盾。鉴于他们收集、发表和修改《侏儒怪》故事和其他纺织故事所经历的漫长岁月(1808~1857),格林兄弟提供了一幅与众不同的综合图景来呈现纺纱以及在丝线和亚麻生产的一个关键的过渡时期内人们对女性和纺纱的态度。

如果现在回到《侏儒怪》故事,可更清楚地看到这不仅是关于迫害一位年轻女性的故事,而且还涉及商人资本家对亚麻制品生产的强化及对她的生产资料的占用。她通常通过这些生产资料来塑造自己的美好品质,以此赢得一位男性。磨坊主女儿不会把稻草纺成金子,甚至没有人提到她会纺纱。她必须依靠一位男性,他有神奇的纺纱能力,而她唯一的品质在于她有能力繁殖这个物种。她只能繁衍后代,任由男人摆布。这个年轻的纺纱工的命运并不是源于格林兄弟的厌女癖好。相反,我读到这本书时,发现它有趣地反映了19世纪女性作为纺纱工人的地位变化。

如果考察一下格林兄弟所修改和收录的一些其他纺织故事,就会发现它们既反映了人们高度重视纺纱也反映了社会态度正在发生变化。② 例如,《霍勒母亲》(*Mother Holle*)、《纺锤》(*The Spindle*)、《梭子》(*Shuttle*)、《针》

---

① Bitter Healing: German Women Writers from 1700 to 1830, Eds. Jeannine Blackwell and Susanne Zantop, (Lincoln: University of Nebraska Press, 1990), pp.203-277.
② Ruth B. Bottigheimer: "Tale Spinners: Submerged Voices in Grimms' Fairy Tales," New German Critique 27, Fall, 1982, p.146.

（Needle）和《赫德一家》(The Hurds) 等故事着重强调了作为纺纱工的年轻女性的勤劳和勤奋，她为自己赢得了一位王子。在《懒惰的纺纱工》和《三个纺纱女》中，情况并非如此，在这两个故事中，女性使用狡猾的手段来逃避纺纱。在这里，纺纱被贬为累人的或可能导致容貌受损的工作。尽管纺纱可能会带来婚姻，但人们对纺纱的重视程度并不高，这反映了社会对女性态度的变化。特别有趣的是，《三个纺纱女》显然是基于姆勒·莱里蒂尔的文学故事《里丁 - 里登》，其逆转了年轻女性成长过程。姆勒·莱里蒂尔的故事高度重视纺纱，纺纱是罗莎妮证明自己并成为对社会有价值之人的手段。《三个纺纱女》中的那位年轻女主人翁从未学习如何纺纱，却只接受三个纺纱工的帮助，这样她就不必纺纱了，这点明了19世纪末欧洲对待纺纱的态度。

在《侏儒怪》和其他纺织故事中，施耐德再一次提出了关于将纺织作为中心主题的矛盾观点："注意到纺织故事中被妖魔化的精灵并未试图消除亚麻生产。相反，侏儒怪和女巫般的老太婆推动了亚麻的生产，他们神奇地帮助生产纱线，并通过婚姻促进了身份地位的流动，亚麻计划成为对辛勤纺纱的奖励。然而，这些精灵确实通过他们对人类生殖的恶意破坏，声称自己也参与了这一行动。因此，他们出色地突出了亚麻'原始工业'的核心困境。'它不可避免地把机会和危险结合在一起，它把贫穷的女性从独身、耻辱或迁移的状态中解救出来，但这只会危及她们及其子女的社会支持和健康。'陷入两难境地后，生产商对推广亚麻的矛盾心理在一些怪异的（misfit）故事（如《侏儒怪》）中显现出来，故事中的这些人虽令人讨厌，但同时他们也是甘愿提供援助的。"①

这种矛盾心理的结果是现代读者接受和解读《侏儒怪》故事的方式发生了一种讽刺性的转变。事实上，技术和社会习俗的变化导致了社会对纺纱形成了复杂的态度，使得20世纪的民俗学家和其他批评家忽视了故事中女性生产力和女性受迫害的中心问题。毕竟，现代人很少在家里做纺纱工作，如果

---

① "Rumpelstiltskin's Bargain", pp.207-208.

是在家纺纱的话,女性一般都是把纺纱当作一种业余爱好。纺织是一项不必要的工作,正如编织一般被认为是不必要的女性工作一样,往往被视为艺术和手工艺从而被忽视或被拥簇。不管是哪种情况,《侏儒怪》中所忽视的女性生产力问题,对我们分析和解读民间故事和童话都有一定的影响。为什么民俗学者没有对 AT 分类法中的故事类型进行重新评估和提出质疑?[①] 换句话说,构想出一些社会历史类别来解释某些故事的起源,不是更有用吗?为什么大多数关于侏儒怪的精神分析解读都以男权为中心?当故事的基本情节是关于女性生产力时,为什么男性在故事中受到的关注最多?显然,许多故事类型要么是针对性别的,要么是针对特定职业的,它们源于对工作和社会规范的态度变化。无论是口头的还是文学的,故事通常是由讲述者和作者设计出来的策略,用以表达他们对某些职业的价值和特殊的成人形式的观点和愿望。将我们的注意力重新集中在实质范畴而不是形式属性上,我们能够将故事置于其社会历史背景中,并把握它们在构成诺伯特·伊莱亚斯作品所概述的文明过程中所扮演的对话角色。巧合的是,姆勒·莱里蒂尔的《里丁-里登》出现于西方现代文明之初,并将纺纱和女性生产力作为维持文明的重要价值来表现。到 19 世纪初,这些价值观面临淘汰。人们从女性手中夺走丝线,她们再也不能随着命运一起旋转了。《侏儒怪》标志着女性生产力的一个重要方面的终结,也标志着女性文明进程的重大转变,这使得她们更加依赖男性。就这一点而言,《侏儒怪》中所提出的且被男性学者极大混淆的问题现在为理解工作场所和学术界中的许多主要冲突提供了一个意义重大的钥匙,而今天的女权主义者正捡起磨坊主女儿被迫放弃的丝线。

[①] Torborg Lundell: "Gender-Related Biases in the Type and Motif Indexes of Aarne and Thompson", Ruth B. Bottigheimer, *Fairy Tales and Society: Illusion, Allusion, and Paradigm*, (Philadelphia: University of Pennsylvania Pres, 1986), pp.149-163.

·西南文化产业·

文化创意产业视域下非遗的传承与传播*
——以《尼山萨满》及其功能游戏为例

王丙珍**

摘　要　非遗已经成为文化创意产业资源，且有望发展成为新兴的产业群，涵盖新闻、出版、传播、影视、艺术、广告、动漫、娱乐等，其从文化事业到文化产业的转向昭示生活与资源之间的张力。在全球化数字传媒语境中，口述文学似乎失去口媒传播的主体与根基，而作为"第九种艺术"的电子游戏接续成为传承与传播的有效途径，北方少数民族萨满神话《尼山萨满》的游戏产业化即为最好的例证。游戏文化创意产业通过网络、电信、影像、声音和文字成为新的混合文化产品，重塑非遗文本的本真性、地域性、生命性、生活性、生态性和多元性。

关键词　文化创意产业；非遗；网络游戏

---

*　基金项目：本文为国家社会科学基金一般项目"满—通古斯语族民族文学资料整理与研究"（项目编号：16BZW180）的阶段性成果。
**　王丙珍，牡丹江师范学院教授、硕士生导师，主要研究方向为北方少数民族文学与生态审美文化。

"文化工业"（Culture Industry）一词在1947年由法兰克福学派率先使用，它以本雅明于1936年对艺术的科学技术复制的辩证分析为基础。法国社会学家埃德加·莫兰于1962年将"文化工业"转化为"文化产业"（Culture Industries），表征文化产业（文化创意产业）促进文化由单一走向多元、从小众化身为大众、从批判转为面对、自地方转向全球，"它的想象的、游乐的、美学的潮流侵蚀着地区的、民族的、社会的、国家的、年龄的、教育的屏障"。① 联合国教科文组织于1979~1980年立足于文化多元与可持续发展而发起国际性文化产业计划。自20世纪80年代以来，文化产业以电信产业、消费电子产业与信息技术产业统领世界。中国文化创意产业以1992年邓小平南方谈话为关键点，非遗保护工程以2005年6月全国非遗普查工作为基点。在技术、经济、历史、空间、文化、生态的争论中，文化创意产业带来全方位的审美体验，起到保存、转录、唤醒和传播文化记忆的作用，推动人类非遗的多样性和可持续发展。

一 少数民族非遗文化创意产业的现状与前景

文化创意产业通过诠释、编译、改写、图像化、符号化非遗文本而创造产品，审美主体得以共享娱乐、分享知识、独享情感和体验，"故事、歌曲、图像、诗歌和笑话等的创作、表演，不论其采取何种表现形式，都蕴含着一种特殊的创作形式，用以实现娱乐、告知，也许还有启迪和教化的目的"。②

（一）面临即将失传的少数民族非遗

非遗具有两方面特点，一是即将失传，具有保护与传承的主体性、时间紧迫性和地方知识性；二是有待开发，呈现文化生产和消费方式的转变。截

---

① 〔法〕埃德加·莫兰：《时代精神》，陈一壮译，北京大学出版社，2011，第41页。
② 〔英〕大卫·赫斯蒙德夫：《文化产业》（第三版），张菲娜译，中国人民大学出版社，2016，第4页。

至目前，中国入选联合国教科文组织非物质文化遗产名录的项目共计42项，位居世界第一，归属于少数民族的项目共计15项，占比为35.71%。其中，10项为即将失传的口头传统和表现形式及表演艺术①。口述史诗在人类非遗中占有重要地位，彰显我国史诗大国形象。在五批国家级非遗1709个项目中，北方少数民族民间文学及相关门类项目共计90项，占比为5.27%。随着少数民族语言的几近消逝，民间口述文学亟待保护、传承、传播、开发和利用。

北方少数民族萨满史诗归属于世界级和国家级的非遗项目。从1908年俄罗斯学者 A.B. 戈列宾尼西科夫在齐齐哈尔附近收集《尼山萨满》满文手稿开始，到2017年荆文礼和富育光汇编的《尼山萨满传》，②共收录28个文本，尚有《鄂伦春族民间故事》《齐齐哈尔地方文史》中的2个文本及莫力达瓦达斡尔族自治旗沃金柱萨满的口述文本未曾收入。其异文主要有《音姜萨满》《阴间嚓玛》《尼姜萨满》《阴阳萨满》《宁三萨玛》《女丹萨满的故事》《一新萨满》《毅僧萨满》《尼桑萨满》《尼顺萨满》《泥灿萨满》《尼海萨满》《尼荪萨玛》《尼桑女》《萨尔固旦片掛的故事》《萨满和皇上》等。《尼山萨满》宣扬萨满教的"三界观"及"灵魂不死观"，史诗内容涉及尼山萨满的出生、出道及阴间拯救小孩灵魂等三个部分，但前两部分内容现已失传。第三部分讲述明朝巴尔杜巴颜员外痛失爱子、求神、又得子、再失子、求尼山萨满、阴间拯救、孩子复活、尼山萨满被皇上处死等情节，赞美尼山萨满为拯救生命而付出的英勇、聪明才智和艰苦卓绝的努力。尼山萨满以寡妇、女萨满、女英雄的身份在拯救孩子灵魂的过程中建构了母职认同、生命之美和奉献精神。这个名叫费扬古的孩子在15岁打猎时莫名其妙地死去，"满洲语费扬古，幼子也。"③他经尼山萨满拯救灵魂而复生的故事昭示萨满教的深远影响。现存6部满文手稿记录了满族丧葬习俗、生活风俗、封建道德教化和生态伦理，"萨

---

① 联合国教科文组织：《保护非物质文化遗产公约》，载王文章主编《非物质文化遗产概论》，文化艺术出版社，2006，第446页。
② 荆文礼、富育光汇编《尼山萨满传》（上、下），吉林人民出版社，2006。
③ （清）阿桂等：《满洲源流考》，孙文良、陆玉华点校，中国国际广播出版社，2016，第401页。

满学""尼山学""满学""通古斯学"已在世界范围内兴起。满族说部（孙吴县满语故事）国家级传承人何世环现能用满语讲述《阴间嚓玛》[①]，但民间的活态传承实已濒临失传。

（二）少数民族非遗保护的产业化政策及导向

世界文化以东西文化为对立的两极，联合国教科文组织在20世纪60年代末的文化政策意于重构世界文化新秩序，"为什么现在世界上的非西方社会差不多废弃了他们自己的传统和民族服装、民族艺术呢？"[②]斯宾格勒的西方没落论、亨廷顿的文明的冲突与世界秩序的重建理念、萨义德的东方主义和文化的混杂性等理论阐释了某个侧面，文明的探讨、文化研究、后殖民主义、人类非物质文化遗产保护、生态审美文化溯源表明文化政策具有统筹和建构功能。

《保护和促进文化表现形式多样性公约》（2005）提出文化保护的全球性与文化产业策略，"'文化政策和措施'指地方、国家、区域或国际层面上针对文化本身或为了对个人、群体或社会的文化表现形式产生直接影响的各项政策和措施，包括与创作、生产、传播、销售和享有文化活动、产品与服务相关的政策和措施。"[③]。《全球创意经济报告》（2013）又提出"文化遗产产业"的概念，"这些遗产现在被作为有价资产得以保护和展现，并且已成为市场化的旅游遗产中心不可缺少的组成部分。"[④]人类非遗的多样性与可持续发展和生态环境息息相关，非遗文化创意产业自然成为生态文化与绿色经济的表征。2021年1月28日，联合国教科文组织国际创意与可持续发展中心的中文版官网改版上线，其宗旨是"创意、生态与可持续发展"，同时分享中国乃至全球

---

① 太子龙小宣发布、何世环讲述《尼山萨满》，https://www.bilibili.com/video/BV1NA411H7m8?p=3，2020年9月1日。
② 〔英〕汤因比：《历史研究（中）》，曹未风等译，上海人民出版社，1966，第21页。
③ 联合国教育、科学及文化组织大会第33届会议：《保护和促进文化表现形式多样性公约》（2007年3月18日），https://www.un.org/zh/documents/treaty/files/ppdce.shtml，2005年10月20日。
④ 联合国教科文组织、联合国开发计划署编《创意经济报告2013专刊——拓展本土发展路径》，意娜等译，社会科学文献出版社，2014，第29-30页。

的创意项目和可持续发展案例,"'智能生态城市'概念准确预见并适应了中国面向未来的城市发展计划的最新趋势"①,未来的经济、文化与生态环境的深度融合必有文化创意产业的基础和架构。

我国的"文化产业"在党的十五届五中全会中首次被提出,党的十六大、十七大、十八大报告相继倡导文化事业和文化产业的发展。"一带一路"政策在空间相邻、文化基因接近、文化贸易及跨界民族的文化交流中推动了多边文化产业,凸显跨界少数民族及其非遗的主导作用,其关注旅游文化创意产业群和民俗文化创意产业群的建构,因为"融合与共生需要跨国企业借助紧密的文化交流以增强各层面的优势,紧密的文化交流促进了不同民族文化的相互接纳与相互融合,为未来合作奠定重要基础。"②《文化产业创业创意人才扶持计划》于2014年全面启动;《中国少数民族文化发展报告(2014~2015)》探讨了"跨国文化纽带工程"暨"跨国文化产业走廊"③模式;十九大报告强调文化事业和文化产业发展;《中共中央关于制定国民经济和社会发展第十四个五年规划和二〇三五年远景目标的建议》定位于效益、数字化战略、区域文化产业带、旅游景区和国际传播、文化和自然遗产的系统性保护和传承,确保文化创意知识产权、数字经济、产业创作团体、人类共同体的可持续发展。

非遗文化创意产业之"互联网+"在2018年突飞猛进,"非遗资源数字化是指将非物质文化遗产中的游艺竞技、文学艺术、神话传说、音乐舞蹈、风俗庆典、民间信仰、医药等传统文化资源,以文字、图像、语音等可视化手段综合记录,呈现非遗项目的历史、现状并追踪其发展情况。"④

---

① 〔加〕梅里·马达沙希:《城市可持续发展的中国模式》,http://city.cri.cn/20210126/7eb65545-2253-8752-2744-efab33b236a3.html,2021年1月26日。
② 向勇、李尽沙:《融合与共生:"一带一路"文化产业合作发展指数研究》,《深圳大学学报》(人文社会科学版)2020年第4期。
③ 李河、张晓明、张春霞执笔《抓住"一带一路"战略机遇开创民族地区文化发展新局面》,载武翠英、张晓明、张学进主编《中国少数民族文化发展报(2014~2015)》,社会科学文献出版社,2015,第19页。
④ 西沐主笔《中国非遗及其产业发展年度研究报告(2018-2019)》,中国经济出版社,2019,第73页。

游戏公司和非遗传承人、博物馆合作推出一系列文化产品，如国家文物局与盛趣公司联合推出"互联网+中华文明"的"文物加"App，腾讯移动有限公司与故宫博物院联手开发《睛·梦》《故宫：口袋工匠》，网易与故宫博物院共同打造《绘真·妙笔千山》《我的世界》。"互联网+短视频+直播"模式于2020年走红快手平台，快手和江苏卫视联合演播了"一千零一夜"晚会，与国家京剧院、湖北省京剧院联合推出《京剧的夏天》。据《2020快手非遗生态报告》统计，快手平台播出了1371项国家级非遗项目中的1321项，覆盖率达96.3%[①]，人人参与的大数据时代正让非遗回归千家万户。

功能游戏《尼山萨满》为网易于2018年7月19日发行的音乐节奏类和叙事类游戏，获得"中国传承游戏"的赞誉。作为腾讯公司的第一款弘扬少数民族文化的手游，《尼山萨满》荣获2018年美国"IndieCade创意美学奖"、第三届"金陀螺"年度最佳独立游戏奖和IMGA（中国）"最佳音效奖"。它以9.8分的高分被推荐在TapTap首页上，在AppStore的评价是4.8分，豆瓣评分9.1分。它取材于北方少数民族地区广泛流传的同名萨满神话，由腾讯游戏学院"开普勒计划"的6名腾讯毕业生冯潇、章诣、李心怡、张圣林、颜俊东、郑文杰历时5个月设计而成。

手游《尼山萨满》以传承满族语言文化、剪纸文化和北方少数民族萨满文化为初衷，研创者先到满族地区掌握民间文学文本及其传承情况，寻访民俗文化专家和满语配音演员。它与《诛仙》一样创造、传承与传播中国传统文化艺术，并通过免费、无内购、无内置广告、流程短、难度不高等方式吸引玩家。故事以尼山萨满过阴追魂为主线，辅以电子创意符号展现女萨满练功、出师、跳神、过阴、追魂、还魂的过程，开发萨满文化创意符号的跨文化认同、宗教信仰、女性审美主体和生态文化内涵与价值。

---

① 罗攀:《2020快手非遗生态报告：国家级非遗项目覆盖率达96.3%》，中国新闻网，2021年1月8日，https://www.chinanews.com/business/2021/01-08/9381907.shtml。

二 少数民族非遗在文化创意产业中的变迁与发展

文化产业又被称为创意产业或文化创意产业,其矛盾性表现为全球化经济与文本地方性的不平等。国内定位为新兴产业、支柱产业、服务业、战略性产业、主导产业和生态产业,"文化创意产业以文化资源和精神生产为基础,不同于传统上以物质的生产和消耗为依托的产业,故被称为'绿色产业''无烟产业'。这是人们面对日益加剧的能源危机和环境污染问题,对传统工业和农业的发展进行的一种反思。"[①] 创意产业汲取文化政策、高等教育、生态文化的精粹渐次成为经济增长、就业增加和出口增加的资源。

(一)文化创意产业激活文本多元化的创造、传承和流通

人类非遗皆文化创意产业文本。民间文化的文化产品与口述作品的数字化文本皆在互联网和电信系统中获得新生,文化英雄得以在资本中存活,"神话讲述着一个神圣的历史,也就是说,神话讲述一个发生在时间开头的原始事件。讲述一个神圣的历史就是对神秘的一种揭示,因为神话中的个体并不是人类,他们是诸神或者是文化英雄。"[②]《尼山萨满》的主体既是乡野寡妇,又是身藏神技、心地善良、怜爱族众的女萨满。她天不怕地不怕、机智勇敢、爱憎分明、争强好胜,"部院奏称,传说的事情,尼山萨满不加隐瞒,看来也可说是女流中一勇者。"[③] 尼山萨满集神圣与世俗、严肃与幽默、优雅与轻浮、美丽与不洁于一身,自己没有生孩子,却以赋予生命的方式实现母职认同,"母职可以将女性特质聚集在一起,掩盖了差异的存在,尤其是存在于女性之间的差异;并且对独一无二的、女性的母亲身份加以主张,如此一来,社会

---

① 王宾、于法稳:《"文化创意+"生态环境产业融合发展》,知识产权出版社,2019,第5页。
② 〔罗〕米尔恰·伊利亚德:《神圣与世俗》,王建光译,华夏出版社,2002,第49页。
③ 庄吉发译注《尼山萨满》,文史哲出版社,1977,第181页。

与文化差异以轻描淡写的方式给冲刷掉了"①。尼山萨满即呵护生命、大义灭亲、独立自主、勇于打拼、不怕牺牲的理想化母亲的形象，遮蔽了女萨满与封建男权社会的格格不入。母职认同超越了政治语境、社会环境、经济处境和伦理道德，生命的无价铸就女萨满的双重神圣。

《尼山萨满》亦将女萨满妖魔化，通过女邻居布陈芝灵魂的言辞点明其通奸行径，通过她杀死死缠烂打要求还阳的丈夫塑造其"淫妇""杀夫""坏妻子""狠儿媳"的女性形象。这种去男性霸权、战胜男性、高高在上的女萨满、情人、妻子与儿媳的多重女性身份使她终招致杀身之祸，婆婆指控尼山萨满在阴间谋杀亲夫，太宗皇帝降旨依其杀夫的方法将她处死在井里，她的神帽、腰铃、手鼓等幻化为后世的萨满，井中传出的萨满鼓声昭示萨满文化的永生。

《尼山萨满》讲述了萨满起源于女性，"宗教仪式的特殊专家——萨满分化出来，作为组织信仰形成的第一个阶段，则是与母系氏族制度及与之相应的古代氏族的解体相联系的。女性神主和萨满祖先神的双重性形象这一事实，也指明了这一点。"②如鄂伦春人莫孙吉汗讲述的《萨满和皇上》表明萨满女神的初始地位，"从前，只有一个老萨满，她有一个很厉害很厉害的神。老萨满带着它，可以到阴间去。还可以飞到太阳出来的那个地方去。"③自尼山萨满之后，女萨满再也无力回天、无法通天了，"虽然性别受到家庭心理动力因素、学习以及人际环境中的认知发展等影响，但是这些相关背景本身是社会的一部分，重复并保持着社会的价值观。"④在拯救与杀戮的二元对立中，即便有过阴法力的尼山萨满也无力逃脱男权社会的魔掌。此外，《尼山萨满》讲述了阴阳两界的人物和鬼怪神灵，人物主要是

---

① 〔美〕Kathryn Woodward：《认同与差异》，林文琪译，韦伯文化国际出版有限公司，2006，第510页。
② 〔苏〕А.Ф.阿尼西莫夫：《西伯利亚埃文克人的原始宗教（古代氏族宗教和萨满教）——论原始宗教观念的起源》，于锦绣译，于静编校整理，中国社会科学出版社，2016，第189页。
③ 王丽坤主编《鄂伦春民间故事选》（上），黑龙江省民族研究所内部资料，1996，第44页。
④ 〔美〕朱丽亚·T.伍德：《性别化的人生：传播、性别与文化》，徐俊、尚文鹏译，暨南大学出版社，2005，第34页。

有钱人巴尔杜巴颜夫妇、色尔古代费扬古、家仆、村里人、婆婆、二神和皇上等；鬼神主要有摆渡者、鬼门关的守兵、蒙尔兀泰国舅、阎王爷、尼山萨满的丈夫、布陈芝姑娘、福神娘娘、老妇人、判官、野兽神、禽鸟神、蟒蛇神、河神、鹰神、巨雁、善行者与恶行者的灵魂等。神人两界的同一性在于男性是威逼利诱的统治者，女性则为男权社会的维护者与牺牲者。

功能游戏《尼山萨满》以汉字"本故事改编自中国北方少数民族传说——《尼山萨满传》"为序幕介绍《尼山萨满》第一、第二部分内容，即尼山的身世、拜师学萨满和出马经历。游戏以北方森林村落、冥河、鬼城、圣域和福神殿为地域空间，以萨满鼓为音乐剧模式，通过满族剪纸风格的画面展现北方少数民族萨满信仰的文化记忆、地域风情与生态审美认同，塑造渔猎民族说唱文学的可视、可听、可感性，集口语性、形象性、艺术性和生态性于一体。游戏的故事讲述形式有汉字标注、满语述说，游戏音乐则配有萨满鼓、呼麦、口弦琴、女声调式，开篇即响起男性的满语画外音，结局则哀叹萨满文化的衰落："如今千百年过去，中国北方的萨满文化逐渐没落，甚至濒临消亡。尼山萨满的传说成为研究北方少数民族文化的珍贵史料。"[①] 功能游戏《尼山萨满》以数字化符号传承与传播了这个北方少数民族的英雄神话、母亲神话和萨满起源神话。

（二）文化产业对符号创意和地方知识的资源管理与开发

非遗保护和环境保护一样是全球性行动，非遗游戏产品不仅是消费方式，也是休闲娱乐、消磨时间的玩具，而且承载多元文化的地方知识、民族历史和生态审美理念。玩家在功能游戏《尼山萨满》以萨满鼓符号串联起自然宗教信仰的生态审美空间中，在音乐剧模式中领悟北方少数民族狩猎文化、渔猎文化和游牧文化的审美底蕴。东北亚民族自古以来信仰萨满教，萨满教是

---

① 章诣等原创：《尼山萨满》，nextstudios, https://www.nextstudios.com/nishan/nishan_pc.html。

世界性的原始宗教和自然宗教，"在（人类社会）这种初期阶段里所具有的特征，就是狩猎文化所特有的万物有灵论信仰。万物有灵论，对自然界的一切有生命的物体和无生命的物体都赋以灵魂。"① 在信仰层面，萨满教与女神相联；在人性方面，女性之美表现为身体、歌声、创生与奉献；在民族文化层面，口头语言文化基因口耳相传；在生态环境保护层面，狩猎文化记忆和生态文化认同代代传承。

手游《尼山萨满》以"部落"两个字及三朵团状云卷纹的鄂伦春族族徽为始，北方少数民族通用的仙人柱暗喻跨文化的亲缘性、地域性和生态性，在人物造型、图腾、音乐、剪纸和皮影的创意中整合自然宗教信仰的生态审美文化元素，致力于弘扬非遗的生态传统。文化创意产业符号以森林生态、萨满信仰和北方少数民族文化为轴心建构谱系，全程以30个图案构成整套图鉴系统，"理念可以用一定的形式呈现，让感官以透过感官的情感得以借深思反省而辨明它们。艺术表达方式的多彩多姿，源自人类对于世间万物空间如何的观念千差万别，而且两者的多样性其实根本就是一回事。"② 图鉴系统备注详细的美术图纹阐释和参考文献提升玩家的收集乐趣、研究热情和文化品位。第一幕《村落》以敲萨满鼓的尼山萨满、柳枝、索伦杆、篝火、仙人柱为图鉴，再加上飘落的柳叶、乌鸦、房屋、栅栏、小亭、火、树林、砍大树的人、行走的母女、奔跑的驯鹿、蘑菇、花草、山岭、鹿角萨满帽等。第二幕《冥河》以鱼、大鱼蛇、龙、冥河、坤草为图鉴，又加上鹿角萨满帽、满族剪纸娃娃、父母、鬼影、船、云朵等。第三幕《鬼城》以弓箭、蒙高勒代、色勒图、图腾门、火星、鬼门关为图鉴，外加魔鬼、鬼城门、路标、吊刑具、桥、建筑、蛙形塔、福神等。第四幕《圣域》以鹿灵、神鸟、象形符号、萨满神帽、长白山、福神殿为图鉴，加上岩画、雪花、松树、狼、乌鸦、图腾柱、经幡等。第五幕《福神殿》以萨

---

① 〔匈〕米哈依·霍帕尔:《图说萨满教世界》，白杉译，内蒙古自治区鄂温克族研究会选编，内部资料，2001，第10页。
② 〔美〕克利福德·格尔茨:《地方知识》，杨德睿译，商务印书馆，2018，第190页。

满、扣夜星、孩童的灵魂、福神、满族剪纸、依勒门汗为图鉴，加上鄂伦春族服装图案、阴间受惩罚的人、现代花架、盆花、饕餮、吊坛火、风筝等。故事的引子图鉴包括林中太阳神、火神、驯鹿、婴儿、尼山、福神奶奶、萨满鼓、鹰图腾、满文字符、阴间、撮罗子等，每一关又以鄂伦春族族徽为开端或分隔标志，色调随剧情变化从幽蓝、亮粉、蓝黑、洁白、暗紫到明黄。

我们不得不承认日本Clover Studio工作室的动作游戏《大神》（2006）的民族生态文化影响力与传播力明显优于《尼山萨满》，且《大神》（绝景版）（2018）在Nintendo Switch平台发售，文化产业创意者不断拓宽游戏边界，通过追求内容融合和差异维持市场份额。两者虽同以神话传奇为主轴，以民族特色的音乐、质感、画式为游戏风格，但前者将日本的自然之美、生态趣味和审美意识延展至极致。后者则借助萨满神话文本的数字化与创意符号设计传播萨满文化和生态传统，彰显中国北方少数民族萨满信仰承载的生态审美文化。"少数民族非遗＋数字游戏"模式作为有效传承与传播的方式亟待进一步发展与创新。

三　数字游戏文化产业："非遗＋游戏"的互联网传播路径

文化创意产业的数字化是全球公认的最重要技术，游戏文化创意产业的优势在于互联网、信息技术和电信媒介的全球化传播。非遗保护工程的困境在于生存空间和生活方式的改变以及后代与这些传统文化的距离越来越远，年轻一代忽视或遗忘并非因为不喜欢，而是因为缺乏了解、接触和体验的机会，游戏恰是年轻人喜闻乐见的传承方式。

（一）文化创意和游戏产品建构的传承与传播体系

"非遗＋游戏"模式为传统文化注入多元的生命力，跨越时空的非遗魅力在电子游戏中吸引玩家"交互""参与""联盟"，正如美国游戏研发总监简·

麦戈尼格尔所言:"游戏化,重塑人类的文明。"① 非遗创意的艺术性、地方性、生态审美元素及游戏的图像性、参与性、互动性、娱乐性改变非遗传播的形式与内涵。"第九艺术"电子游戏更注重艺术性及主视觉、听觉上的冲击力。文化产业连接了艺术和生活,打造了传承主体、创作主体与接受主体从个体走向共同体的科技平台。美国的文化产业冠以"娱乐产业"之名,信息和娱乐文本构成整体的可持续发展,"游戏在各个领域得以应用而不只是单纯娱乐领域的发展趋势获得普遍认同。"② 游戏《尼山萨满》创作灵感和传播意识源自美术编辑冯潇在大学时代的绘画作品《萨满》,以及案牍编辑满族少年张圣林的童年记忆和民族文化情感。"艺术+人文"的设计标明重文化而轻商业的立意,粗线条的情节勾勒比长篇大论的说教更容易引发年轻人的好奇心。由此,电信产业、消费电子产业、信息技术产业为亿万人带来日常生活审美文化,游戏产品成为宗教信仰、文化记忆、家园想象、日常生活情感、审美体验与民族精神认同的载体。

萨满及萨满教仪式是北方少数民族说唱文学的主体和场域,萨满能唱神歌、跳神舞、吹奏口弦琴、打神鼓,萨满跳神仪式具有模拟式、表演式与混合式,电子游戏带给玩家参与式、体验式、互动式的审美体验。人们在游戏中了解萨满文化,想象拯救行动,体验生死,参与信仰活动,感受伦理情感,诠释生命意义。游戏《尼山萨满》浓缩的故事保留了民族文化精髓,游戏中的玩家即主人公尼山萨满,她通过敲击萨满神鼓前往冥界、降服妖灵、拯救灵魂,玩家在游戏时的沉浸感很强,减少了生硬感和冗杂感,"从我自己的角度来看,我们游戏的故事、画风、音乐和文化背景都很特别,保护和传承少数民族文化的立意和功能性也算是一个亮点。"③ 不言而喻,文化创意产品建构了"两个层面+双向循环"的非遗文化传承与传播体系。

---

① 〔美〕简·麦戈尼格尔:《游戏改变世界》,闾佳译,浙江人民出版社,2012,第321页。
② 肖宁:《浅谈对严肃游戏发展前景的思考》,《南京艺术学院学报》(美术与设计版)2008年第3期。
③ 机智的E君:《在网游大厂做单机游戏:首谈〈尼山萨满〉》,知乎网,2018年10月20日,https://zhuanlan.zhihu.com/p/38760299。

图 1　非遗及其文化创意产业的共同体体系

传承人 → 文本 → 文化资源 → 文化创意 → 文化生产 → 文化产品 → 消费者、传承者
↓↑　　↓↑　　↓↑　　↓↑　　↓↑　　↓↑　　↓↑
记忆主体　自然环境　生态空间　符号创作　数字化　互联网+　跨文化传播的共同体

（二）功能游戏对少数民族非遗传承与传播的对策与建议

功能游戏即起源于发达国家的应用游戏，它将应用领域的知识、技能等植入核心功能，"所谓功能游戏其实就是一种严肃游戏或应用性游戏，与传统娱乐型游戏的区分在于，它是以解决现实社会和行业问题为主要功能诉求的游戏品类。"① 其特征在于模拟性、互动性、体验性、教育性、视觉性和审美情趣性。

玩家虽对功能游戏《尼山萨满》好评如潮，亦指明其致命伤及可改进之处。开发主体有七个层面的不足。一是开发者欠缺对长篇萨满叙事史诗架构的能力，文案策划张圣林直言："最大的困难，就是用合适的文字元素来构建世界"②，5段话100多字的故事简介不足以概括万物有灵的萨满教生态审美内涵，篇幅短小且流程太快让玩家意犹未尽，最快的通关时间仅需15分钟。二是萨满音乐与美术并不协调，神灵的性别错位及萨满鼓符号的区分度低存有误导。同时萨满神调、萨满神歌、萨满神词、萨满服饰未曾有效呈现，如游戏背景里的女声唱调不属于萨满调，福神奶奶在序幕中过于男性化的形象实属错误，且与剪纸形象自相矛盾。萨满鼓节奏的判定不够直观，视觉效果亦不明显。三是满族语言文字未能贯穿整个游戏，开发者力图用音乐节奏代替满语叙事。汉字字幕阻挡了英文的全球传播与满文的传承，剪纸亦缺乏满文符号，而且通关后出现的生僻字字体不统一。四是民族创意符号界定不清，杂乱混搭造成萨满文化符号的含混性。加上游戏层次不清晰、难度系数无过

---

① 喻国明等：《从网络游戏到功能游戏：正向社会价值的开启》，《青年记者》2018年第15期。
② 执行者 No. Ⅱ：《专访〈尼山萨满〉制作团队：6个毕业生和他们未完成的"音乐小品"》，腾讯游戏学院网，2018年9月15日，https://gameinstitute.qq.com/community/detail/127327。

渡、冲击感不强等设计问题拉低萨满神话意蕴。五是对生态伦理内容的编排或删减未能凸显北方少数民族生态审美文化价值，如砍大树的人有悖于生态民族的文化传统，猎人本不砍树；猎人们居住的仙人柱错为帐篷。六是游戏生态空间的地域性太过限定，未展现尼山萨满在阴间的所见与所闻，此部分内容包括道德律令与保护生态环境的禁忌，弱化了萨满文化的家园意识和生态保护传统。七是萨满文化与汉族信仰错乱表达，如龙崇拜、经幡等文化符号。因此，游戏开发者须在叙事、语言、文字、生态传统、审美意识的创意上下足功夫。

（1）提高创意者的少数民族文艺素养，在多取少舍的基础上保证叙事的充分展开，提升非遗文本的完整性、趣味性和生态性。音乐叙事类游戏的设计应以维持节奏的叙事性为前提，"剧情＋美术＋音乐节奏"类游戏当以剧情为主。《尼山萨满》的说唱者尚需十几天的时间表演，电子游戏应提供充足的叙事时间演绎内容浩如烟海的萨满英雄史诗，阴间的生态伦理叙事方能充分展现。制作团队后期应在参考北欧神话游戏、希腊游戏系列后，继续将《尼山萨满》拓展至萨满文化游戏和口述神话游戏。

（2）叙事风格保持说唱形式方能将民族语言文字贯穿于整个游戏，补充图像叙事和节奏音乐叙事功能之不足。满—通古斯语族诸民族只有满族创造了文字，且满文与满语均已式微，面临失传危险。《尼山萨满》依靠语言与记忆世代相传，其游戏亦应承继满语吟唱风格，如在《尼山萨满》手稿发源地之一的黑龙江省齐齐哈尔市富裕县三家子满族村招募配音员，如同北京百源文化传媒有限公司在此开展的"三家子学满语活动"。

（3）民间音乐、民歌、舞蹈与信仰仪式的多元渗透强于玩家一边行走一边单调地击打鼓点。单一的游戏音乐设计割裂了萨满史诗的诗歌舞一体，与萨满神话的多元审美文化认同存有巨大差距。

（4）创意文化符号以知识和文献的科学形式呈现，同时要汲取"民族美术风加明星级别的配音阵容"这一好莱坞动漫电影大获全胜的秘诀。《尼山萨满》美术设计以皮影戏质感与剪纸风格相得益彰，游戏背景里的撮罗子、火堆、岩画、图腾等元素组成"中国剪纸风音乐游戏"。但满族歌手宋熙东的配音并未达到满语口述的高度,非遗传承人理应超越明星,满语说部国家级传承人何世环更适合。

(5)保全萨满神话的伦理教育和生态理念,落实非遗的地方、民族、国家、宗教、生态、审美维度,引发游戏主体的兴趣、关注与反思,引导非遗文化传承、开发与传播的多重维度,拓展全球传播的路径。在《尼山萨满》游戏之后,玩家对萨满教的兴趣扩展至查询尼山萨满资料、阅读与此故事相关联的民族文化。

四 结语

中国是世界上拥有人类非物质文化遗产最多的国家,非物质文化遗产是值得中国人珍视和传承的文化血脉。文化传媒的力量在非遗保护与传播的过程中功不可没,游戏已成为传统文化重回大众视野的媒介。"非遗+游戏"的模式一跃成为推动民族文化、创意产业、电子传媒和生态观念交互发展的亮点与增长点,也为传统文化的传承与传播注入活力。我国的功能游戏更像公益性产物,渗透无功利的功利性。《尼山萨满》数字化的传承与传播证明文化创意产业开发和利用非遗资源的成功,其可持续发展的潜力十分可观。希望国产非遗文化功能游戏越做越地方化、民族化、生态化、审美化,有助于人们摒弃"谈游戏色变"的偏见,让非遗变身为"文化产品""文化经济""文化资本""文化资产""文化财产""文化财富",从传承主体、开发主体到接受主体联合构建文化共同体、人类共同体、生命共同体和宇宙共同体。

· 西南文化产业 ·

促进与保障：建设我国西部民族特色文化产业法治新路径[*]

张 军[**]

摘 要 在国家文化产业政策的大力推动下，西部民族区域特色文化产业呈现良好发展势头，机遇与挑战并存。政策是促进民族产业发展的基石，法治是区域文化产业有力的保障，民族区域文化产业政策与法律具有多种功能。在民族特色文化产业不同的发展阶段，要处理好基本法与部门法、文化创意与知识产权、特色化与同质化、科技与金融、文化遗产与国际视野的关系。加强民族法制宣传与法治理念弘扬、构建民族特色文化产业基本法、加强文化市场执法监督，有利于西部民族特色文化产业振兴与产业高质量发展，助推民族特色文化产业"走出去"。

关键词 民族特色；文化产业；法制保障

---

[*] 基金项目：本文为国家社科基金项目"构建我国特色文化产业立法体系"（16BH126）的阶段性成果。

[**] 张军，华南师范大学文化产业法制研究中心主任、城市文化学院教授，武汉大学国家文化发展研究院兼职研究员，主要研究方向为文化产业法律与政策、文化产业战略与项目管理、知识产权法。

"十四五"规划指出,"我国已进入高质量发展阶段"。新发展阶段下,我国要健全现代文化产业体系,要深化文化体制改革。"十四五"文化产业发展规划指出,文化产业将深度融入国民经济体系。目前我国发展不平衡不充分问题仍然突出,我国要把握文化资源规律和条件,促进形成多点支撑、各具特色、优势互补、协调发展的文化产业空间布局。文化产业主要是以版权产业为核心的提供精神产品生产和服务的产业,版权保护与经营在文化产业的发展中发挥着核心与基础作用。我国西部地区拥有丰富而独特的民族文化资源,地域的差异性为实现文化产品的原创性提供了得天独厚的条件,保障了民族特色文化产业的市场竞争力。在此种前提下,推动文化产业高质量发展,更离不开有力的法治保障。因而,我国西部地区应通过强化文化创意知识产权保护意识、完善民族特色文化产业地方立法、加强民族文化市场执法监督管理、优化民族特色文化产业市场环境等,为推动民族特色文化产业的高质量发展保驾护航。

一 文化产业与文化法治的解释

文化产业是为社会公众提供文化产品和文化相关产品的生产活动的集合,它既有利于商品流通与消费,促进经济文化一体化,又有助于整个经济的发展。联合国教科文组织将文化产业定义为"创造、生产、销售内容的产业,它一般具有知识产权的属性,以产品或服务的形态出现"。文化产业的发展,与国家文化软实力息息相关,一方面它有高质量的内容基底,彰显本国民族文化底蕴;另一方面,它以产业发展为重心,改善本国产业结构,促进文化强国建设。"文化立国"早已成为各国的重要战略之一,"文化立法"也成为各国实施文化产业战略的重要路径。政策是促进民族特色文化产业发展的基石,法制是区域特色文化产业的保障。作为一个统一的多民族国家,我国民族文化资源丰富,民族文化资源资本化可能性大,民族特色文化产业发展前景广阔,但是我国民族文化立法没有得到很好的重视,人们更多依赖的是习惯、风俗、规划和政策。

　　法律是社会关系的调节器，在传统的法律分类中，文化法并不是一个独立的法律部门，它存在于我国宪法、行政法、经济法、民商法和刑法等部门法中，学界关于这个问题至今仍众说纷纭，而判定一类法律是否能成为一个独立的法律部门，最重要的是确定它是否具有自身的调整对象。近年来，我国加快了文化产业立法，如出台《电影产业促进法》《公共文化服务保障法》《非物质文化遗产法》，两次就我国《文化产业促进法（草案征求意见稿）》向社会公开征求意见。其中，文化产业促进法是促进文化产业发展的法律，涉及多种不同的社会关系，应基本涵盖文化产业的主要领域。文化产业促进法立法的基础性理论问题是调整对象的问题。在促进文化产业发展的过程中，必然碰到和产生一定的非主体间、主体间的关系，因而文化产业促进法的直接调整对象是文化产业发展的促进行为，文化产业则是文化产业促进法调整对象的作用对象。文化产业法律是国家立法机关制定的旨在规范和保障文化产业发展的一系列法律制度的总称，应包含文化产业促进法和其他文化产业相关法律，主要包括宪法、全国人大及其常委会制定的法律、国务院制定的行政法规。世界上多数国家都有产业政策到产业立法的实践经历，从一些国家产业政策与法律的实施结果来看，有的很成功，有的不成功，理论界也因此对产业政策与法律的地位问题争论不休。文化产业促进法作为一部具有鲜明中国特色的文化产业法律，世界各国的经验对其的参考作用是有限的，它是一个政策法律化的过程。

　　法治，顾名思义就是"法的统治"，法治是一种贯彻法律至上、严格依法办事的治国原则和方式。文化法治则是指应该在各个方面依据法律管理与开展文化生产和文化生活，其内容应该包括国家的文化立法、文化司法、文化执法和文化守法四个方面。文化产业法治建设不仅仅需要文化产业促进法的尽快完善、落地，更需要加快文化产业其他各方面的法治建设，就民族区域而言，则是应立足新时代，加快建设民族区域特色文化产业法律体系。现实中关于产业政策的负面例子并不少，但值得肯定的是，有更多的实践经验可以证明,产业政策在推动经济发展、促进产业结构调整方面具有重要的积极意义。因此,依托我国各地民族特色文化产业发展实践中比较成熟、稳定或特别重要的政策,并及时地将政策法律化,可以有效地解决现实国情下政策与法律制度的冲突问题,实现政策、法律的进一步融合,推动民族区域特色文化产业法治建设,进而促进民族区域经济发展,提高各族人民生活水平。从另外一个角度讲,法治是市场经济的一个主要特征,要实现西部民族区域特色文化产业高质量发展、促进民族区域经济转型升级,就必须加强民族区域法制建设。

二 民族特色文化产业政策法律的功能

首先,民族特色文化市场竞争秩序的规范功能。市场环境和竞争秩序对一个产业的健康发展具有重要意义,文化产业法律制度的目标主要是调整政府与产业、符号创作者与企业、企业与市场之间的关系。通过实施《著作权法》《合同法》《反不正当竞争法》《反垄断法》等,规范文化市场进入和退出机制,保护版权,既反对产业内的过度竞争和恶性竞争,又反对阻碍竞争的垄断行为,能够保证公平竞争、有序竞争,维护社会主义市场活力。因而,为了更好地规范民族区域文化市场竞争秩序,当务之急是加快制定促进民族特色文化产业发展的基本法律,并且把完善民族区域文化产业相关行为法和民族特色文化产业的地方配套政策列为制定完善民族区域文化产业法律的重要内容,以期建立一个统一开放、竞争有序的民族文化市场。

其次,民族特色文化产业发展的激励功能。近年来,我国的文化产业快速发展,除了需求拉动、科技发展、网络普及、文化创意等因素以外,文化产业政策的激励功能和推动作用功不可没。为鼓励和推动发展西部民族区域特色文化产业,我国政府出台了一系列政策,例如2014年3月,文化部、财政部印发《藏羌彝文化产业走廊总体规划》,倾斜性地帮扶西部民族特色文化产业发展,政府加大了文化投资力度,提供财政、税收、金融等优惠政策,鼓励民族特色文化产品和服务出口。政策的实施也向社会传递了明确的信号，展现了政府重视和支持民族区域特色文化产业发展的态度和决心。除此之外，各地政府紧抓发展新机遇，制定一系列民族地区文化政策，包括民族文化遗产政策、民族文化艺术政策、民族文化公共政策、民族文化经济政策等，这些政策落地实施并取得了一定的成效，推动了民族地区文化产业的发展。

再次，民族特色文化产业结构调整的引导功能。市场机制对产业结构调整有一定的功效，但就新产业开发等具有战略意义的结构调整方面而言，其在先天性上处于弱势地位。不过从另一个角度来看，这一点反而是产业政策的优势所在。从某种意义上说，产业政策就是"结构政策"，正是这个原因，产业政策在日本被称为产业结构高级化政策。产业政策会对产业结构的优化和调整产生重要影响，主要原因在于产业政策不仅制定了产业结构调整的方向、目标、规划，而且有引导结构调整的各种手段和途径。[①]因而产业政策能通过政府干预市场，改变政策客体即政策作用对象的利益，促使政策客体在一定程度上调整自己的经营方向和经营行为，最终使得资源配置按照预定的目标调整，使生产要素向预定方向流动。在"十四五"时期，文化产业政策更应该关注文化产业自身发展的质量，注意以结构优化升级为主要目标，并且以结构的优化程度作为产业政策效果的主要衡量标准，提高我国文化产业尤其是民族特色文化产业的核心竞争力。

最后，民族特色文化产业弱质行业的保障功能。目前，我国民族特色文化产业尚处于发展初期阶段，属于典型的"幼儿产业"，尤其是与我国东部地区和一线城市相比，在文化产业的信息、科技、融资、人才、创新等方面还有很大的距离，国家应该采取政府购买、项目补贴、定向资助、贷款贴息等一系列政策措施，加快文化产业法治建设进程，并在政策及法规的制定方面向民族特色文化产业适当倾斜，从财政、税收、科技、金融、土地、消费引领等方面持续为文化产业发展释放政策红利。

---

① 杨吉华：《论文化产业政策在文化产业发展中的地位和作用》，《池州师专学报》2007年第2期。

三 新时代西部民族特色文化产业发展机遇与挑战

第一，民族特色文化产业是新兴产业。作为新兴产业，文化产业具有环境污染少、资源消耗低、科技含量高的特点，依托于丰富而独特的文化资源，大力发展民族区域特色文化产业，无疑是生态环境脆弱的西部地区实现可持续发展的一条佳径。在数字经济条件下，以科技赋能民族区域文化产业，以创新创意的方式手段凸显、强化民族文化产品和服务的民族特色，可以有效提高民族特色文化产业的附加值，有效提高民族文化资源在创意转化、科技提升和市场运作方面的可能性，从而为丰富群众精神文化生活提供多样的文化消费，并在这个过程中潜移默化地培育和弘扬社会主义核心价值观，增强中华民族凝聚力。不过，更为重要的关注点是，西部民族区域能够通过延长民族特色文化产业的产业链来发挥其强有力的吸收就业能力，从而实现群众增收，助推民族区域产业结构调整和经济转型升级。如贵州打造"多彩贵州非遗购物节暨非遗周末聚"非遗传承品牌，并依托国内电商及短视频平台实现直播带货，2020年动员全省102个非遗工坊及传承人，其中53个扶贫工坊及传承人开设独立线上商铺，全平台上架产品40余款，实现了对全省30余个县（市、区）40多个非遗项目的宣传推广，助力贵州多地增收。又如2019年云南全省规模以上文化及相关产业企业已达731家、从业人数达7.94万人，当年实现725.50亿元营业收入，拥有1414.92亿元资产。2020年，云南规模以上文化企业营业收入从2012年的337.8亿元增加到687.59亿元，真真正正地实现了翻倍。实践情况表明，民族特色文化产业拥有巨大的产值增长空间和经济贡献潜力，未来发展前景不容小觑。"十四五"时期，我国文化产业仍处于大有可为的重要战略机遇期，与此同时，民族区域特色文化产业也迎来新的、高质量的发展机遇，将形成区域文化产业发展高地和协同创新中心，使得产业规模化、集约化、专业化水平进一步提高，促进民族地区文化产业和谐发展。

第二，民族特色文化产业持续发挥"安民、育民、富民"功能。文化是"润滑剂""减压阀""稳定器"，作为桥梁和纽带促进人们之间沟通及情感联系，缓解社会各种矛盾和冲突，发挥民族凝聚作用。民族地区的民族文化、民俗文化和宗教文化在历史的发展中互相借鉴、相互融合、相互影响。受制于地形等因素，西部民族地区交通不便，经济发展长期落后，而若紧抓特色文化产业发展的机遇，将生活形态的文化内容拓展为生产方式和经济因素，发展工艺美术品、民族歌舞演艺、民族特色饮食、节庆会展等民族特色鲜明的产业，解决民族地区人民就业难题，提高人民的经济收入水平、增强民族文化自信心、满足民族地区人民的获得感，可以在一定程度上缓解民族地区的利益冲突和矛盾。① 对于生态环境复杂脆弱的西部地区而言，特色文化产业以中小企业、个人工作室、家庭作坊居多，因而在解决就业上比工业更具优势。以藏羌彝文化产业走廊建设项目为例，它通过合理开发相关地区形式多样、内容丰富的民族文化资源，发展各种特色文化产业，打造出一条具有鲜明中国特色的文化产业走廊。这一个成功的工程案例，有效地推动了我国西部少数民族集聚区的产业升级和经济发展，并以实践成效向西部民族地区的人民有力地证明了在中国共产党领导下走中国特色道路的正确性，切实地发挥着维系民族和睦和社会稳定的积极作用。

第三，民族特色文化产业发展具有空间与文化资源支撑。拥有着上下五千年源远流长的历史、幅员辽阔的疆域以及丰富多彩的生态环境，神州大地孕育出众多特色鲜明的民族。这些民族各有其独特的民族文化，它们共同组成了辉煌灿烂的中华民族文化，成为我国民族特色文化产业发展的基础。实践证明，产业集聚已经成为带动全局、推动经济快速发展的重要趋势和手段。"十四五"文化产业发展规划重点提出优化文化产业空间布局，规划西北丝绸之路文化产业带和西南民族特色文化产业带，推动文化产业集聚布局和区域协作，从而发展我国西南、西北地区等具有鲜明地域和民族特色的文化产业

---

① 熊澄宇:《藏羌彝文化产业走廊是一项国家战略》，《瞭望东方周刊》2014年第45期。

集群。在已有良好的产业集聚发展基础上,未来西部地区将持续凸显资源优势和区域特色,不断提升文化产业发展水平。

第四,民族特色文化产业已粗具规模。目前,各地依托民族文化和生态文化资源,已经打造出地域特色文化体验、民族民间工艺品、民族民间演艺、地方特色文化产品等特色文化产业群,并取得了一定的经济效益。实践更加证实,特色文化产业有希望也有能力成为民族地区的支柱型产业。例如,通过深入挖掘特色民族文化资源,青海省打造了一批独具特色的民族文化产业品牌,形成了包括民族工艺品业、演艺业、文化旅游业等在内的文化产业体系;西藏建设起一批国家级、自治区级文化产业示范基地,内容包括西藏重点发展的文化旅游业、演艺娱乐业、民族手工业、会展节庆业、出版影视业和文化产品数字制作等6个特色文化产业门类,并将文旅产业确认为区域战略支撑性产业,不断加快融合发展;云南省大力扶持文化旅游、休闲娱乐、民族民间工艺、珠宝玉石和茶文化产业,弘扬开发独特的民族文化和生态文化,形成了一条以昆明—大理—丽江为中心,辐射香格里拉市和腾冲市的完整的演艺产业集聚带,以及滇中核心区、滇西北、滇东南、滇西南、滇东北等文化产业圈,打造出一系列经久不衰的知名品牌如《丽水金沙》《印象·丽江》《蝴蝶之梦》等,凸显了良好的集聚效应。

第五,民族特色文化产业面临各种挑战。在特色文化产业发展中同样存在法治意识不强、执法水平不高、国家及相关地方性法规缺乏的情况。民族特色文化产业结构不合理,体制机制滞后,产品附加值低,产品产业特色不突出,产业链条不完善,市场发育迟缓,科技含量低,国际竞争力弱。特别是民族区域的文化企业规模小、融资难、创意和设计人才严重缺乏,普遍存在市场信息不畅、品牌建设不够、营销渠道匮乏等问题。

四 民族特色文化产业发展需要处理的几个关系

第一,民族特色文化产业基本法与部门法的关系。制定"中华人民共和国民族民间传统文化资源保护法"和"中华人民共和国民族特色文化产业振兴法",以法律形式确定我国民族特色文化产业发展的基本框架、开发原则、体制机制等基本制度,作为民族特色文化产业发展基本法统领民族特色文化产业发展的法律法规体系。如日本有《振兴民族艺术基本法》,加拿大有《影像振兴基本法》等,[1] 这些法律的出台,不仅明确了该国民族文化产业发展的基本方向和策略,更重要的是规定了管理、调控民族文化产业发展的基本手段和方法,成为推动该国民族文化产业发展的有力手段。文化产业基本法是文化产业得到良好发展的法律基础和依据。我国现行法律体系中没有民族特色文化产业的基本法律制度,只有《非物质文化遗产法》《文物保护法》《著作权法》等。在部门法中,赋予少数民族非物质文化遗产相对独立的法律地位,有助于实现相关国际人权公约中对少数民族非物质文化遗产保护国家义务的国内法对接。

第二,民族文化创意与知识产权保护的关系。当前,我国民族文化企业整体实力偏弱,创新创意能力和国际竞争力还不强,与发达国家相比仍有较大的差距。在"十四五"新时期,要实现民族区域特色文化产业的高质量发展,仍需要重视创意的开发和保护。其中,创意的保护是实现创意有效开发的重要基础和前提条件。而创意的保护主要是指创意的法律保护,这是一个全球性的基础性命题,是许多国家在发展创意产业实践中的共同难题。创意的法律保护为什么难,原因在于版权保护已经形成作品内在表达的创意,而不能对纯精神的构思和尚未形成作品内在表达的创意给予保护。其中,判断创意是否形成作品内在表达的标准是是否具备创新性和具体性,其中创新性以绝对性标准为主、以相对性标准为辅。国务院《关于推进文化创意和设计服务与相关产业融合发展的若干意见》把"创意引领,跨界融合"作为推动特色文化产业发展的基本原则之一,提出要加强创意设计,促进特色文化资源与现代消费需求有效对接,加快特色文化产业与旅游等相关产业融合发展,提升产品品质,丰富产品形态,延伸产业链条,拓展特色文化产业发展空

---

[1] 韩洁:《美国版权战略对我国文化产业发展的启示》,《重庆工商大学学报》2009年第1期。

间。① 要使民族特色文化产业得到长远的发展，应当在民族文化创意方面建立健全传统知识保护制度，同时创新知识产权保护制度。在法律理论上，关于创意保护的权利基础，主要有财产权理论、合同理论、不当得利理论和保密关系理论。因而，可以从性质、保护范围、保护模式、保护内容四个方面构建创意保护的法律制度：其一，明确性质定义，创意本质上是一种独立的知识财产；其二，明确保护范围，坚持创意判断上的相对新颖性和具体性标准；其三，明确系统性保护模式，确立以《著作权法》为主导、以《合同法》等法律为补充的系统保护机制；其四，明确创意保护的内容，完善传统民族文化工艺、民间技艺的认定保护机制，形成一批具有较强影响力和市场竞争力的民族特色文化产品品牌，加大民族文化创意知识产权的保护利用和刑法惩罚力度。

第三，民族文化产业特色化与同质化的关系。我国文化产业高质量发展要因地制宜，要重点发展民族区域特色文化产业。建设规模化、集约化的民族特色文化产业集聚区，以此来激发文化创意、提高创新能力、推动文化传播。但是，我国西部地区生态脆弱，绝不能重复东部发展的老路，西部民族区域特色文化产业发展要避免城市文化产业园发展过程中的同质化问题。产业集聚在实践的同时也向政府发出了一封"挑战书"——政府应当如何在统一规划、指导的情况下，引导不同民族区域有效挖掘出独特的民族文化资源，形成自己的特色产业优势，避免同质化竞争，实现"错位"下的可持续发展。在近年的实践中，部分地区已取得一定的基础成果，如 2018 年，西藏那曲、阿里暗夜星空保护地被收录入"世界暗夜保护地名录"；2019 年，西藏打造了首个文化产业双创类基地，打造"文创西藏"品牌研发特色文化产品，立足全区、面向全国弘扬西藏民族文化、发展西藏文化创意产业；2020 年，西藏全区文化产业行业创造产值 60.95 亿元，集聚 7500 余家各类文化企业，吸纳近 7 万名从业人员，建成 234 家文化产业示范基地（园区）。但是，西藏文

---

① 《国务院关于推进文化创意和设计服务与相关产业融合发展的若干意见》（国发〔2014〕10 号）。

化产业发展的"小弱散"问题一直没有得到根本解决，文化旅游产品功能单一、质量不佳，在特色化的高质量发展道路上仍有一段路要走。在西部地区已有的民族文化产业特色化基础和国家对西部地区两条特色文化产业带的战略规划下，西部地区应抓住机遇，将文化产业当作主导性产业加以培育，发挥独特的自然生态和人文资源优势以凸显民族区域特色，推动区域产业转型升级。为避免同质化困境，须结合各自资源禀赋，因地制宜、凸显特色地发展民族区域特色文化产业，从而促使区域文化产业特色化、差异化发展。具体而言，可以建设一批特色文化产业示范区、特色文化城镇和乡村，通过融合历史记忆、民族特点、地域特色，突出特色文化产业优势，使之在全国范围内形成创新引领的示范辐射效果。

第四，民族特色文化产业科技与金融结合的关系。民族区域特色文化产业，尤其是在我国经济较为落后的西部地区，大多数是原生态的，以发展手工艺为主，但文化产业发展始终同科技进步、金融支持紧密相关，特色文化产业与科技金融的结合不容忽略。当前，"文化+""科技+""互联网+"已经成为未来产业发展进步的趋势。在发展民族区域特色产业的过程中，首先应当积极寻求其特色文化元素、文化内容与当今生产力的契合点，包括信息化、数字化，也包括材料科学、生物科学、认知科学等前沿领域，推动文化产业领域科技研发和成果转化，以及科技和内容两大要素的深度融合，从而使特色文化产业获得符合当代生产力情况的长远发展。其次要加大民族特色文化产业发展的金融支持力度。目前我国文化产业区域发展不平衡的问题仍然突出，西部地区受到经济发展基础薄弱、民族地区特色文化产业大多"小而散"的局限，引入科技创新人才、配备场地设备、应用技术手段等都具有一定的难度。中央应继续加大文化产业发展专项资金对特色文化产业发展的扶持力度，各地应加快设立民族特色文化产业专项基金，科学合理地对民营文化企业、个人工作室进行资金补助，比照农业产业发展方式实行小额贷款贴息政策，减免部分民族区域文化产业的税负，破解特色文化产业发展中面临的资金瓶颈，充分发挥各地政府在资源配置中的积极作用。除此之外，各级政府也应创新金融支持手段和方式,有效引导、带动、整合社会资本,加快民族区域文化事业以及文化产业基金建设,激发民族地区民间民族特色文化产业发展动力与活力,促进民族特色文化产业的发展与振兴。

第五,民族民间文化遗产与国际视野的关系。联合国教科文组织的《保护非物质文化遗产公约》(2006年生效)认为非物质文化遗产"是文化多样性的熔炉,又是可持续发展的保证",强调非物质文化遗产的重要性。民间文化遗产本身是属于各民族的一笔巨大的财富,文化资源就地转化为具有国际竞争力的文化特色产品,不但能够为我国西部地区的产业发展带来持续性的创新活力,而且能够实现民族特色文化的自我积累、及时更新以及可持续发展,从而在无形中有效地维护民族地区的和谐稳定。为此,必须做好以下六个方面的工作。①顺应文化产业由政府主导改为市场主导的发展趋势,规范市场和非营利组织、行业公会监管的非物质文化遗产的部分产业内容,使资源有效配置。将非物质文化的传承放在与现代化转型同等重要的位置上看待,在传承非遗的过程中必须加以创新和发明,实现非遗"重返民间""走向世界"。②贯彻我国《非物质文化遗产法》并监督实施。③合理开发利用非遗代表性项目的单位,将依法享受国家规定的税收优惠,履行鼓励支持合理利用非物质文化遗产代表性项目开发文化产品和文化服务等职责。④国家级非物质文化遗产代表性项目的代表性传承人,应当履行法定义务,培养民间文化遗产经纪人。⑤开展以抢救民族民俗文化为目的的大规模文化普查工作,普查结束后,相关部门应建立民族民间文化遗产资料库与文化遗产网,为将来民族文化创意提供翔实的资料与科学依据。⑥深入挖掘民族特色文化存量资源,择优创新文化产品。民族的也是世界的,民族特色文化企业和个人要面向国际市场,并秉持正确的原则和态度。要真正实现中华民族文化自信,我们无可避免地需要走上世界文化舞台,与其他国家的文化交流互鉴,在互动中实现创新发展。

总之,我国民族特色文化产业发展与法治建设是一个相辅相成、相互促进的过程。文化产业的发展是一个整体的过程,在这一过程中需要各个方面的协调共进。民族地区应该强化法治宣传与弘扬法治理念，推动西部区域特色文化司法综合改革，加大特色文化市场执法检查力度。西部民族特色文化政策和法律的制定和执行亟须实现一体性、创新性、延续性和可操作性。

五 结语

作为全球公认的潜力无限的朝阳产业，文化产业已经成为增强国家和地区综合竞争力的战略制高点和核心要素。发展文化产业、打好"文化牌"是我国西部民族地区经济发展和社会进步的一个重要趋势方向。因此，西部民族地区应挖掘、整理、开发好地域文化资源，发展民族特色文化产业，擦亮民族文化名片和品牌。在这个过程中，要始终坚持文化传承和科学发展。同时，要坚持绿色发展和原生态保护，注重保护原始风貌和自然生态，突出传统特点，这尤其应体现在民族特色产业的园区基地、项目建设中。民族特色文化产业政策与法律的制定、实施和绩效评价必须坚持以人为本的价值导向。促进民族特色文化产业健康发展是我国制定各项文化政策与法律的根本目的，通过文化政策和法律法规，优化民族文化资源保护和开发方式，以更高质量的民族特色产品和服务来满足民族地区人民日益增长的美好生活需要，公平保障各族人民群众文化权益的实现。笔者相信，我国民族特色文化产业一定会有更美好的未来。

·西南文化产业·

"十四五"时期武汉文旅产业高质量发展的困境及对策

徐金龙　白玉帅　姬厚祥[*]

摘　要　"十四五"时期，我国文旅产业的发展需要总体谋划和结构性调整以应对全新的环境。本文在对武汉城市旅游形象进行随机调查的基础上，梳理疫情期间武汉文化旅游元素的重塑与传播，分析武汉文旅产业在"十四五"时期高质量发展面临的困境，并提出相应的提振对策，指明当下武汉文旅产业的发力方向：赋予武汉文旅人文性、时代性、认知性，营造"有温度的文化旅游"氛围；重点打造中部"电子竞技之都"，推进"文化＋生态＋旅游"中部高地和"文化＋智慧＋旅游"国家示范区建设，切实促进文化与旅游深度融合，为我国文旅产业高质量发展提供具有参考价值的思路、对策。

关键词　文旅产业；"十四五"时期；武汉市

"十四五"时期我国文旅产业的发展机遇与挑战并存，需要在全新的生态环境下寻求高质量发展道路。湖北武汉作为封城抗疫的英雄城市，由于较长时期交通阻隔、人员限制性流动，文化旅游的主体和客体不能实现在场性的

---

[*]　徐金龙，华中师范大学国家文化产业研究中心副教授；白玉帅，中央民族大学哲学与宗教学学院博士研究生；姬厚祥，华中师范大学国家文化产业研究中心硕士研究生。

生产消费互动，文化旅游产业面临较大困难。意外的是，以微博、微信为典型的社交媒体大量转载武汉民俗文化，促使武汉地方文化元素在全民抗疫期间迅速传播、普及，这为"十四五"时期武汉文旅产业的发展积攒了大量的流量和人气。当前以"讲故事"为手段打造旅游地形象是国际通行的重要方式[1]，这启示相关责任主体必须依托武汉本土文化，讲好武汉抗疫故事，弘扬武汉抗疫精神，围绕"英雄城市"构建新型文旅产品。另外，打造"文化+科技+生态+旅游"是武汉文化旅游产业恢复和发展的有效方式，文化、旅游、消费三者深度融合是"十四五"时期武汉文旅产业结构性、内涵型改革的努力方向。

一 武汉城市形象的重塑与文化元素的传播

（一）武汉城市形象的重塑

为更加深入考察2020年初的封城对武汉城市旅游形象的影响，本研究随机选取了1008名志愿者进行网络调查问卷。调查结果显示：有38.89%的受访者去过武汉，61.11%的受访者没有去过武汉；对比在武汉封城前后对其城市印象可以看出，对武汉不了解的受访者比例减少8.33个百分点，对武汉持较好观感的受访者比例减少3.71个百分点，对武汉印象一般与极差的受访者比例增加12.04个百分点；谈到武汉，有30.56%的受访者首先想到热干面，占比最高，其次分别是火神山与雷神山医院（29.63%）、黄鹤楼（15.74%）；当问到将来如果有机会去武汉出差或旅游是否会成行的问题时，80.56%的受访者表示会去，5.56%的受访者表示不去，13.89%的受访者呈观望态度。不难看出，封城抗疫促使更多的人进一步了解了武汉，并且不可避免地影响到了武汉的城市形象，但大多数人愿意去武汉出差或旅游，反映出武汉的城市形象仍有很大的挽回余地与提升空间。

---

① 周永博：《黑色叙事对旅游目的地引致形象的影响机制》，《旅游学刊》2020年第2期。

（二）武汉文化元素的传播

湖北武汉是防疫初期工作的关键环节，自 2020 年 1 月 23 日上午 10 时封城以来，全国各地的物资集中供应武汉，援鄂医疗队奔赴湖北各地，无论是电视、报纸、广播等传统媒体还是微信、微博、抖音、快手等网络新媒体平台都将目光聚焦武汉，武汉乃至整个湖北的一举一动牵动着全国人民、海外华侨乃至世界友人的心。这使得武汉地域文化得以迅速传播普及，如武汉话、热干面、黄鹤楼、樱花、火神山信仰等武汉本土文化元素深入人心。

第一，武汉话。全国各地援鄂医疗队奔赴武汉抗疫一线后，在与武汉市民特别是患者的沟通中存在听不懂武汉方言的情况，因此由齐鲁医院援鄂医疗队组织编写的《国家援鄂医疗队武汉方言实用手册》和《国家援鄂医疗队武汉方言音频材料》应运而生。这份材料分为称谓常用语、生活常用语、医学常用语、温馨常用语四个部分，向全国的医护工作者普及武汉话。这套材料由央视新闻微信公众号发布后在网络上迅速走红，加之《武汉伢》与《汉阳门花园》等武汉方言类歌曲的创作与传播，掀起一股武汉方言热。作为九省通衢之地的武汉，南北文化在这里交融，近代以来东西方文化在这里碰撞，加之商业贸易发展背景下"码头文化"的熏陶[1]，形成了武汉人乐观豁达、敢作敢为、不认输不妥协的精神面貌，武汉方言是其外化的表现。武汉话是武汉地域文化的重要载体之一，武汉方言在全国范围内的推广传播不失为重振武汉地方文化产业的重要契机。

第二，热干面。2020 年初武汉特色小吃热干面迅速蹿红，陈小桃的漫画"热干面加油"将武汉拟作"热干面"，并选取其他地方特色小吃创作全国各省市的漫画形象，一起为"热干面"加油，漫画一经微博发布即爆红网络。网友们热评"山东煎饼为热干面加油""河南烩面为热干面加油"……调查问卷显示，有 30.56% 的受访者在谈到武汉时会想到热干面，位居第一。除热

---

[1] 皮明庥：《论武汉商埠文化——大码头文化》，《湖北大学学报》（哲学社会科学版）2011 年第 5 期。

干面外，武汉还有很多享誉国内外的民俗饮食，如鸭脖、小龙虾、三鲜豆皮、排骨藕汤等。这些武汉民间传统小吃背后，是武汉独具特色的地域文化[①]。如何借助当前热干面的热度，向全国宣传武汉除热干面外的其他特色饮食，打造武汉民俗饮食系列，值得武汉文化旅游宣传部门进一步研究。

第三，黄鹤楼。黄鹤楼作为武汉市地标性建筑在武汉封城抗疫期间被充分展示，一批融入了黄鹤楼文化元素的抗疫宣传漫画、音乐、视频、诗歌大量涌现。调查问卷显示，15.74%的受访者谈到武汉会联想到黄鹤楼，位居第三位，仅次于火神山与雷神山医院、热干面。如何有效整合利用武汉文化旅游资源，打造武汉独特的文化名片，做好武汉的城市旅游宣传工作，当是武汉正面城市形象塑造与观感提升的关键一招。

第四，樱花。武汉的樱花闻名全国，长久以来，到武汉大学看樱花已是全国人民的春游度假选择之一。武汉封城后，"待到春暖花开时，我们一起去武汉看樱花"成为国人为武汉加油打气、反映抗疫必胜决心的经典表述。原创公益MV《山河无恙在我胸》歌词中的一句"去时风雨锁寒江，归来落樱染轻裳"的诗意表达，赋予武汉樱花全新的象征意义。"十四五"时期如何开发利用武汉樱花这一抗疫文化资源，是武汉文旅产业发展的重要课题之一。

第五，火神祝融。2020年1月24日，武汉火神山医院开始动工，紧接着雷神山医院的建设也被提上日程。火属于离卦，雷属于震卦，都属于阴阳五行八卦中克制邪恶的力量。武汉是楚文化的中心地，传说中楚国人是火神祝融的后代。火神祝融在中国神话传说中属于上古之神，是众神之首，时至今日湖北民间仍部分保留着关于火神祝融的信仰。火神是瘟神的克星，同时火神又是中华民族的祖先[②]。而雷神在中华文化中是正义、驱邪的化身。雷神与火神相辅相成，作为一种古老的神话是中华民族精神信仰的写照。火神山、雷神山医院的命名是中国神话创造性的转化、创新性的发展。火神山医院从动工到建成前后历时不到十天，其迅速完工让全世界见证了中国速度。

---

① 夏雯:《武汉户部巷的饮食民俗研究》，硕士学位论文，华中师范大学，2014。
② 蒋南华:《炎帝——南方民族的始祖》，《贵州社会科学》1994年第1期。

有29.63%的受访者谈到武汉首先会想到火神山、雷神山医院,仅次于热干面,居于第二位,足见防疫对火神信仰这一荆楚文化元素传播与普及的作用。"十四五"时期如何在全国范围内讲好荆楚故事并推动荆楚文化繁荣兴盛,值得思考和探索。①

武汉是一座英雄的城市,武汉人民是英雄的人民。在本次抗疫过程中,武汉的地域文化元素充分彰显、传播,武汉人民也表现出识大体、顾大局的精神风貌。武汉位于千湖之省的腹地,"茫茫九派流中国,沉沉一线穿南北"体现了武汉贯通南北、九省通衢的地理特征,正是这样的地理环境孕育出武汉地域文化宏阔的气韵。"大江大湖大武汉"的江城印象必定随着武汉封城抗疫的成功而在全国范围内更加凸显。

二 "十四五"时期武汉文旅产业的发展困境

文旅产业强调文旅主体与文旅客体在时间和空间的可协调下进行消费、创造、沉浸式的互动②。文旅产业发展特别需要文旅主体的"在场参与"。2020年1月23日,武汉选择了封城抗疫,此举直接导致文旅产业主客体的现实性撕裂脱钩,景区无人问津,影院阶段性停业,实景演出、演唱会、会展等被取消。目前,受疫情的影响,文旅产业发展形势依然不容乐观。"十四五"时期武汉文旅产业的发展面对全新的外部环境,主要面临三大挑战。

(一)文旅企业全方位受到冲击,部分企业濒临倒闭

春节是文旅产业发展的黄金时间,跨地域、季节性的文化旅游促进文旅行业蓬勃发展。据中国旅游研究院计算,2019年春节假期全国旅游人数达

---

① 刘传红、刘震:《武昌首义文化遗产:武汉城市发展的深层驱动力》,《武汉理工大学学报》(社会科学版)2011年第5期。
② 傅才武:《论文化和旅游融合的内在逻辑》,《武汉大学学报》(哲学社会科学版)2020年第2期。

4.15亿人次，同比增长7.6%；旅游收入达5139亿元，同比增长8.2%。2019年武汉春节期间旅游收入达68亿元左右，全面带动文旅产业的发展。武汉封城后，全面断绝与外地非救助性联系，武汉市民居家不得外出，这直接导致武汉文旅企业面临三大挑战。第一，文旅资金流断裂、市场急剧性压缩。文化旅游、书店、影院演出等只有大量的密集型人员流动，其生产—消费流程才能顺利实现。但封城抗疫与人员流动相左，因此，文旅资金流的断裂和市场的急剧压缩不可避免。第二，被迫降薪、减员。由于资金、市场难以满足，企业营收减少业务削弱，降薪、减员成为文旅企业度过寒冬的有效方式，更有小型文旅企业面临倒闭的风险，而大型国有文旅企业拥有雄厚的财力和稳定的市场，降薪、减员或许不是其首选方式。第三，瞬时性解封与文旅企业沉浸式需要的矛盾。由于文化旅游需要沉浸式、集聚式的消费方式，在场性极大影响文旅企业营收情况。大规模的集聚、大范围的密集型活动受到管控。因此，复工复产一定程度上可以缓解文旅企业的生存危机，但是真正解决此问题还是要等到疫情彻底结束。事实上，文旅企业是文化旅游的载体，文化景观是文化旅游的内容。文旅企业、文化旅游、文化景观三者相辅相成、互为影响，文旅企业受损直接影响文化旅游和文化景观。

（二）文化旅游人数骤减，文旅产业竞争力削弱

《2017中国旅游业发展报告》表明武汉城市旅游已经进入全国第一梯队，武汉旅游综合竞争力得到跨越性提升。武汉文化旅游有十分明显的优势，武汉常住人口超过千万，拥有全国最多的年轻大学生；人均GDP为145545元，达到中等发达水平；拥有众多的文化景观，如黄鹤楼、木兰草场、武大樱花、户部巷、知音号等，也拥有众多生态景观，如汤逊湖、东湖、国家级湿地公园等；文旅产业布局更加合理、投资加大，欢乐谷、海昌海洋公园、恒大科技旅游纷纷入驻，近年来腾讯、阿里、京东、融创、万科加大对武汉的投资。但这些优势仍不足以使武汉文旅产业自如应对"十四五"时期新的旅游生态环境变化，若要在"十四五"时期提振武汉文旅产业的竞争力，需要直面现

实。首先，受疫情影响，武汉旅游人口急剧减少，尤其是周边客流和远程客流下跌，这些因素直接导致文化旅游停摆，相关的文旅行业入不敷出。其次，武汉是我国受疫情影响最严重的地区，这导致武汉旅游竞争力下降。

（三）文旅产业短期面临生产—消费—再生产结构性压力

生产—消费—再生产是文旅产业从单纯的文化行为升级为文化型高附加值消费的根本路径。文旅产业提供文化旅游所必需的产品和服务，文化旅游主体根据自己的需要和产品的口碑进而消费，文旅企业会根据市场的反馈、产品的火爆程度适时更新产品，这又会产生新一轮的再生产，三者的有机结合共同促进行业跨越式发展。武汉宣布解封为文旅产业的发展带来明显转机，湖北省政府出台《湖北省景区有序恢复运营的指导意见》，明确提出“三项准备，十条防控”①。2020 年 4 月以来，腾讯、京东、阿里巴巴相继承诺投建长江文旅城项目等，这些利好的政策、投资大大缓解了武汉文化旅游产业的压力。但是，文化旅游是一个需要长期投入的产业，短期的项目、资金投入并不能根本性地解决问题，因此，武汉文旅产业面临短期的生产—消费—再生产的结构性压力。

三 “十四五”时期武汉文旅产业的提振策略

“十四五”时期，武汉文旅产业需要对文化、旅游、文旅融合重新检视与发现。新冠肺炎疫情给武汉带来的“创伤”已经成为一种记忆②，如何消化、利用这种记忆成为衡量武汉文旅人文性的重要标尺，修建相关的博物馆、纪念碑或许是弥合创伤有效方式。另外，武汉结合自身的生态资源、科技资源，构建“文化 + 生态 + 旅游”的中部高地，打造“文化 + 智慧 + 旅游”国家示范区是未来文化旅游的发展方向和突破口。

① 《湖北发布旅游景区有序恢复经营指导意见》，《楚天都市报》2020 年 3 月 22 日。
② 叶蔚春:《文化记忆：从创伤到认同》，博士学位论文，福建师范大学，2018。

（一）谋划电子竞技产业发展的时间表路线图，着力打造中部"电子竞技之都"

中国、美国、韩国是目前全球三大电子竞技游戏市场，其中又以中国电竞产业规模、用户数量、观众数量增长最为迅速。2019年4月国家部委正式将电子竞技员、电子竞技运营师列为正式职业，从国家层面赋予电子竞技合法地位。2019年中国电子竞技产业规模已经突破千亿元，电子竞技产业快速发展，正式成为城市文旅经济新的增长点。2019年，王者荣耀职业联赛eStarpro俱乐部主场落户武汉，这成为武汉电子竞技发展的重要标志。电子竞技属于"文化+旅游+电竞"复合范式，也是文旅产业发展的重要因素。目前来看，上海、深圳、北京属于电子竞技的第一梯队，在电竞人才、规模、受众等方面有明显的优势，"十四五"时期武汉市人民政府提出打造"全国经济中心""全国科技创新中心"，在此背景下武汉打造"电子竞技之都"需要从以下方面发力。

第一，出台明确的支持电子竞技产业发展的政策，盘活电子竞技的上下游产业。武汉关于电子竞技产业的发展并没有专门的政策，截至目前，北京、上海、广东、浙江、河北、海南、重庆、西安等省市都出台了专门的支持电子竞技游戏发展的政策。政策引导是武汉打造中部"电子竞技之都"的重要抓手和首要环节。要在企业税收、赛事场地、电竞人才引进等方面给予支持。第二，持续引入高质量的电子竞技俱乐部，举办高水平的电子竞技比赛。总体来说，要以政策支持为抓手、以赛事举办为手段、以终端消费为检验，谋划电子竞技产业发展的时间表路线图，着力打造中部"电子竞技之都"。

（二）继续深化实施"与爱同行，惠游湖北"活动，突出"感恩文化"并"引客入鄂"

2020年8月7日至12月31日，湖北开展"与爱同行，惠游湖北"活动，首批"新时代最可爱的人"应邀入鄂惠游钟灵毓秀的湖北，活动期间可免费参观湖北全省 390 家 A 级旅游景区。据不完全统计，活动期间湖北接待游客 7300 多万人次，以国庆黄金周为例，湖北共接待游客 1882.46 万人次，恢复至上年的 83.21%，湖北文旅产业初步恢复。武汉作为"与爱同行，惠游湖北"的主阵地，在此次活动中发挥重要作用。为推动武汉"十四五"时期将旅游输出地转化为旅游目的地，首先，应继续深化实施"与爱同行，惠游湖北"活动，为武汉文旅发展注入动力。政府应拿出实实在在的惠民措施，深入挖掘消费市场的潜力，为武汉文旅产业的恢复与发展保驾护航。其次，"与爱同行，惠游湖北"活动需要政府精细化的服务，确保活动"落地、有序、生效"。武汉的黄鹤楼、欢乐谷、湖北省博物馆等属于热门景点，确保免门票但不发生"扎堆参观、景区拥堵、交通拥堵"等影响旅游体验的事件是衡量政府精细化管理服务水平的重要标准。最后，打造独特的"感恩文化"，赋予武汉文旅人文关怀。事实上，文旅产业的发展从来离不开文化的包装、展示，"十四五"时期武汉文旅产业的发展不应当仅仅是文化与旅游的结合，更应该是有温度的文化和有人文气息的旅游的复合体。

（三）提升武汉生态旅游品质，构建"文化+生态+旅游"中部高地

生态旅游涵盖三重要义。第一，生态旅游不可导致自然生态的过度开发，强调资源的可持续发展、人与生态的和谐共处；第二，不可因生态旅游的开发而影响原住居民的生产生活活动；第三，满足旅游主体对良好生态环境的需求[①]。从武汉自身来说，其拥有得天独厚的生态旅游资源，如中国最大的城中湖——汤逊湖、开发面积最大的湖——东湖，再加上六个国家级湿地公园，大江大湖的大武汉完全可以打造文化生态旅游产业。事实上，目前只有东湖得到良好开发，东湖的开发不仅最大限度地保护了生态环境和降低了对原住居民的外来影响，更满足了武汉人对良好生态环境的需求，然而东湖绿道并未形成"文化+生态+旅游"的文化生态布局，始终停留在生态的低层次游

---

① 李彬彬：《互惠共利：物种保护与生态旅游》，《旅游学刊》2018 年第 8 期。

览层面。

武汉生态旅游可以从以下几个方面进行开发。首先，继续保护性利用生态资源，坚持绿水青山就是金山银山的理念。文化生态旅游是投入巨大、见效缓慢的文化产业类型，地方政府应有专业的发展规划。其次，赋予生态资源文化内涵，走内生型发展道路，武汉东湖有世界级绿道、浓厚的楚文化风情，完全可以走"文化+生态+旅游"的道路。再次，以东湖为点、武汉整体生态资源为面，以点促面。生态资源整体的弱文化、分散化、低利用率是武汉构建"文化+生态+旅游"中部高地的内在阻碍，但武汉东湖生态景区一定程度上打破了弱文化、分散化的劣势。"十四五"时期以东湖生态景区为范本，借鉴其他地区发展生态旅游经验，整合武汉其他生态资源，以点促面，武汉完全可以打造生态旅游之都。最后，培养"文化+生态+旅游"的复合型消费行为，补足文旅产业的中间环节。复合型消费强调的是旅游主体在武汉城市整体的消费行为，如果不产生适应性、合理性的文化消费行为，文化与旅游的衔接就不能有效进行。

（四）加快武汉文旅智慧化建设，打造"文化+智慧+旅游"国家级示范区

智慧化的文化旅游依靠物联网、云计算为旅游主体提供实时的旅游信息、智慧化的文旅服务，便于旅行过程的文化感知、文化体验，属于文旅的高阶形式。智慧文旅与智能文旅并不是一个范畴，智慧文旅强调的是文旅的思想、智慧与潜能，是一种创意源泉[1]；智能文旅仅是依靠现代科技手段与文旅互动，方便旅游主体感知。武汉属于国家智慧城市建设试点，可以加强科技创新应用，促进文化旅游智慧化。感知、沉浸、消费非物质文化遗产是武汉文化旅游的重要内容，实现非物质文化遗产的智慧化，可以极大推进武汉的文化旅游。智能媒体技术可以扩大非遗传播主体、拓展非遗传播时空、提升非遗传

---

[1] 邓辉：《"智慧旅游"认知重构》，《中南民族大学学报》（人文社会科学版）2015年第4期。

播效能、激活非遗感官体验、促进非遗存储利用①。

武汉作为中部核心城市之一,拥有打造"文化+智慧+旅游"国家级示范区的优势条件。首先,武汉文化底蕴深厚、文化层次多样、文化交流频繁;其次,武汉拥有全国一流的高校,这为打造智慧城市提供技术支撑;再次,武汉旅游资源极其丰富、种类繁多,旅游实力处于全国第一梯队;最后,武汉是千万级人口城市,属于新一线城市,为打造"文化+智慧+旅游"国家级示范区提供广阔的实践舞台。

(五)加强武汉文化旅游红色关怀,围绕"英雄城市"构建红色文旅新产品

武汉拥有辛亥革命武昌起义馆、中央农民运动讲习所、中共五大旧址、八七会议旧址等35处红色旅游景点。疫情发生后,武汉果断封城,以壮士断腕的勇气和决心割断病毒的传播途径。习近平总书记称赞武汉为英雄的城市。基于此,武汉围绕"英雄城市"构建文旅产业新产品应做到如下几点。首先,深化"英雄城市"的内涵,打造红色文旅品牌。从时间、空间维度,立足世界、中国、武汉三个层面,打造形象化、立体化、人文化的红色文旅新产品。其次,修建武汉抗疫纪念场馆,强化集体记忆,赋予红色文旅产品人文关怀。最后,利用线上、线下加大武汉"英雄城市"的营销力度,打响武汉"英雄城市"的品牌。如利用微信小程序开展"英雄城市打卡活动""英雄城市同台亮相活动"等,与微博"大V"合作,加强线上的合理宣传,地方政府还可以开展线上直播,弘扬武汉"英雄城市"形象。

(六)审视武汉的生活世界和生活方式,营造"有温度的文化旅游"氛围

武汉生活世界和生活方式的主体为武汉人。广义上的武汉人包括原住居民、外来务工人员、学生等定居或暂居武汉的人,狭义上的武汉人仅指原住

---

① 黄永林、余欢:《智能媒体技术在非物质文化遗产传播中的运用》,《华中师范大学学报》(人文社会科学版)2019年第6期。

居民。"十四五"时期武汉文旅产业的发展除了政府的"硬措施"外必须审视武汉人的生活世界和生活方式。事实上，武汉的文旅产业和武汉人的生活世界、生活方式息息相关，旅游主体通过实景演出、文化景观等媒介消费、复制武汉的地方文化，武汉人根据文化产品的消费情况合理进行"再生产"，这是一个双向的互动过程。从旅游主体来讲，其通过消费行为感知武汉地域文化，加深对武汉文化旅游的认知；对武汉人来讲，消费有效勾连武汉人与旅游主体的关系，促进文化产业的良性发展。但是，实现这一质的转向，在"十四五"时期必须推进城市的文化化。从当地人生活世界和生活方式出发，是构建城市文化化体系的有效途径。总的来说，"十四五"时期"有温度的文化旅游"是武汉地方文旅产业的着力点和发展方向。

四 结语

"十四五"时期我国文旅产业的高质量发展仍值得学术界深入研究。本文以湖北武汉为着眼点，考察武汉城市形象，分析当下武汉文旅产业发展面临的挑战，结合国内外先进经验，为"十四五"时期武汉文旅产业寻找着力点与发展方向，以小见大，希望为全国文旅产业的高质量发展提供思路与启发。文旅产业的发展需要在文化与旅游融合的基础上产生文化消费，这包括两重行为，即"文化和旅游的充分融合"与"文化消费行为的产生"。武汉地处荆楚文化圈的核心，文化资源丰富，文化圈层也十分明显，且来武汉旅游人数近年也与日俱增，武汉已跻身国内旅游城市的第一梯队。但为什么武汉并没有特别火爆的文旅产品呢？其中一个重要的原因就是没能实现文化与旅游的深度融合。事实上，文旅产业并不是简单地将文化资源单向度地扣在旅游产业上，而是二者双向度地有效沟通与连接，并产生文化消费行为。2019年武汉城市消费能力排名国内前六，这说明武汉并不缺乏消费动能和消费空间，但是武汉的文化、旅游、消费三者并未充分衔接，消费这一媒介并未有效勾连文化与旅游。

"十四五"时期的武汉文旅产业应着重思考两个论题。第一,打造"有温度的文化旅游"。妥善处理武汉人生活世界和生活方式,从生活世界、生活方式出发,构建"有温度的文化旅游"。第二,必须认识到文旅产业并不是文化和旅游的简单相加。文化、旅游、消费三驾马车的有效融合、衔接,是武汉文旅产业未来实现高质量发展的必由之路。

·西南文化产业·

大数据赋能贵州贵安新区绿色产业发展机制研究[*]

张武桥　郭海燕[**]

摘　要　绿色产业作为新的经济增长点已成为广泛共识。发展绿色产业，就是强调可持续、和谐、环保、节约、效率，对传统发展模式进行创新。绿色产业的发展，不仅能对生态文明建设起到重要助推作用，也能对防治污染起到有力支撑作用，进而实现经济高质量发展，为经济社会发展注入新动能。贵州贵安新区作为国家级新区，也是国家大数据产业发展试验区。科学提出绿色产业发展融资需求途径和对策建议，对于当前推进贵安新区产业转型升级与高质量发展、加快贵安新区融合发展、创新"中国大数据之都"发展路径具有关键作用。

关键词　大数据；贵安新区；绿色产业

---

[*] 基金项目：本文获贵州省教育厅高校人文社会科学研究"场景传播视角下加快提升贵州红色文化传播力影响力路径研究"（2022ZX002）；贵州省普通本科高校本科教学内容和课程体系改革项目"基于'一核多元'的新闻传播学虚拟仿真实验项目建设与实践"（2021118）项目资助。

[**] 张武桥，贵州财经大学文学院副教授、硕士生导师，主要研究方向为媒介文化与产业发展；郭海燕，贵州财经大学文学院硕士研究生，主要研究方向为文化传播与创意产业。

2014年1月6日，国务院正式批复设立贵安新区，贵安新区成为我国第八个国家级新区。作为贵州科学发展、后发赶超的重大战略新平台，近年来，贵安新区坚持习近平总书记到新区调研时提出的"高端化、绿色化、集约化"发展战略，在绿色金融等一系列利好政策的大力支持下，因地制宜整合区域资源，初步创建了完善的绿色发展体系。在当前高质量发展背景下，贵安新区能否摸索出一条合理有效的产业发展路径，日益引起政府部门的高度重视。只有以产业规划为导向，以优势聚资源、以应用带发展，才能着力抓好机制改革、推动产业现代化升级、助力建设"中国大数据之都"，创建完善的"绿色金融+"产业发展体系。

一 贵安新区绿色产业发展的金融支持模式

（一）积极推进大数据产业发展，为绿色产业发展提供保障

从贵安新区的发展情况来看，现阶段的新区已经创建了完善的大数据产业基地，如世界绿色隧道数据中心，形成了由富士康第四代绿色产业园、三大通信运营商数据中心、泰豪国际文化创意数字产业园、中国联通云计算基地等汇聚而成的高端大数据产业集群。重大项目的落户，为贵安新区绿色产业的发展注入了活力。与此同时，一些重点项目已经孵化，如专注于信息科技的贵州白山云科技股份有限公司，从孵化发展到现在，已经成为大数据与云计算领域的佼佼者。贵安的快速发展，陆续吸引了一大批国家重点创新项目落户，百度创新中心、FAST数据中心、微软创新中心、亿峰服贸创新平台、腾讯电竞小镇、贵安超级计算机中心等一批高新科技项目为贵安新区的产业壮大注入了新鲜活力。此外，新区重视大数据产业的配套作用，不断加强大数据基础设施建设，提升新区产业多元化水平，积极探索大数据绿色产业新模式。2020年1~12月，新区大数据基础设施及项目建设总投资44.97亿元，512个5G基站建设完成，促进新区基础设施、信息、平台服务全面布局。在"7+N"云工程的引领、"五大计划"的推进下，新区产业发展进程加速，

成功实现开发利用数据资源、引进培养高端人才、创新技术与转化成果、升级产业配套、培育和引领大企业与大项目。同时，交通、政务、旅游、工业、商务"五朵云"工程的实施，也为新区绿色文化产业的发展提供了强有力的技术保障。在一系列项目的支持下，贵安新区绿色产业发展势头迅猛。仅从2019年情况看，共有107家企业入驻花溪大学城，企业数量总计1105家；新增了34个创业服务机构，创业办公场地面积接近25万平方米，当年新增就业岗位5000个；分15次为"双创"提供了扶持资金，共计1100万元。

（二）绿色发展体系大致成型，绿色产业实现稳步发展

绿色金融授信的数据与信息需求量远大于传统金融的审核要求。[①] 尽管贵安新区成立仅8年，却实现了快速发展；成立了绿色金融港管委会，对新区未来的创新发展做出了合理的规划与布局；打造了"绿色金融+"的绿色发展体系，把绿色金融与建筑业、基础设施、能源等产业整合到一起，并且实现了机制体制改革方面的重大突破。贵安新区将更多的精力与资源用于"三大体系"的创建，即政策体系、金融体系、产品与服务体系，边实践边探索，并发布相关文件，对绿色产业进行分类细化，进一步探索绿色银行认证标准，推动银行"双认证"体系建设。为搭建适合产业发展的绿色金融产业平台，新区依托数据中心集聚优势，着力打造"1+5"产业生态，创新"绿色金融+大数据"的综合服务平台模式，在大数据的驱动下，整合绿色项目认证、绿色金融产品服务、财政支持激励政策、企业环境信息披露，成功实现"四位一体"的动态管理。此外，贵安新区正在积极建立绿色金融项目数据库，有效推动绿色资金投入与绿色生态项目的实施，为高质量发展新区绿色产业奠定了坚实根基。贵安新区绿色发展体系的建构与完善，吸引了众多企业项目落户，延伸了上下游产业，促进了新区绿色产业稳步发展。

---

① 王会钧：《绿色金融如何支持农业产业结构绿色升级——以黑龙江省为例》，《农业经济》2020年第5期。

二 贵安新区绿色产业发展融资的问题所在

当前贵安新区已经创建了较为完善的绿色产业发展框架，但从整体情况来看，绿色产业投融资体系只是刚刚起步，要想实现快速、稳健发展，还需要认真剖析当前发展过程中面临的关键问题。

（一）未能形成健全的绿色金融激励约束机制

新区绿色产业发展起步比较晚，一直在积极探索中稳步前行。大多数绿色产业项目具有明显的外部性、公益性特征，在生态修复、保护环境等方面体现得尤为突出，非经营性、准经营性项目数量比较多，涉及基础设施建设、能源开发、处理污染物等方面的内容，这些项目投资额比较高，但回报周期比较长，回报率也很低。造成这种情况的原因主要有以下几方面。一是政府层面虽然制定了激励机制，但多数都属于限制性条款，与补贴和鼓励有关的政策并不多。与再贷款、财政贴息等有关的激励政策没有得到有效执行，真正进入绿色产业的资金数量不多。二是约束机制基本都是软规范，只能产生劝导与指引的作用，监督制约手段严重不足。例如，国有和股份制商业银行虽然不愿意为污染型企业提供贷款，但其他银行却会为此类企业敞开大门，没有对此类企业起到制约作用。三是在实施激励机制时，没有制定统一的评价标准，也没有创建完善的指标体系，无法对绿色金融领域各项业务的开展情况做出合理评估，只能靠企业自觉，约束机制不具备较强的权威性。绿色产业的经济特性一定程度掣肘了绿色产业金融融资的规模与资本活跃度，但从可持续发展的角度来看，促进绿色金融激励约束机制的形成与健全是当下贵安新区高质量发展的必由之路，且具有重要而深远的现实意涵。

从需求端的视角出发，经济全球化进程的加快促使世界范围内环境问题日趋严峻，严重的生态污染现状已制约着经济社会的发展，加快转变产业结构、加大绿色产业资金投入势在必行。新气候经济全球委员会预测，未来节能与清洁能源的使用需求资金将增投 12 万亿美元，以保持全球气候变化相对稳定态势。就目前而言，我国的绿色投资资金是远远低于需求的，因此必须扩大绿色金融产业的实际资本投入。就供给端的视角而言，新能源、地铁、排污治理等绿色产业多数属于中长期项目，投资回报率较低、还款周期长，传统的银行信贷追求项目收益，难以提供充足且长期的低息贷款，使得金融供给无法满足绿色金融产业的发展需求。综合上述观点，贵安新区在发展绿色文化产业的路径探索中，须鼓励增加绿色产业金融的专项资本投入，放宽限制，落实财政补贴的专款专用，加强政府的引导功能，制定完善的指标体系与评价标准，建立健全绿色金融相关机制，以期实现新区绿色产业健康发展。

（二）没有健全完善的环保信息沟通机制

审视现阶段情况，我国缺乏健全的环保信息沟通机制，相关法律法规体系还有很大的发展完善空间。一方面，环保部门在对环境进行监测时，采用的方法缺乏创新性，很难获得较为翔实的环保信息，难以满足金融机构各项业务的发展所需。金融机构在获取企业环保信息、对信息进行分析与处理时，要投入较高的成本，出现了严重的融资难题。另一方面，机构并没有将自己了解到的环保信息呈报给环保部门，在对绿色金融进行监督与评估时遭遇到重重障碍，再加上信息不对称这一问题在资本市场中屡见不鲜，引发了一系列问题，例如逆向选择、道德风险等，企业即使愿意向社会披露这方面的信息，也难以保证披露信息的全面性、可靠性。哪怕是上市企业，我国也没有为其披露环保信息制定合理的管理规范，经常会发生"洗绿"问题，即打着绿色产业的幌子进行融资，却没有将资金真正用于绿色产业之中。长期以来，我国绿色金融中的环保信息沟通问题一直存在。由于 2016 年我国的绿色金融体系才逐步开始构建，环保信息沟通披露方面的法律法规体系尚不完备，多重因素作用下引发了银行信息获取受限、环保部门信息监测跟踪动力弱、企业信息披露积极性低等三大主要矛盾。要解决上述矛盾，必须将各方主体置于统一的绿色金融体系框架中[①]，加快建立绿色金融产业的环保信息沟通机制。

具体而言，首先要解决作为绿色金融融资主体的银行与作为信息中心的环保部门的矛盾。通过建构银行与政府的绿色信息共享平台，开辟银行信息获取有效渠道，促进环保部门积极作为，实时跟踪监测并及时更新企业环保信息，从而降低银行信贷金融风险，提高绿色金融主体主动性，提高绿色金融信贷配置效率。其次要解决企业信息披露中不主动与违法成本较低的问题。企业是绿色金融市场的主体，由于信息披露的成本较高，多数企业不主动披露，可通过增加银行对已披露信息企业提供税收优惠等政策、加大政府对企业环境信息披露的处罚力度、增加其违法成本、提高环保信息披露企业的商业信用评级等手段来促进企业主体积极主动接受环保监督，共同推动绿色金融环保信息沟通体系的建立。可以借鉴浙江省湖州市人大常委会于2021年11月17日发布的《湖州市绿色金融促进条例》，明确提出加强绿色金融改革创新，对于重点单位，要求其在贷款申请时，应全面准确提供碳排放情况，并将碳排放评价作为企业项目授信额度与利率定价的影响因素，在地方财政体系上予以专项支持，将绿色金融改革创新安排在当地政府经济与社会发展规划中。为实现贵安新区绿色产业的稳步发展，必须尽快完善环保信息沟通披露机制，建立健全相关法律法规，打破环保信息不对称现状。

（三）绿色金融配套制度建设水平不高

金融是实体经济的血脉，[②]但长期以来，仍然存在两大问题。一是法律与政策体制建设相对滞后。我国绿色经济的发展时间比较短，虽然在国家层面制定了一系列经济政策，但执行效果并不理想。加之违法成本低，多数企业不愿主动披露环保信息，银行金融风险随之增加，影响了社会资本主动进入环保行业的意愿。碳交易实践经验不够丰富，司法检验尚且存在空白点与模糊点等都是该问题的具体现象。二是市场中介服务体系建设速度比较慢。从

---

① 李连胜、郭迎春：《绿色金融的信息不对称及其化解》，《经济研究导刊》2019年第6期。
② 杨蕾、唐飞：《构筑"雄安质量"的绿色金融11223创新路径》，《中国科技论坛》2020年第3期。

环境权益交易方面来看,市场中介服务在我国的很多省份目前还处于起步时期,交易市场正在建设之中,并没有实现统一监管。随着绿色金融市场与绿色产业发展进程的加快,市场参与主体数量与日俱增,无论是环境风险评估,还是碳交易核算,都离不开高端技术的支持。遗憾的是,在作为基础建设的配套服务方面,中介机构未能为其提供良好的服务。

如何更好地完善绿色金融政策、促进绿色发展体系建设,成为金融领域持续关注的焦点。[①] 近年来,虽然我国政府先后出台了许多促进绿色金融发展的文件和法规,但相对而言,仍缺乏具体性的制度法规,无法满足现有需求。以环保部2010年出台的《上市公司环境信息披露指南》为例,尽管在原有政策文件基础上明确了环境信息披露的范围,细化了相关内容,但由于其仅仅作为指导性文件,适用范围有限,约束力较弱,实施效果欠佳,无法改变具体情况。与绿色金融有关的大多数政策,缺乏明显的针对性与可操作性,加上市场监管体系的不完善,配套服务无法跟上发展的需求,这些问题的存在已然成为绿色金融发展的最大羁绊。如《深圳经济特区绿色金融条例》是全国范围内第一部规范绿色金融行业的法规,于2021年3月1日起正式施行。该条例全面统筹推进区域绿色金融发展规划,明确各方主体责任,强化政府的监管和引导作用,建立相应制度。同时深圳市政府成立了推动绿色金融发展工作领导小组,牵头各方主体共同推进深圳绿色金融产业的发展。贵安新区绿色产业应充分借鉴相关政策,结合区域发展实际情况,规定指导与支持产业发展的具体措施,促进新区基础设施建设水平的提升。

(四)金融机构服务水平与贡献率较低

许多金融风险都是由环境因素引发的,在这方面贵安新区金融机构却没有足够认识,无法及时分析具体项目与企业贷款技术的可行性,缺乏对环境

---

① 杜莉、郑立纯:《中国绿色金融政策质量评价研究》,《武汉大学学报(哲学社会科学版)》2020年第3期。

风险、企业可持续发展能力的精准研判，这些成为金融机构的最大短板。与此同时，金融机构的人才结构也不合理，难以起到助推绿色金融产业升级的作用。一方面，贵安新区绿色金融投资融资总量不大，形式也比较呆板，缺乏创新，产品较为单一，局限于绿色信贷与绿色债券等融资类型，相对缺乏碳金融、绿色保险一类的金融产品，对绿色衍生工具诸如碳期权期货更是知之甚少。就全国范围而言，绿色市政债、绿色证券、绿色建设保险、绿色发展基金、绿色融资担保资金等应用范围十分有限，案例也很少，当下绿色金融产品尚处于探索阶段，难以达到绿色项目的融资需求，未能助推引领产业发展。另一方面，贵安新区金融机构只能为企业或项目提供服务，与个人及家庭相关的金融产品寥寥可数。这些因素的长期存在，影响了贵安新区绿色产业的平稳和快速发展，要发展新区绿色产业，必须加快上述问题解决进程。

此外，金融产品创新力不足的原因还来自方方面面。首先，高素质复合型金融人才的缺少使得产业内在动力不足、金融产品的研发滞后，新区应增强"引智"力度，吸引更多人才为新区绿色产业发展贡献聪明才智。其次，金融融资的困难亦阻碍了金融产品的创新，政府要积极为具有发展潜力的绿色企业进行担保，降低金融机构投资风险，提高社会资本投入新区绿色产业建设的意愿，解决融资困难问题，推动金融产品与服务创新，促进绿色产业发展转型。最后，金融机构在设计金融产品时必须提高匹配水平，强化服务意识，就绿色信贷而言，此类项目大多是被动响应国家节能减排政策的产品，大多与环境治理及排污权抵押挂钩，缺乏积极发展意识。金融机构在金融产品的设计上需以企业与市场为主，切实服务产业发展。金融产品的创新是推动贵安新区绿色产业发展的重要引擎，加快金融机构人才的内培外引、改变金融产品单一化与创新力度不足的现状、提高绿色金融机构服务水平与贡献率迫在眉睫。

三 绿色发展背景下的产业融资创新机制

在绿色产业的融资探索中，贵安新区绿色产业积极结合自身优势，以电子信息产业园大数据产业基地为重要载体,先后引进华为、腾讯、苹果等高科技企业落户,推动贵安新区绿色产业高质量发展。依据产业生命周期理论,可将融资机制创新划分为以下几个阶段,每个阶段的融资模式有所不同。

(一)产业初创阶段

这一阶段的融资模式主要是把绿色产业基金当成主体。绿色产业基金模式主要有四种。

一是政府主导模式。在政府的引领之下设立绿色产业基金,为绿色产业发展提供资金保障,帮助产业破解融资束缚,如支持贵安新区绿色产业发展与集聚的政策法规——《贵安新区支持绿色金融发展政策措施(试行)》,指出新区每年将组织5亿元的绿色发展专项资金,推动绿色产业发展。也可以采用"政府+龙头企业"的模式,即绿色产业基金由政府与龙头企业共同创建,绿色产业在发展过程中的投资主要有债权、股权两种形式,可以有效促进一些具有管理和技术优势的企业快速发展,成为区域经济新的增长点,这不仅可以有效控制企业的经营成本,也能增强人才队伍的合理性,实现核心技术升级。

二是在国企、央企的带领下设立绿色产业基金。对内部绿色产业的发展进行布局调整,将多项产业资源整合到一起,实现产业结构的优化。如2016年由通用(北京)投资基金管理有限公司发起的"通用绿色发展生态环境产业基金",该基金聚焦于投资环境保护、生态建设、城市基础设施建设、境内外优质环境企业并购、环境类企业股权投资等项目。[1]

三是由金融机构与影响力较大的企业一起设立绿色基金。在该模式下,金融机构要认清绿色领域的细分情况,把握住绿色产业的行业特征,为其提供合理有效的金融服务,同时从纵、横两个方面实现公司整合,将行业中现有的资源整合到一起,把优质资源引向有良好发展潜能的企业,帮助企业降

---

[1] 刘昆:《绿色基金助力环境产业发展的央企新实践》,《审计观察》2018年第4期。

低运营成本，实现盈利能力的提升。如可参考借鉴光大控股于2020年4月发起的"光大'一带一路'绿色股权基金"的模式，该基金遵循"政府支持、商业运作"的发展原则，以"绿色发展"为理念，从而实现国内国际双循环的发展格局。

四是PPP模式。PPP产业投资基金的运营模式较为丰富，既有省级政府与金融机构共同创建产业基金，也有金融机构与国有企业成立基金，但不管采取哪一种模式，基金的运行机理都是相同的，都是以股权的形式对绿色产业基础设施项目进行投资，以企业的形式实现市场化运作。从贵安新区目前建设的"两湖一河"海绵城市试点项目来看，该项目打破原来传统的发展模式，积极创新投融资模式，构建适合贵安新区发展的PPP合作模式，有效实现了绿色财政与绿色金融双联动，从而通过有效融资实现生态文明建设与绿色产业的和谐发展。

（二）产业成长阶段

这一阶段的融资活动主要把政策性开发资金当成主体。对于绿色产业来说，产业已经步入成长阶段，发展机遇比较多，技术水平与日俱进，资金大规模浮动状况减少，流入与流出资金逐渐趋于平衡，初步形成了良好的商业模式。与前一个阶段相比，市场风险系数有所下降，企业发展逐渐趋于平稳。这一时期的产业融资要把政策性资金当成主要内容，也需要得到债券或股权融资的辅助。

一是要进一步凸显开发性与政策性信贷的优势，银行机构、地方法人则处于次要位置。这是因为开发性与政策性资金在使用周期与利息方面占据优势，政府部门要加强与各大银行的沟通，争取得到他们的资金支持，积极发展与治污、节能、环保有关的企业。《关于进一步利用开发性和政策性金融推进林业生态建设的通知》中就要求各相关银行机构积极作为，为林业生态建设提供长周期、低利率的资金支持，贷款期限最高可达30年，统筹整合各地方政府资金，补贴补息，综合创新金融服务手段，开辟绿色通道，加快款项投放，促进林业发展。

二是绿色债券融资。为了表示对绿色金融改革的支持，给创新试验区发展提供资金保障，中国人民银行于2019年5月下发了重要文件，明确表示要在试验区内实施绿色债务融资。例如兴业银行作为我国绿色债券的主要发行方，已经达到了200亿元的绿色金融债规模，为绿色项目提供了有力支持。

三是绿色证券融资。其金融产品以绿色资产证券化为代表，主要具备如下特征：融资成本低、使用周期长，但仅仅针对绿色项目或绿色产业。站在发行人立场上分析，绿色资产证券化的原始权益人只是绿色行业，其中包括风电与水电企业、地铁运输企业等。从当前我国的绿色融资模式来看，可以充分发展绿色证券的特点和优势，以此来促推绿色产业融资与发展。

（三）产业成熟阶段

这一阶段的融资活动主要把债券与股权融资当成主体。进入成熟阶段意味着绿色产业实现了稳健发展，发展前景日益明朗，市场与技术风险系数都有所下降。在这一时期，企业拥有较强的议价能力和雄厚的资产，可以通过多种方式进行融资。

一是绿色企业或项目融资，推动所有具备实力、符合要求的绿色企业上市，提升其融资能力（2018年末，深交所从事绿色产业的上市公司累计已有118家，股权融资规模高达881亿元）；同时推出多样化的绿色固定收益产品，如绿色PPP、绿色ABS等，降低绿色项目的融资成本，加强产品体系的建设，促进绿色企业融资能力的提升。

二是绿色信贷融资。商业银行与股份制银行所能提供的资金额度有所增加，还能根据绿色产业项目开发出相应的金融产品，为项目提供足够的资金，同时有关银行金融机构也积极开展直接融资业务，拓宽了绿色信贷融资的来源。

三是环境权益交易融资。绿色企业或项目积极投身于各种经营碳汇项目之中，以寻求良好的内生发展动力，有些实力强的企业还可以进行权益类融资。2021年11月18日，中国进出口银行四川省分行向四川省乐山市福华通达农药科技有限公司发放了1.2亿元碳排放权质押贷款，帮助盘活了企业碳配额资产，为绿色金融模式的探索提供了宝贵经验。2021年上半年，中国境内外绿色债券发行总规模约为3077.79亿元，为绿色经济的产业发展注入了金融活水，其中旨在响应碳中和、碳达峰目标而设计的金融产品迅速增加。这些金融产品自2021年2月启动发行以来，国内外规模已达1397.13亿元，占绿色债券市场的45.4%，为绿色产业建设提供了极有力的资金支持。

四 绿色发展背景下贵安新区产业融资路径

作为国家级大数据产业发展集聚区和中国南方数据中心示范基地，贵安新区致力于建设1个千亿级投资规模的数据中心聚集区、1个千亿级投资规模的电子信息制造业产业集群、1个千亿级投资规模的软件和信息技术服务产业集群。从目前的经济发展趋势来看，绿色化、生态化已经成为发展的主流，也是实现高质量经济发展的必由之路。为了尽快实现这一目标，首先要聚焦绿色产业高质量发展。

（一）更新理念，推动落实绿色产业发展观念

一要牢固树立效率优先的发展理念。总体来说，绿色产业发展涵盖的内容较多，因此要从整体上进行统筹规划，提高分工的明确性、协作的有效性，进一步强化责任与担当，推动发展理念更新，搭建"绿色通道"推动产业发展，使行政效率得到有效提升。金融组织、机构、监管部门等都要深入理解绿色产业发展的内涵与意义，对其发展予以有力支持，强化金融机构服务功能，使之更好推动实体经济发展，加快实现产业转型与结构升级。二要做到制度先行。在制度层面上促进提升绿色产业主体的创新，转变发展理念。作为企业，不能只是专注于提高利润，还要降低环境污染；为技术的研发提供资金支持，尤其是与预防污染、清洁能源有关的顶尖技术；对传统技术进行

创新，特别是各种类型的末端技术，例如废弃物再利用技术、无害化技术、节省资源技术等。

（二）创新机制，推进绿色产业融资专业化、市场化

绿色产业投融资要想早日实现市场化与规范化发展，需要做到如下几点。一是设立绿色产业发展担保基金。设立这一基金的目的，就是要为绿色债券与信贷的发展提供良好的信用增级，使绿色项目在发展过程中面临的担保难题得到解决。同时，要针对绿色项目的特征创建风险补偿基金，使绿色项目遭遇到的风险损失能得到弥补。二是为绿色产业发展搭建抵质押平台。要建立这一平台，当务之急是准确地把握住绿色产业的特征，认清资产与环境权益。涉及资产权、收费权、排污权、用能权等方面的内容，在选择融资工具时，要以合理的方法对抵质押价值进行测算，明确参考范围，为银行授信、企业融资等制定合理的价值。完善公示制度，打造与区域发展情况相匹配的资产流转平台，为各种类型标的的托管、保理等提供有利条件。

（三）拓宽融资渠道，为绿色产业发展创建全链条融资框架

在具体实践中，要抓好三项内容。一是设立产业推广基金，大力发展种子期产业融资。要把握住产业基金的特征，极力发挥出其优势，对绿色产业中的所有企业发展予以支持。与此同时，要创建多种类型的股权投资子基金，在资金上为相关企业的长期发展提供支持，并延长其资金使用期限。例如，有些企业处于创业初期，可以采用天使投资，为企业发展赢得更为充足的资金。二是采用层次化融资方式，为处于成长期的产业提供更多的资金。对于绿色产业项目的企业而言，步入成长期之后，对资金的需求量越来越大，要更好地发挥出专业银行、政策性银行等的优越性，为企业提供信贷方面的优惠。除此之外，也要对现有的金融产品进行创新，争取更好地满足绿色产业的发展需求。当然，企业自身也要明确发展方向，将更多精力用于自主知识产权方面，实现抵押贷款产品的升级，完善信用增级产品的功能，对信贷产

品进行创新，包括产业链融资、商标抵押、动产抵押等，使困扰绿色产业的融资难题得到解决。三是发挥出资本市场的优势，为处于成熟期的产业融资提供方便。集中精力发展直接融资，鼓励符合要求的绿色企业进行上市融资，使区域内合格发债主体数量实现增长，为企业债券融资创设有利条件。在绿色产业中，一些与高端设备、新能源、环保等有关的企业，具备条件者可以进行融资。

（四）筑牢保障，完善绿色产业融资多层保障体系

一要为绿色产业融资平台的市场化发展提供保障。结合贵安新区的发展情况看，要把贵州银行、贵州农商银行等作为重点，不断强化信贷融资，以此为前提推进绿色信贷、资产证券发展，发行一些能为绿色项目发展起到有力支撑作用的绿色债券、票据等，将通过这种方式得到的资金用于绿色项目发展中，积极开发生态产品，促进生态产品价值提升。二要为绿色产业的数字化发展提供保障。从多个方面入手采集绿色产业在发展过程中生成的数据信息，汇聚公共部门的信用信息资源，争取以最快速度创建完善社会信用体系，进而使金融能更好地为绿色产业发展贡献力量。以生态价值核算为前提，通过技术升级来破解信息不对称的困境，大力发展以生态农产品、生态旅游为主的各类中间媒介，创建庞大的生态产品交易市场，使生态资源能成为一种"市场品"，实现产业生态、生态产业的紧密衔接，使产品输出变现难的问题得到解决。三要规避绿色产业融资风险，为化解风险提供多层保障。积极发展政策性担保机构，尤其是一些由多方筹资创建的、得到了财政拨款的担保机构。对一些由国际金融公司在我国创建的与环保有关的融资项目进行科学分析和研判，避免产生不必要的损失。对绿色产业信贷提供贴息，争取产生"杠杆效应"。鼓励保险企业向市场投入更多新型绿色产业险种，尤其是要为短板项目提供风险保障，使保险产品能真正成为经济发展的稳定器。

综上所述，运用金融手段促进资源保护和生态可持续发展，可实现经济

发展与生态保护的双赢[①]。不断创新投融资模式，多方利用各种金融手段推动贵安新区的产业发展，在当前时代背景下具有重要意义，这不仅是贯彻落实习近平总书记在贵州考察时提出的"生态优先、绿色发展"要求的重要实践，也是当前落实贵州省委提出的"要紧紧围绕'四新'主攻'四化'"总体发展思路的生动实践。绿色金融更强调对经济发展的"绿色"职能作用[②]，在贵安新区绿色产业发展的过程中要实现服务更新升级，丰富产品类型、拓宽服务范围，借助多样化的绿色信贷抵质押担保形式，实现绿色金融与其他产业的合作，使绿色项目与企业发展过程中的融资需求得到更好满足。更为关键的是，要结合贵安新区绿色金融发展具体情况，创建完善的监测防控体系，从各个环节对金融风险进行科学分析、综合测评，避免遭遇"洗绿"风险，在绿色金融的支撑下实现贵安新区的产业转型升级和可持续发展。

---

① 严思屏:《生态文明视角下绿色金融价值逻辑与实践路径研究》，《经济研究参考》2020年第9期。
② 王建发:《我国绿色金融发展现状与体系构建——基于可持续发展背景》，《技术经济与管理研究》2020年第5期。

·西南文化产业·

开放互动·沉浸体验·跨界融合：实景类旅游演艺舞台空间的创新发展[*]

黎学锐[**]

摘 要 实景类旅游演艺的开放式舞台空间纳入了一切与演出相关的空间因素，除了表演空间之外，还囊括了观众空间与技术空间，它充分利用表演空间与其他各部分空间的勾连协调关系，使舞台空间里面的每一部分都能为演出服务。在实景类旅游演艺中，各种新媒体技术手段与实景自然山水以及传统舞台表演方式跨界融合，所营造出的技术空间打破了传统镜框式舞台空间的封闭式结构，将表演空间与观众空间融为一体，让观众既体验到真实景观的精彩，又感受到虚幻世界的魅力。

关键词 实景类旅游演艺；开放式舞台空间；表演空间；观众空间；技术空间

---

[*] 基金项目：本文为2019年广西艺术学院高层次人才科研启动经费资助项目"文旅融合背景下旅游演艺创新发展研究"（项目编号：GCRC201909）、广西艺术学院"南湖青年学者"人才项目（项目编号：NHXZB14）的阶段性研究成果。

[**] 黎学锐，广西艺术学院人文学院研究员、硕士生导师，主要研究方向为文化资源与文化产业。

旅游演艺主要是指以游客为主要受众，依托当地的旅游文化资源，运用各种表演艺术形式展现当地文化特色，吸引游客消费的商业演出活动。[①]旅游演艺有剧场类、实景类、巡回类、主题公园类等多种演出类型，其中实景类旅游演艺的剧场大多是露天剧场，属于开放式舞台空间，这与剧场类旅游演艺的传统镜框式舞台空间[②]大不一样。由于受到苏联现实主义戏剧大师斯坦尼斯拉夫斯基的影响，在20世纪很长的时间段里，中国的舞台演出几乎都被传统的镜框式舞台演出所垄断，在舞台空间的营造上致力于追求写实化及典型化。[③]当然，不止在中国，在全世界都一样，镜框式舞台演出是20世纪舞台演出的主流，开放式舞台演出则处于边缘。为了打破这种局面，美国戏剧家理查德·谢克纳在20世纪60年代末提出了"环境戏剧"理念，以此与镜框式舞台演出相抗衡。理查德·谢克纳把自己的"环境戏剧"理念介绍给中国学者和读者时曾这么说："我知道，甚至在七〇年代早期，环境戏剧都不是美国前卫戏剧的特性。它是全世界最为广泛运用的演出样式。只是由于在一个伟大的戏剧进步主义时期（这个戏剧时期始于易卜生终于布莱希特前后），西方殖民扩张达到了顶点时的荒谬的巧合，镜框式舞台，终端舞台式剧场样式才被如此广泛地输出和接受。这种房间界限的剧场形式，当它最早被介绍进中国时被称为'文明戏'，是一个极大的讽刺。环境戏剧是除房间界限之外的一切剧场形式。它发生于所有的空间样式中——其中某些为某种需要而整个地改造了，某些是'寻找到的'空间。未受话剧或京剧及其相关

[①] 黎学锐：《山水实景演出的概念界定》，《歌海》2016年第1期。
[②] 传统镜框式舞台空间通过舞台口（即"第四堵墙"）把演员和观众隔离开来，观众透过"第四堵墙"进入完全写实的戏剧情节之中，从而进入一种生活幻觉之中。致力于追求幻觉的"第四堵墙"理念对舞台口这个"不真实"存在的墙壁进行了理论上的解释，让人们认识到这是一面无形的却又一直存在的墙，尽管观众与演员被这面墙彻底隔开，但是透过这面墙他们却可以融入整个剧情中去。斯坦尼斯拉夫斯基不仅相信"第四堵墙"理念，还将这理念发挥到了极致。他追求产生幻觉效果的戏剧，讲究写实性、逼真性，要求演员与角色合二为一，在舞台上再现现实生活，从而引导观众置身剧情并最终入戏。斯坦尼斯拉夫斯基的一整套戏剧教学和表演体系被称为"斯坦尼斯拉夫斯基体系"，这一体系也是现实主义戏剧体系的最主要代表。
[③] 黎学锐：《环境戏剧与旅游表演：山水实景演出的两个思想来源》，《贵州社会科学》2017年第12期。

形式影响的大部分中国传统戏剧完全是环境式的。我在贵州省所看到的傩戏和地戏上演于村子广场，佛教庙宇，农田旷野，以及其他地方。'事件塑造形态'是千真万确的。"①理查德·谢克纳也发现了中国的开放式演出——傩戏和地戏，一直都在村子广场、佛教庙宇、农田旷野等地上演。用中国老话讲就是，傩戏、地戏等是"下里巴人"式的演出，而话剧、京剧等则是"阳春白雪"式的演出，分别运行于两个不同的演出体系之中。"环境戏剧"理念对开放式舞台空间的追求，为此后中国实景类旅游演艺的孕育诞生提供了思想基础。

中国最早的旅游演艺作品，如20世纪80年代初出现于西安的《仿唐乐舞》等，大多是剧场类舞台演出，一直到1997年《宋城千古情》在杭州公演，遵循的还是传统镜框式舞台演出的模式。进入21世纪之后，在新理念的引领及新技术的支持下，以《印象·刘三姐》为代表的一批实景类旅游演艺作品从传统镜框式舞台演出转向了开放式舞台演出，推动了旅游演艺舞台空间的跨越式创新发展。实景类旅游演艺的开放式舞台空间纳入了一切与演出相关的空间因素，它充分利用表演空间与其他各部分空间的勾连协调关系，使舞台空间里面的每一部分都能为演出服务。除了表演空间外，实景类旅游演艺舞台空间还把观众空间、技术空间等囊括在内。

一 开放互动：表演空间的突破

这里讲的表演空间是个小的概念，也就是以表演为主的空间。这个空间是由导演来创造和指挥的，用来布置演员的上下场、所处位置、动作朝向、行动路线等。不同于传统镜框式舞台表演空间的自我局限，实景类旅游演艺的表演空间与周边的自然景观环境和谐共生、融为一体，整个空间非常大，呈现的是开放性特征，追求的是互动性体验，经常会鼓励观众"参与"到演

---

① 〔美〕理查德·谢克纳：《〈环境戏剧〉对中国戏剧有用吗？》，曹路生译，《戏剧艺术》1997年第2期。

出中。实景类旅游演艺的表演空间主要有以下几种设计形式：一是"藏巧于水"型，二是"依山傍谷"型，三是"移步换景"型。

（一）"藏巧于水"型

自2004年实景类旅游演艺的开山之作《印象·刘三姐》公演开始，之后的每一部实景类旅游演艺作品都努力追求舞台空间的与众不同。《印象·刘三姐》的剧场最开始叫"刘三姐歌圩"，中间一度改名为"大自然剧场"，最后正式定名为"中国·漓江山水剧场"。中国·漓江山水剧场包含了之前的表演区（刘三姐歌圩）、观众席区（大自然剧场）以及主题公园区（鼓楼、风雨桥）等。对这个剧场，《印象·刘三姐》宣传册是这么介绍的："壹座与地球同龄的剧场，壹个比生命更久远的传说，最悠闲的座椅是青草，最美丽的厅墙是空气，最耀眼的灯光是日月，最伟大的演出是山水。"剧场表演区主要是方圆1.654平方公里的漓江水域以及两边江岸，演出时演员也会来到观众席前进行表演，特别是最后谢场时，村民们举着"田家河村""兴坪村""木山村""木山榨村""猫仔山村"五个村子的旗帜（旗帜上的村名相当于群众演员们的后盾单位或者说工作单位），气场十足地从观众席中走出，让观众直接置身于表演场域里面，营造出了你中有我、我中有你的氛围。在这个表演空间里，广袤的苍穹、十二座背景山峰构成了远景空间，漓江水域和江岸构成了中景空间，观众席台前区域构成了近景空间，远、中、近三个层次的表演空间融合在一起，才最终完成了这部杰作。

那么在水面上如何演出呢？艺术家们因地制宜地想出了"藏巧于水"的解决办法。《印象·刘三姐》在漓江水面上的演出靠的是竹筏，参与演出的村民们晚上将竹筏撑到江面上，演出结束后将竹筏撑回去。到了白天，这片水面碧波荡漾，几乎看不到舞台痕迹。可以说《印象·刘三姐》用最经济实惠的方式解决了看似不可能完成的水面演出问题，而且遵循了主创们定下的"宜藏不宜露，宜小不宜大，宜朴不宜洋，宜低不宜高"的设计原则，体现了"绿色艺术、环保先行"的理念，对漓江的原生态环境没有造成任何影响。张艺谋的"印象"团队在打造《印象·西湖》的时候，也因环保问题受到诸多质疑，人们都很担心在西湖内大兴土木会破坏整个湖区的自然生态环境。对此，主创团队请来了专业设计单位，设计出了一套位于水面之下通过液压系统调节升降的综合性环保型舞台。白天，舞台沉到水面下 8 米的地方，对西湖上游船的行驶完全没有影响；晚上演出的时候，舞台会升到水面下 0.3 米的地方，演员可以在上面踏水而舞。可以说，《印象·西湖》表演空间的设计借鉴了《印象·刘三姐》的"藏巧于水"模式。

（二）"依山傍谷"型

《天门狐仙·新刘海砍樵》的演出场地叫"天门山峡谷剧场"，位于张家界武陵山脉的一条长 5 公里、海拔高差 1000 余米的山涧峡谷之中，是真正的"依山傍谷"建起来的剧场。整个剧场的中心舞台搭建在溪谷之上，远望犹如一棵横卧的古树，与周围的天然景物完美相融。表演空间中最令人叹为观止的是一座跨度 60 米、高度 32 米的伸缩飞桥的搭建，在演出的高潮部分，这座隐蔽于峡谷两边的飞桥慢慢靠拢，将立于两边岩石上守望万年的刘海和狐仙聚到一起，为整场演出营造了一个圆满的结局。《印象·武隆》的剧场建在重庆市武隆区桃源大峡谷内，是一个 U 形深山峡谷，U 形的开口与游客接待中心相背，对此施工方专门从 U 形峡谷背面开凿了一条 228 米长的隧道将游客接待中心与剧场连接起来。隧道两边墙壁上有近百台投影仪不间断地投影出一幅幅与川江号子相关的老照片，营造出梦幻般的光影效果，观众前往剧场犹如走入时光隧道之中，还没看演出就已经被悠久的川江号子文化吸引。演出中，当粗犷的"过险滩哟嘿唑"号子声唱起的时候，整个峡谷传来阵阵回响，将观众带回了当年纤夫队伍过激流险滩时的场景。《禅宗少林·音乐大典》剧场坐落在中岳嵩山峡谷之中，峡谷内有禅院、石桥、溪水、树林、月亮等，构成了近景、中景、远景层次分明的实景舞台空间。观众席由曲折的木廊和禅院形态的建筑构成，座位被设计成蒲团形状，与少林寺自然景观相和谐。观众坐在蒲团上观看演出，犹如禅坐一般，眼看禅景、耳听禅音。

(三)"移步换景"型

美国戏剧家理查德·谢克纳在《环境戏剧》一书中谈到埃及人的一种仪式表演空间：每到赫布塞德节的时候，埃及人都会举行周期性的仪式公演。为了这种演出，他们修建了整个城市，建造了装饰华丽的巨型驳船沿着尼罗河顺流而下。这条河不仅仅是演出许多赫布塞德剧的液体型流动舞台，它本身就是所有埃及人生活的源泉，是一种对再现生活的巨型戏剧的活生生的参与。[①] 这种"移步换景"型的表演空间也被实景类旅游演艺借用了。

在许多实景类旅游演艺作品中，表演空间并非固定不变的，而是处于不断的变动之中。比如被称为溪流漫游实景演艺的《桃花源记》，就是将表演空间设置在多个不同的场域里面，让观众进行"漫游"式欣赏及体验。在观看演出时，游客在沅水支流秦溪下游的五柳码头登船，化身武陵渔郎，溯秦溪而上，在约一个半小时的时间内看遍整场演出的18个场景。每个场景就是一个表演空间，表演的都是陶渊明《桃花源记》里记载的相关内容，诸如"武陵渔郎""桃林夹岸""落英缤纷"等，每一个场景都呈现了桃花源如梦如幻的绝美秘境。这种开放、互动式的表演空间设计让游客摆脱了以往的枯坐式观看演出的局限，真正融入演出的氛围与意境之中。

二 沉浸体验：观众空间的整合

观众空间和表演空间是最基本的舞台空间要素，没有这两者，就无法呈现一个完整的舞台空间。实景类旅游演艺的观众空间致力于营造一种沉浸式的体验氛围，让观众能够全身心地进入表演情境，其设计的特别之处主要在于观演空间的融合以及位置布局的创新。

---

① 〔美〕理查德·谢克纳:《环境戏剧》，曹路生译，中国戏剧出版社，2001，第24页。

（一）观演空间的融合

在传统的镜框式剧场里，舞台是表演空间，观众席是观众空间，两个空间被分割为两个对立的区域，界限分明、互不干扰。不过，相对于当下观众的审美需求来说，这种被动式的审美体验让很多人难以接受，毕竟"舞台体验不仅仅要娱乐消费者，而是要使他们参与其中"[1]。作为新型的视听觉艺术形式，沉浸式演出一直努力让观众"参与"到演出中来，让演员与观众共同完成演出，因此它的观众空间与表演空间是没有绝对界限的。

因为是室外开放式演出，实景类旅游演艺观众席的设计大多借鉴了古希腊剧场的建构形态，这种建构形态可以从考古挖掘出的古希腊酒神剧场（狄俄尼索斯剧场）看出。该剧场主要利用山坡地势来建造，山坡下面的平地被设计为一个圆形的场地用于演出，沿着山坡坡度逐级而上的是观众席，观众就是在露天的山坡上观看演出。在实景类旅游演艺中，如果是"依山傍谷"型的舞台空间设计，那么观众席必然是沿着峡谷山坡建造的，比如《天门狐仙·新刘海砍樵》《印象·武隆》《龙船调》等；如果没有山坡可以依靠，则大多会通过人造坡度来进行设计，比如《印象·刘三姐》《印象·丽江》等。使用360度旋转舞台的《印象·普陀》《印象·大红袍》《神游传奇》等实景类旅游演艺作品，观众席则位于整个舞台空间的中央，通过观众席的转动来解决演出的换幕换景问题。这种舞台的特点是将表演空间、观众空间以及技术空间完全揉合在一起：倾斜面前方平台是表演空间；倾斜面上的看台设有排列成行的座椅，为观众空间；此外还设有舞台灯、照明灯等灯光系统和音响系统，组成技术空间。随着看台在水平面上360度转动，观众就会被转到不同方位的表演空间里面，从而省却了更换演出布景、道具的麻烦。此外，有的实景类旅游演艺作品连观众席都没有，观众直接走着看演出，完全沉浸在剧场环境之中。比如《寻梦龙虎山》，观众从踏入演出区域开始就进入了

---

[1] 〔美〕B.约瑟夫·派恩、詹姆斯·H.吉尔摩：《体验经济》，夏业良、鲁炜等译，机械工业出版社，2002，第37页。

整个舞台空间,这个空间里面真实环境与模拟场景交融,难以分辨真假,观众在走一程山岭、蹚一段水路的行程中,体验到了青山绿水间的灵秀之气及文化之美。这种"行进式"的观看方式,更多的还是应用于诸如《又见平遥》《法门往事》等室内情境剧中。

许多实景类旅游演艺作品在结束时,都会通过演员与观众的互动将整个表演空间与观众空间完全融为一体。《印象·刘三姐》演出结束时,参加演出的村民们会举着自己村的旗帜来到观众席前谢场;《印象·丽江》结束时则会让全体观众起立,在演职人员的带领下双手合十,一边聆听纳西语音乐《回家》,一边面对玉龙雪山祈祷许愿;《印象·武隆》演出结束时,演员们拿着移动摄像头和显示器对着当晚到场的观众进行录像,观众在显示器里会看到自己的形象,这让观众产生一种被尊重的感觉;《报恩盛典》结尾处,全场观众与演职人员共同在报恩塔下供奉烛灯。所有的这些努力都是为了让表演空间与观众空间勾连起来,将演员与观众之间的距离拉得更近,以便营造一个更开放、更平等、更人性化的舞台空间,从而让观众完全沉浸到演出中。

(二)位置布局的创新

在实景类旅游演艺的观众空间里,除了观众坐的座椅外,其他诸如过道之类的空余地方通常也是表演空间的一部分,演员们会在这些地方出场甚至表演。这也导致实景类旅游演艺的贵宾席设置与传统剧场观众席的贵宾席设置完全不一样。传统剧场的贵宾席基本上都是正中间区域的前场部分,一般为第四到第十排;而实景类旅游演艺观众席的贵宾席则是正中间区域的后场部分,这是为何呢?主要还是根据观看实景类旅游演艺的最佳视觉效果来定的。传统的舞台剧对演员的表演特别讲究,要求演员以神态、动作、台词等来表达"角色"情感,因此观众要坐得靠近舞台一点才能获得更好的观赏效果。实景类旅游演艺讲究的是整体场面,大多借助声光电等高科技手段来营造恢弘壮丽的场景,从而达到震撼人心的目的。即使是以故事情节为主的实景类旅游演艺，着重的也不是演员的具体表演细节，而是通过故事营造一种感人的氛围，从而感动观众。此外，实景类旅游演艺的表演空间非常大，需要一个居高临下的视野才能尽观全局。比如《印象·丽江》，坐在最前排的观众就只能看见舞台正后方的红色之字形坡道，而无法一览屹立于整个剧场后面的玉龙雪山的风姿，只有坐在观众席后场制高点的贵宾席上，才能更好地观赏到演出背景里不断变化的玉龙雪山风貌，从而完全沉浸其中。

三　跨界融合：技术空间的支撑

从狭义上说，实景类旅游演艺的舞台空间只包含表演空间与观众空间；从广义上说，一切与演出有关的空间元素都可以看作实景类旅游演艺的舞台空间，技术空间是继表演空间与观众空间之后最重要的实景类旅游演艺舞台空间元素。实景类旅游演艺是各种新媒体技术手段与实景自然山水以及传统舞台表演方式多渠道、多层次、多领域跨界融合而造就的新型视听觉艺术，如果没有高新技术营造出的光彩耀人的场面，实景类旅游演艺是很难满足当代观众日新月异的审美需求的。对实景类旅游演艺而言，"舞台空间的技术化运用，既是作品成功的关键，也是编导专业成熟的标志，更是风格化的有力体现"[①]。从最初的声光电使用，到 LED 大屏幕的普及，到大型机械装置和威亚特技的推广，再到当下最新的 3D、4D 全息投影技术的运用，十多年来，实景类旅游演艺每前进一步都与高新技术的跨界融合密切相关。实景类旅游演艺的技术空间支撑主要包括舞台视听系统、LED 大屏系统、机械吊挂系统等方面。

（一）舞台视听系统的支撑

实景类旅游演艺视听效果的完美呈现离不开舞台视听系统的合理使用。

[①] 王蕾：《技术美学视域下的舞蹈舞台空间研究》，《北京舞蹈学院学报》2018 年第 1 期。

长久以来，室内舞台演出运用定光、追光、聚光等技术营造出的灯光效果一直让观众印象深刻。不过，在《印象·刘三姐》等实景类旅游演艺接连出现之后，观众对舞台灯光效果的印象就不仅仅是深刻，而是震撼了。如果说，传统的室内舞台演出灯光只是一种技术的话，那么在实景类旅游演艺中，灯光更是一种创意。由于实景类旅游演艺大多在夜间演出，整个舞台空间又大，用什么来填满黑暗中这一大片空间呢？毫无疑问，用灯光。因此一台实景类旅游演艺作品如果没有好的灯光效果，是很难笼络人心的。实景类旅游演艺的灯光使用主要遵循三条原则，一要考虑是否对自然环境造成光污染；二要考虑是否能够增强演出效果、调动观众情绪；三要考虑能否掌控演出节奏、推动情节发展。

王宇钢是《印象·刘三姐》《印象·大红袍》《天门狐仙·新刘海砍樵》等多个实景类旅游演艺作品的灯光总设计，他认为："在整场演出当中，演出灯光变化的契机是连接演出中灯光各变化之间的关节点，是灯光艺术中形成变化起伏与旋律、节奏的指挥棒，是渗透剧情、推动情节、渲染情感、辅助表演及深化戏剧主题的催化剂。"[①] 比如《印象·刘三姐》中的灯光设计主要就是为了渲染情感及深化主题。《印象·刘三姐》的舞台空间非常广阔，可以分为远区、中区、近区三个区域。远区主要是充当背景的十二座山峰，其中最远的一座距离观众席达10公里，这就需要用强功率的探照灯将山体给呈现出来。中区江面上及江两岸的表演区域离观众席有100米以上，为了让观众看清表演，这一区域的灯光饱和度要高，只有这样才能呈现出主创们想要表现的与色彩有关的五大主题场景：《红色印象·山歌》《绿色印象·家园》《蓝色印象·情歌》《金色印象·渔火》《银色印象·盛典》。在"红色印象"场景中，要让江面上黑暗中的红色长绸呈现出大红色彩，这就需要红色特效灯光不仅打在红绸上，还打在江水上，让观众以为红绸映红了江水，从而在红潮翻滚中留下了深刻的红色印象。

---

① 王宇钢：《舞台灯光设计》，中国经济出版社，2006，第133页。

2004年公演的《印象·刘三姐》只用了200多台电脑探照灯及LED灯，仅仅过了不到三年，《禅宗少林·音乐大典》就将这一数字增加了十多倍，整场演出用了2800多台各类电脑灯，这些灯从山下一直连接到1400米高的山顶。演出中14盏3000瓦的投影灯照向其中一面山，投影出佛的头像，当灯光打开的时候，瞬间带给观众一种舞台空间的扩张感，紧接而来的则是屹立眼前的大山带来的压迫感。不过对《禅宗少林·音乐大典》来说，音响系统比灯光系统更加重要，因为音响在演出中所要承担的角色不仅仅是单纯地传送对白或音乐，更多的是配合演出，在不同的时段要将不同的人声、器乐声、自然声等完美呈现出来，达到视听一致的效果。为此，《禅宗少林·音乐大典》专门请来英国音响专家进行设计，采用了十二个声道的全数字环绕声系统。同时为解决依地势自然分布的3000多个观众席位声音声场不均匀、声压不一致及延时现象，主创团队通过不断地调试设备、转换音响角度，最终达到了"声随人动、声像定位"的演出总体要求。

（二）LED大屏系统的支撑

实景类旅游演艺如果单单靠一个小区域内的自然山水景观来布景，会有不少局限，毕竟一个有限的舞台空间不可能完全原生态地呈现一年四季的不同景物，这就需要LED大屏作为背景板来进行内容补充。早期的LED屏幕在实景类旅游演艺中多用于展现视频资料，到了今天，LED屏幕则完全参与到舞台表演中来，极大地丰富了演出的内容，已经变成了演出舞美极其重要的构成元素。

LED大屏在《印象·刘三姐》中已经有所使用，但整个屏幕还偏小，而且只是用于播放一段电影视频及介绍主创人员信息等，很少用来营造演出效果。到了2010年的《中华泰山·封禅大典》，LED大屏则成为整个舞台的主要组成部分。《中华泰山·封禅大典》演出舞台利用6大块组合式LED大屏幕拼接成阶梯式舞台，这个面积惊人的开合式户外LED屏，在演出过程中要进行16次高难度开合，将秦、汉、唐、宋、清等朝代的时代特征及人情风物一一展现，带给观众无限的想象空间。2018年中央电视台春节联欢晚会泰安分会场的演出场地，就是在《中华泰山·封禅大典》剧场里，最后通过LED大屏幕呈现出来的良好演出效果，让全国观众在除夕之夜享受到了全新的视听盛宴。LED屏幕还可以用来制作诸如月亮这样的道具，在《印象·刘三姐》《禅宗少林·音乐大典》等作品中都有用过。《印象·刘三姐》的"蓝色印象"篇中，用LED屏幕制作成的一湾浅浅的月亮漂浮在江面上，月亮女神在弯月上翩翩起舞。在"银色印象"篇中，银珞姑娘身着缀有LED串联灯泡的服饰，手牵手走过江面的浮船，由于当时主创们还不太懂利用高科技手段去营造氛围，因此演员们只能通过逐一开灯灭灯来营造视觉效果，不过这反而收到原生态美感的奇效。《禅宗少林·音乐大典》则用LED屏幕制作了直径达20米的"月亮"，演出开始后"月亮"从嵩山密林中徐徐升起，还不时变化出圆缺的形状。

正是有了LED大屏幕的介入，实景类旅游演艺的内容得到大大的丰富。通过这样的大屏幕，实景类旅游演艺可以制作播放任何想象得到的静态的、动态的、写实的、写意的画面。"以前传统布景所无法完成的效果，可以用视频轻松自如来实现，视频在画面的变换上要比传统的布景更为方便灵活，它瞬间就可以完成画面的转换，它有传统布景所无法比拟的灵活性和丰富性，它与舞美形象结合所营造出的唯美画面可以营造更丰富的想象空间，比实景更有气氛，能直接影响观众的心理，左右观众的情绪变化。"[1]可见，LED大屏幕画面能带给观众更为生动逼真的演出效果。

（三）机械吊挂系统的支撑

机械吊挂系统由于灵活多变性，大大提高了舞台空间的利用率，比如需要用时可以升起展开、不用的时候就降下收缩，因此在实景类旅游演艺中备受欢迎。

---

[1] 李广成：《舞美形象与视频灯光一体化设计的探索》，《北京舞蹈学院学报》2010年第4期。

当下的实景类旅游演艺作品大多使用了升降式舞台、360度旋转舞台等自动化的舞台系统。《报恩盛典》的地下升降式舞台系统设计与《印象·西湖》的水下升降式舞台设计原理是一样的，只是它的舞台是埋在地底下。《报恩盛典》的演出场地位于南京大报恩寺遗址博物馆内，如何设计这台演出的舞台空间让人颇为费神。主创团队采用的办法就是将舞台与观众席深埋地下，观众白天游览大报恩寺遗址博物馆而浑然不觉脚下会有一个大型舞台；夜晚演出时，观众席与舞台从地下升起、展开，博物馆里的空地变身为《报恩盛典》的舞台空间。《希夷之大理》号称拥有亚洲最复杂的机械舞台，这个巨大的机械舞台具备快速升降、横轴翻转、立轴旋转、平面移动、分裂炸开、火焰燃烧等多种功能，可以营造出各种让人眼花缭乱的演出效果。《龙船调》通过舞台机械制造了一套开河系统，当舞台机械打开之后，瞬间形成巨大的流水瀑布。可移动升降式舞台机械让全长 120 多米、宽近 10 米、深 10 多米的河道在 10 多秒的时间内在观众席前打开，那种地表撕裂及湍流冲击所营造出的效果让观众感受到了山崩地裂、地动山摇的壮美景观。

四 结语

"现代科学技术的飞速发展早就极大地改变了艺术家们的创作观念和方式，在层出不穷的新材料、新技术的推动下，许多与众不同的、前所未有的艺术新形式被艺术家们创造出来。"[①] 高新技术手段与实景自然山水以及传统舞台表演方式的跨界融合，大大丰富了实景类旅游演艺的表现形态，让其内容制作实现了质的飞跃，也让跨界的视听觉叙事方式成为当下实景类旅游演艺的主流发展趋势。总之，实景类旅游演艺开放式舞台空间让表演空间、观众空间与技术空间融为一体，给观众带来了与传统镜框式舞台空间所不同的互动性、沉浸性、跨界性的审美体验。当然，除了表演空

---

① 黎学锐：《中国传统山水理念与山水实景演出美学特征》，《南方文坛》2019 年第 3 期。

间、观众空间及技术空间外,实景类旅游演艺的舞台空间元素还包括候场空间、交通空间、休息空间等,所有这些空间元素都在为整台演出服务,这样的舞台空间创新设计使得实景类旅游演艺走向了更为广阔的跨界艺术领域。

· 西南文化产业 ·

我国民族地区生态博物馆发展反思
——基于文化保护导向的关系互动研究

张玥唯　汪　际[*]

摘　要　民族地区生态博物馆的建立与发展都和文化保护息息相关。现阶段,我国生态博物馆的主要利益群体包括当地居民、政府、专家、资方、游客和社会组织。本文利用社会资本理论分析了各利益群体的互动关系及生态博物馆的内部关系:当地居民同村寨之间亲密纽带关系逐渐弱化,社会力量桥接关系缺失,以及行政、学术和市场三种权威下联结关系固化。另外,本文还发现文化保护原则影响和塑造了生态博物馆的各类关系互动,这些关系互动也对文化保护原则的制定与实施有影响。

关键词　生态博物馆;关系互动;利益群体;文化保护

---

[*] 张玥唯,贵州民族大学在读博士研究生、贵州师范大学讲师,主要研究方向为社会学;汪际,贵州省教育科学院正高级教师,主要研究方向为文化地理学。

一 问题与背景

生态博物馆一词始于1971年的法国①。戴维兰与里维埃是生态博物馆理论的主要奠基人。随后两人又各自发展了自己的生态博物馆理论，并不断修正对生态博物馆的认知。根据2010年《博物馆学大辞典》的定义：生态博物馆，是一个致力于社区发展的博物馆化的机构。它融合了对该社区所拥有的文化和自然遗产的保存、展现和诠释功能，并反映某特定区域内一种活态的和运转之中的（人文和自然）环境，同时从事与之相关的研究。但在全球范围内，关于生态博物馆的定义仍然存在较大差异。所以，生态博物馆的建设与发展模式也并没有统一而固定的形态。

我国学者苏东海作为生态博物馆领域的开拓者，从20世纪80年代起就将生态博物馆的相关理论引入学术界。安来顺强调生态博物馆的四个关键词：广义的遗产、社区区域、公众记忆和当地居民②。潘守永则将"以社区为中心和把遗产留在当地"作为两个核心来概括生态博物馆的发展目标③，主张兼容"保护与发展"双重主题④。自我国在贵州建立第一个生态博物馆之后，多个民族地区相继建立了生态博物馆。民族地区在生态博物馆建设中占有明显的区域文化优势，同时也反映了中国政府对少数民族文化的一贯尊重与重视⑤。金露将这一现象总结为：一是考虑到传承民族文化和保持遗产原真性的整体、活态、在地保护；二是与民族地区的经济发展以及旅游扶贫密切相关⑥。可以说，在我国近30年的本土化实践中，民族地区生态博物馆主要是作为"文化

---

① Peter Davis, *Ecomuseums: A Sense of Place*, New York: Leicester University Press, 2011, p. 84.
② 安来顺：《国际生态博物馆四十年：发展与问题》，《中国博物馆》2011年第6期。
③ 潘守永：《"第三代"生态博物馆与安吉生态博物馆群建设的理论思考》，《东南文化》2013年第6期。
④ 潘守永：《生态（社区）博物馆的中国经验与学术型批判反思》，《东南文化》2017年第6期。
⑤ 段阳萍：《中国西南民族地区不同类型生态博物馆的比较研究》，博士学位论文，中央民族大学，2012。
⑥ 金露：《生态博物馆理念功能转向及中国实践》，《贵州社会科学》2014年第6期。

遗产综合保护和利用的工具"[①]。

然而，就我国生态博物馆的发展而言，特别是在民族地区的文化保护有效性上，一些学者难掩失望。特别是针对第一代、第二代民族地区生态博物馆，如孟凡行、方李莉和安丽哲等在与苏东海的对话中更是直言"没有对当地文化起到理想的保护和传承作用"[②]。总体来说，虽然我国民族地区的生态博物馆在发展中遇到了一些挫折，也受到了一些学者的质疑，但就目前所取得的成就来看，依然是利大于弊的。越来越多的居民逐步意识到文化保护的重要性，自觉维护自身文化遗产。因此，正确认识文化保护对于生态博物馆的发展有重要的指导意义。

在文化保护的原则下，我国民族地区生态博物馆发展相关的各利益群体之间产生了丰富的互动，形成了复杂的关系。对此，我国专家进行了较为丰富的论证。但是受到学科的限制，大多数研究集中在政府、专家和当地居民[③]以及旅游开发所带来的游客群体上，忽视了实际参与的资方和潜在的社会组织群体。另外，对生态博物馆内部关系也暂没有较完整的关系梳理。

因此，以下几个问题值得进一步探讨：在我国民族地区生态博物馆的建设与发展中，有哪些主要的利益群体？相关各利益群体的复杂关系是如何形成和互动的？这些关系在我国民族地区生态博物馆文化保护导向下，对生态博物馆的发展有何影响？

二 文献回顾

（一）社会资本理论

法国学者布迪厄（Pierre Bourdieu）提出了社会资本的相关概念。不同形

[①] 曹兵武：《生态博物馆探索与生态文明建设：兼谈文化遗产的活态保护与传承问题》，《中国博物馆》2018 年第 1 期。
[②] 孟凡行、苏东海等：《生态博物馆建设与民族文化发展——以梭戛生态博物馆为中心的讨论》，《原生态民族文化学刊》2017 年第 9 期。
[③] 李银兵、李丹：《生态博物馆建设中的三种关系辨析》，《东南文化》2017 年第 6 期。

式的资本相互交织在一起，产生了涟漪效应。各种形式的资本作为相互联系的构件而存在。每种形式的资本都是其他形式存在的必要条件，同时又依赖于其他形式的存在。

Robert Putnam 提出社会资本中的"纽带和桥接"（bonding and bridging）[1]和 Michael Woolcock 提出的"联结"（linking）[2]用于解释社会关系的互动与形成。具体来说，纽带（bonding）指的是同质群体内部的关系，发生在相似的成员之间；桥接（bridging）是指异质群体之间的关系，发生在年龄、种族或经济地位不同的人之间；联结（linking）即当个人与机构或其他具有相对权力的个人建立关系时，就会发生联系。其中，桥接意味着横向的相互关系，而联结则更多的是指纵向的联系。

利用社会资本理论，分析各利益群体的利益目标和与其他群体的纽带、桥接和联结关系，可以回答在文化保护导向下我国民族地区生态博物馆各利益群体之间的关系和生态博物馆内部关系的形成、互动、变化以及对文化保护的影响。

（二）生态博物馆各利益群体关系研究

就这一研究主题，Lisa Schultz、Carl Folke 和 Per Olsson 将瑞典南部的生态博物馆作为研究主体，其结论指出了社会资本对于生态博物馆发展的重要性[3]。Andrew Newman 和 Fiona McLean 则试图通过研究利用相关利益群体的社会资本、文化资本和身份资本等来提升博物馆使用者的体验[4]。还有 Hilary T. Porter 等于 2017 年通过对艺术人类学家盖尔（Alfred Gell）*Art and Agency*

---

[1] Robert Putnam, *Bowling Alone: The Collapse and Revival of American Community*, New York: Simon and Schuster Paperbacks, 2000, pp. 21-22.

[2] Michael Woolcock, "The Place of Social Capital in Understanding Social and Economic Outcomes", *Isuma* 2, 2001, p. 13.

[3] Lisa Schultz, Carl Folke and Per Olsson, "Enhancing ecosystem management through social-ecological inventories: Lessons from Kristianstads Vattenrike, Sweden", *Environ Conserv* 34, 2007.

[4] Andrew Newman and Fiona McLean, "Capital and the Evaluation of the Museum Experience", *International Journal of Cultural Studies* 7, 2004.

中的核心概念与布迪厄的理论融合，回答生态博物馆中各关系是如何发展和运作的，以及这种关系形成的机制。并得出了获得生态博物馆的相关社会文化资本是以参与其项目和活动为前提的，由下至上的垂直化内部关系对生态博物馆的发展有着至关重要的作用。而进一步拓展和扩大社会网络，可以转化为各种资本以更好地发展生态博物馆①。

我国博物馆学将研究视角放在"政府—专家—当地居民"三者的关系上。虽然当地居民被视为生态博物馆的"主人"，但是较多的学者在研究中认为在我国民族地区，生态博物馆存在角色错位的"文化代理人"现象②。旅游学界的吴必虎、黄永林、张成渝等学者都对"生态博物馆+旅游"的发展模式表示了肯定，形成"政府—资方—当地居民—游客"四者的关系模型。人类学和民族学的专家较关注文化变迁与当地居民异化而导致的关系问题。方李莉指出本地居民文化自觉性与主体性的缺失，进一步指出"警惕潜在的文化殖民趋势"，并质疑"谁能拥有文化解释的权力"③。随着生态博物馆的发展，被长期视作同质群体的内部产生了分化，比如贵州梭嘎生态博物馆中其他村寨对资料中心所在地陇嘎寨就透露"羡慕之情"④。另外，还有研究关注到角色与关系的动态变化，提出一些角色上可能存在的重叠性⑤。

由此可见，以上研究成果较为丰富。但是在我国民族地区文化导向下的生态博物馆建设中，与之相关的各利益群体的关系模型架构受到学科限制，没有得到较全面、系统的罗列和研究。虽然，近年来有学者开始关注引入多元利益主体参与生态博物馆建设，如曹兵武在谈及文化遗产保护问题时，针对生态博物馆的建设鼓励社会力量参与，还建议通过"咨询委员会+理事

---

① Hilary T. Porter, et al., "A Study of How Agents Gain Socio-cultural Capital Through Participation Within Flodden 1513 Ecomuseum", *Post-graducation Dissertation, Vrije Univesiteit Amsterdam*, 2017.
② 甘代军、李银兵：《生态博物馆中国化的两种模式及其启示》，《贵州民族研究》2009年第3期。
③ 方李莉：《警惕潜在的文化殖民趋势——生态博物馆理念所面临的挑战》，《民族艺术》2005年第3期。
④ 段阳萍：《中国西南民族地区不同类型生态博物馆的比较研究》，博士学位论文，中央民族大学，2012，第60页。
⑤ 钟经纬：《中国民族地区生态博物馆研究》，博士学位论文，复旦大学，2008，第115页。

会+业态委员会"的模式在具体的运营和治理中对相关各类关系进行调节[①]。还有学者提及了对相关利益群体的行为进行规范及相关"公约"[②]的制定，既是对这些关系下潜在的冲突进行预防性的调节，也意在通过限制一些关系的形成和僵化，促使生态博物馆的社会资本多样化和灵活化。但实际上，这些相关内容在已有的研究中大多简化了其中复杂而变动的关系，成果比较有限。

总而言之，我国民族地区生态博物馆相关利益群体不应仅仅只涉及政府、专家、资方、游客和居民，实际上参与其发展建设的还应该包含相关社会组织。就生态博物馆内部而言，简单来说包含馆群关系、资料中心与原生村寨之间的关系、各原生村寨之间的关系以及当地居民内部关系等。

三 生态博物馆相关利益群体及内部关系概述

综合国内外的相关资料，结合我国各学科对生态博物馆关系分析的主体，本文将利益群体主要划分为六种：政府、资方、专家、当地居民、游客和社会组织。从表1中的互动对象、互动内容以及自身的预期目标可以看出文化保护原则对各类利益群体的互动范围、互动目标以及群体之间的关系均有塑造和影响。

表1 各利益主体之间的相互作用和自身预期目标

利益主体	互动对象	主要互动内容	自身的预期目标
当地居民	政府 资方 专家 游客 社会组织	贯彻发展与保护政策 提供人力资源 保持民族文化多样性 提供旅游服务 提供服务对象	获取经济收益和社会地位、保护自身的传统文化、通过文化自觉实现生态博物馆的建设目标

---

① 曹兵武：《生态博物馆探索与生态文明建设：兼谈文化遗产的活态保护和传承问题》，《中国博物馆》2018年第1期。
② 钟经纬：《中国民族地区生态博物馆研究》，博士学位论文，复旦大学，2008，第119~123页。

续表

利益主体	互动对象	主要互动内容	自身的预期目标
政府	当地居民 资方 专家 游客 社会组织	提供基础建设、社会保障与发展指导 提供市场规范与开发的机会 提供政策保障 提供权益保护 政策支持	提升行政影响力及社会效益、获取税收、保护多元文化、与其他各群体协同治理好生态博物馆社区
资方	当地居民 政府 游客 社会组织	提供就业岗位 带来政治、经济及文化效益 提供产品与服务 提供资源	主要是获取经济回报，在有能力的条件下提供有助于生态博物馆的其他服务
专家	当地居民 政府 社会组织	提供文化保护指导 提供智库服务 提供指导工作	文化保护
游客	当地居民 政府 资方 社会组织	带来经济收入与文化交流 带来资金与信息 带来经济收入与信息 提供信息	个人体验、文化了解
社会组织	当地居民 政府 资方 专家 游客	提供资源、信息和帮助 提供资源、信息和帮助 提供资源、信息和帮助 提供信息 提供信息与帮助	协调关系、赋能、提供补偿性或替代性方案、激励和动员

由此可见，在文化保护的原则下，当地居民、政府、专家、资方、游客和社会组织分别扮演不同的角色、承担不同的任务。通过一定的协作实现生态博物馆的良性发展，体现出其利益的一致性。但是在现阶段，这些利益群体之间已经出现一些问题，还可能有潜在的不协调性关系（见表2）。其中，O代表潜在利益的一致性；X代表潜在利益的不协调性。

表2 文化保护导向下各利益主体的关系分析矩阵

	当地居民	政府	资方	专家	游客	社会组织
当地居民		OX	OX	OX	OX	O
政府	OX		OX	OX	O	O
资方	OX	OX		OX	OX	O
专家	OX	OX	OX		OX	O
游客	OX	O	OX	OX		O
社会组织	O	O	O	O	O	

另外，就生态博物馆内部而言，当地居民个体之间、村寨与村寨之间、生态博物馆与生态博物馆之间、资料中心与当地居民之间都存在紧密关系（见图1）。

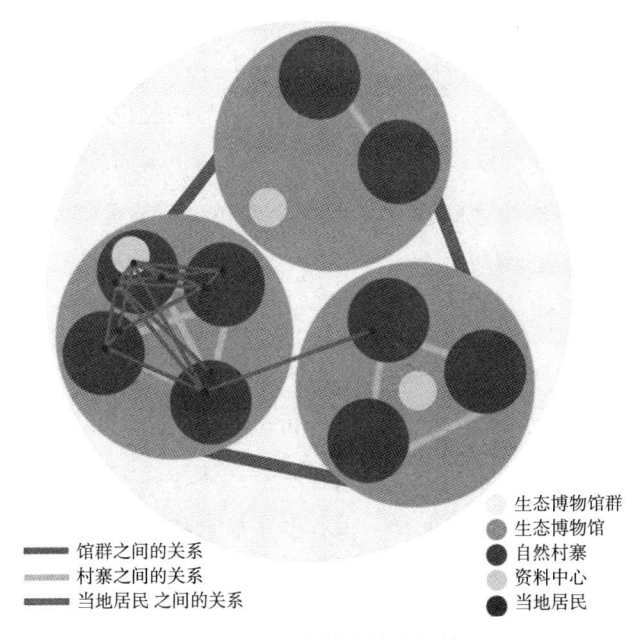

图1 生态博物馆内部关系

综合表1、表2和图1可以看出：在同质的生态博物馆内部，当地居民个体之间、村寨与村寨之间、生态博物馆与生态博物馆之间是一种较为亲密的纽带关系。而作为异质的群体，政府、资方、专家、游客和当地居民之间有桥接关系。而联结关系的形成最有可能体现在政府、资方和专家同其他的群体之间，表现为以行政、市场和学术为主的三种权威。也就是说，政府对应的行政管理职能下，政府与资方、政府与当地居民之间存在联结关系；专家作为文化指导者，与当地居民存在联结关系，在一定程度上学术权威性同政府和资方也存在具有联结关系的可能；为了谋求经济发展，资方也对当地居民提出了要求，形成市场和当地居民的联结关系。这与我国的现实国情和我国民族地区的社会、经济和文化等客观基础是紧密相连的。根据我国三代生态博物馆的指导原则，以"当地居民为中心"的原则依然在具体实施中受阻重重，政府和专家的权威地位从未动摇。另外，在旅游开发的渗透过程中，由于对经济利益的追求，市场的权威性也逐步体现。而由于社会组织的缺乏和社会力量的缺场，社会权威丧失了对其他三种权威关系的调节，进一步使行政、学术与市场的权威固化。由此，我国生态博物馆极易在更大的社会语境中遭受冲击而失去平衡。各利益群体的矛盾与问题也会逐步积累，并有可能在一定的阶段爆发。反观西方，作为主要参与生态博物馆建设与发展的社会组织，分别与各群体之间建立了桥接关系和联结关系，起到了调节关系、提供资源和赋能等重要作用。

另外，纽带、桥接和联结三种关系并不是一成不变的。随着生态博物馆的发展、社会结构和文化的变迁，社会关系也会发生变化，同时也会对社会结构及文化产生较大影响。下面通过分析纽带、桥接和联结的变化，可以使贵州梭嘎生态博物馆内部关系及相关各利益群体在我国文化保护导向下所形成的诸多关系变得更加清晰可辨，也有助于显示相互关系的动力和对文化保护原则的影响。

四 文化保护导向下的贵州梭嘎生态博物馆关系分析

我国民族地区的建设基础与西方经济社会相比有较大差距，西方社会的发展与保护并未像我国生态博物馆的实践所表现的那样，成为一对较为突出的主要矛盾。西方社会发展相对均衡，社会形态与经济水平基本上是同质的，文化保护往往出于一种文化自觉。对于我国民族地区，特别是对于刚建立生态博物馆的贵州来说，一方面经济发展是政府的重要任务，也是当地居民的迫切要求；另一方面，民族文化的保护也是政府必须面对的现实任务。

在理论上，文化保护和生态博物馆的发展往往蕴含着对现代性的反思与高度的文化自觉意识。生态博物馆作为一面镜子，旨在通过外部反射出内部的文化内涵。当地居民可以从信息库中看到自己习以为常的家园和文化，增进对本民族的认同感与自豪感，从而通过文化自觉和文化再生产进一步促进自身文化发展。而在贵州梭嘎生态博物馆的具体实践中，居民在当地社会没有接受深刻的现代化洗礼的情况下，无法在短时间内自发地产生文化自觉的情感需求，也无法及时自觉地对现代性进行文化反思，在时间上有一定的滞后性。所以，与之相关的问题与矛盾也是逐步暴露并且变化的。在各利益群体的界定上也并非界限分明，而是存在不同时期的角色重叠和变化现象。另外，文化反思与文化自觉是一种非内源自生型的外源驱动型建构，相关利益群体与当地居民的复杂关系势必会影响文化保护导向下的文化自觉的形成，可能出现融合与协调、抵触与冲突的问题，并且面临复杂性和长期性。

具体到贵州梭嘎生态博物馆的发展中，通过政府与学者的前期调研论证，各级政府积极邀请挪威专家和基金会参与我国第一座生态博物馆的建设。最终挪威与中方政府共同出资建设生态博物馆，共同提出了"六枝原则"，共同为当地居民提供了相关的设施设备与教育培训等。在建设之初，中外专家组成的团队与各级政府开展了大量的合作。其中很多资源，包括物质和人力都是共享的。中国政府和挪威基金会共同担任资方，中国学者和挪威学者共同成立专家组。而挪威团队撤出后，梭嘎生态博物馆的运营又全部落到了我国各级政府手中。"挪威模式"随着挪威专家的撤出被质疑、被修正，学术的话语权也全部回到了国内学者的手中。政府和专家既是当地居民在心理上对外互动的主体，又是在实际中真实参与生态博物馆日常的"内部人"。因此，从生态博物馆内部的视角上看，政府作为行政上的权威、专家成为学术上的权威，和当地居民之间分别形成了联结关系。即政府和专家对当地居民有相对的权力或权威。由此可见，当地居民与政府、当地居民与专家联结关系的形成与互动与其自上而下的行政管理设置和我国第一代生态博物馆提出的"政府主导、专家指导，村民参与"模式是有关联的。还有，由于担心旅游开发对文化保护的影响，在初期挪威方面明确梭嘎的旅游开发是不被纳入生态博物馆发展计划的。但是即使不在主观上刻意地进行旅游开发，在现实中"开放"的生态博物馆客观存在游客这一群体。政府和专家为了文化保护而对一些经济活动提出限制，部分居民对此表现出一些抵触情绪。后来，对旅游和教育全盘否定的原则被修正和调整，当地居民表面上接受了政府和专家的意见，但仍然"表面一套、背地一套"，对游客"追售"工艺品和进行刻意的"文化表演"。随着各利益群体对这些问题的反思和修正，梭嘎生态博物馆在这一方面的经验为后来自身以及其他生态博物馆文化保护原则的制定提供了新的线索和方向。

虽然我国民族地区的生态博物馆建设都是以"群"为整体考虑的，但是在现实中生态博物馆与生态博物馆之间的联系甚少、关联性较差，并没有形成真正意义上"群"的概念。从整体上看，贵州梭嘎生态博物馆解决了当地的"水、电、路"三通工程，改善了当地的交通状况、住房状况等其他基础建设，以及建立了希望小学鼓励女童接受教育培训等。整个区域内的生产、生活水平及相关文化教育程度都有所提升。但是在生态博物馆内部，村与村之间存在差异。

生态博物馆虽然破除了传统博物馆的墙体限制，但依然存在物理空间上的地域范围。在贵州梭嘎生态博物馆，资料中心建立在陇嘎寨，辐射到周围共12个自然村寨。虽然资料中心尽量根据当地民居的形式建立，通过建筑材质、色彩的运用与当地建筑浑然一体，但是从当地人的视角上看，在时间意义上依然属于"新房"。博物馆建筑的仓储内容、展示功能和开放形式对于当地居民仍属于"新"的生产生活内容。陇嘎寨的当地居民受资料中心的影响扩大了社会交往面，有了更多的学习与交流的机会，并与其他人在成长中形成纽带关系。涉及经济、生态、文化、生产和生活等各方面的话题都被放入了生态博物馆这个公共领域进行讨论，一些个人事务也转换成了生态博物馆的集体事务和公共事务。由此，生态博物馆的资料中心因其具有的储存、接待和展示功能逐步成了生态博物馆的代名词，而其所在的陇嘎寨也成了生态博物馆的现实边界。这使得文化变迁的速度在陇嘎寨与其他村寨产生了差异，而这种差异则导致了陇嘎寨与其他村寨之间的分化越来越大。村与村之间原本的同质纽带关系慢慢向异质的桥接关系转变。而不断异化的村寨之间关系又进一步作用于文化变迁，对文化保护和文化发展提出新的问题。

另外，同一个村的当地居民群体也出现了分化。一是内部社会结构的变迁动摇了传统的村寨管理体系。寨老（道德）、寨主（行政）和鬼师（宗教）三者的权威地位受到削弱，文化遗产传承人与地方能人也在一定程度上受到了行政、学术和市场权威的"权力架空"。二是受到外来文化冲击的当地居民从生态博物馆这个"镜子"中反观自己的文化，普遍产生了一种自卑心理。虽然当地居民已经具有一定文化程度且认识到文化保护的非经济价值的重要性，但有这种意识的居民通常是在生态博物馆发展中获益获利较多的人，他们成了当地新的精英而区别于其他居民。三是本地居民与外部社会的文化趋同性问题，主要体现在价值观和生产、生活模式上。在当地居民与政府、资方、专家和游客等的接触过程中，桥接的作用逐步体现。但由于各自基础条件不同，生态博物馆并未能在短时间内使得每一个人在经济上共同富裕，在社会职务上也非人人平等，甚至在短期内还加大了贫富差距，从而进一步改变了一些居民的价值观。同时，这些变化使一些居民对外面社会有了更多的向往，部分有过外出学习经验的当地青壮年离开生态博物馆所在地，进一步导致文化传承出现断档。由此可见，在当地居民之间，桥接和联结关系的逐步形成弱化了纽带关系。这些现象对生态博物馆文化保护原则在一定时期内的有效性提出了质疑，也对接下来的文化发展提出了新的要求。

五　总结与讨论

综上所述，贵州梭嘎生态博物馆，在强调文化保护的指导原则下，各群体都与当地居民有着较为紧密的联系。各群体之间水平化的横向交流在模式上和范围上有限，并随着我国生态博物馆的深入发展而产生改变。另外，生态博物馆自身的内部关系也产生了分化和变迁。特别是由于民族地区自身社会的脆弱性和与外界社会的差异性，在政府、专家和市场三方的外源驱动下，当地居民之间和村寨之间的纽带关系逐渐减弱。但是，由于与其他多个群体的频繁接触，受到外源性的文化意识建构，当地居民与其他利益群体之间的桥接和联结关系大大增强了。同质纽带关系的削弱和异质桥接、联结关系的增强在一定程度上反映了生态博物馆的建设与发展带来的巨大变迁，同时也提供了广阔的发展空间和提出潜在的文化保护挑战。

一方面，这些关系的形成与互动，在一定程度上受我国民族地区生态博物馆文化保护导向的影响。另一方面，这些关系也反作用于文化保护，对初期提出的一些目标和导向进行了反思和修正，让生态博物馆真正地发挥了"镜子"的作用。通过生态博物馆发展而形成的文化反思与文化自觉将有利于生态博物馆的可持续发展。

最后，基于较为落后的经济社会条件、较为脆弱的文化生态状况以及相似的文化保护原则，我国民族地区生态博物馆大多面临着与贵州梭嘎生态博物馆类似的现状和问题。因此，如何逐步解决由于当地居民之间和村寨之间纽带关系弱化而带来的原子化问题、社会力量桥接关系不在场而产生的沟通有效性问题，以及行政、学术和市场权威下联结关系的固化问题等，在我国民族地区生态博物馆接下来的实践与发展中还值得深入探讨。

·西南文化的现代叙事·

乡村振兴背景下羌族地区特色村寨保护与发展

耿 静 陈安强 张可佳 阿苏克的莫 王海燕[*]

> **摘 要** 本文通过对四川羌族地区特色村寨调研，梳理了羌区特色村寨保护与发展的举措，针对特色村寨保护与发展的瓶颈提出五点对策建议：以乡村振兴战略为统领，加大特色村寨的资金投入，完善规划管理，扩大宣传和影响力；以川西北生态示范区为建设目标，切实加强特色村寨的生态治理；推进"四好农村路"建设，提升特色村寨基础设施水平；抓实文化保护、突出文化特色，打造精品羌寨；加强乡村人才队伍建设，助力特色村寨振兴发展。
>
> **关键词** 乡村振兴；羌区；特色村寨

2009年，国家民委、财政部联合开展少数民族特色村寨保护与发展试点工作。迄今，已先后命名了两批次共计1057个少数民族特色村寨，其中四川省有55个。四川少数民族地区涌现出一批民居特色突出、产业支撑有力、民族文化浓郁、人居环境优美、民族关系和睦的村寨，对推进民族地区乡村发

---

[*] 耿静，四川省民族研究所研究员，主要研究方向为西南少数民族历史文化、羌族社会发展；陈安强，四川省民族研究所副研究员，主要研究方向为羌族社会发展；张可佳，西南民族大学副研究员；阿苏克的莫，四川省民族研究所助理研究员；王海燕，四川省民族研究所副研究员。

展有着重要的示范带头作用。

党的十九大做出实施乡村振兴战略的重大决策部署,是新时代我国"三农"工作的根本遵循和重要举措,对民族地区全面建成小康社会具有重大意义。少数民族特色村寨如何在新时代更进一步发展、提质增效,更好地发挥带头作用,为乡村振兴夯实基础,确保民族地区经济建设、政治建设、文化建设、社会建设、生态文明建设"五位一体"总体布局全面推进,是值得关注的问题。对此,课题组将羌族地区少数民族特色村寨作为切入点,于2018年5月29日至6月13日开展调研,旨在探索乡村振兴战略背景下少数民族特色村寨保护与发展问题,以期对相关政策和实践有所资鉴。

调研组分成两个组,一组到阿坝藏族羌族自治州(以下简称阿坝州)的汶川县、理县、茂县、松潘县调研;另一组到绵阳市北川羌族自治县(以下简称北川县)调研,涉及11个少数民族特色村寨。调研方法主要是召开座谈会、个别访谈、现场观察,在县、乡(镇)走访了相关部门负责人及业务骨干,同时深入村寨,与驻村干部、村支书、村委会主任交流,到农户家中进行访谈。

一 羌族地区少数民族特色村寨概况

我国羌族主要聚居在四川省阿坝州、北川县等地。此外,四川省平武县、丹巴县,成都市的邛崃市、都江堰市,贵州省江口县、石阡县,陕西省宁强县、略阳县、凤县等地都有羌族分布。根据第六次全国人口普查结果,羌族人口有30.9576万人。①

目前,四川省有11个羌寨被国家民委授牌为"少数民族特色村寨"。其中,阿坝州有6个:茂县南新镇牟托村、凤仪镇坪头村、松坪沟乡白腊村,汶川县龙溪乡联合村,理县桃坪镇桃坪村(桃坪羌寨),松潘县小姓乡埃溪

---

① 国家统计局人口和就业统计司、国家民族事务委员会经济发展司:《中国2010年人口普查分民族人口资料(上)》,民族出版社,2013,第4页。

村。北川县有5个：曲山镇石椅村（石椅羌寨）、擂鼓镇猫儿石村（吉娜羌寨）、桂溪乡渭沟村（伊纳羌寨）、马槽乡黑水村以及青片乡上五村（西窝羌寨）。除茂县牟托村为首批少数民族特色村寨外，其余10个村寨是第二批少数民族特色村寨。[①]

这些村寨在高山深谷，交通区位相对较好，人口适度，民居有特色，土地资源有限。青（红）脆李等水果适宜在海拔1200~2400米种植，超过2400米，果木生长缓慢。大樱桃（车厘子）则一般适合于海拔1200~1800米处生长。小姓乡埃溪村，海拔超过2400米，只能种植青稞、小麦等耐寒作物，尚有一些林地、草山，适于放牧或种植药材。雪山、湖泊、河流、森林、草场形成了羌族地区独特的自然环境，为当地旅游发展创造了有利条件。

但是，羌族地区属于生态脆弱区，历来自然灾害频发，森林植被少，为典型的干旱半干旱地带。自1998年国家实施天然林保护工程以来，经过大力植树造林，不少地方荒山荒坡逐渐转绿，生态成效显著。但地震、泥石流、洪水、塌方给这片区域的人民带来了灾难，严重影响了生产生活，制约了当地经济社会的发展。

二 特色村寨保护与发展举措

少数民族特色村寨的保护与发展，是一项涵盖基础设施、人居环境、产业振兴、文化保护、社会和谐等多方面的系统工程。调查点所属五县，是我国羌族文化生态保护实验区的核心区，也是四川省民族宗教工作重点区域。自2009年少数民族特色村寨试点工程启动以来，各地强化保护意识，突出发展理念，结合灾后恢复重建、幸福美丽家园建设、传统村落保护、精准脱贫、"四好村"建设等，在社会主义新农村建设基础上，将特色村寨创建与经济发展、文化传承、生态保护有机结合起来，试图开拓一条保护与发展并

[①] 文中部分数据由四川省民族宗教委、地方政府相关部门提供，特此感谢。

重的路径，为特色村寨可持续发展奠定良好基础，为实施乡村振兴战略打开突破口。

（一）合理规划引导，筹措建设资金

按照国家民委、四川省民宗委相关政策及文件精神，阿坝州、北川县因地制宜，先后制定了特色村寨的规划方案，整合资源，确保保护与发展资金落实。

2009年，茂县民宗局针对羌区第一个少数民族特色村寨牟托村专门制定《茂县南新镇牟托村打造特色羌寨项目建设规划》。发展方向定位为"生态农业、观光旅游、文明示范"，计划用5~10年时间，实现村级经济、社会、文化的可持续发展，将牟托建成"物产丰富、环境优美、功能齐全、信息发达、社会和谐"的少数民族特色村寨。在地方财政困难的情况下，除了申请到四川省民族发展资金50万元，还积极筹措配套资金235万元，群众自筹资金15万元建设村寨。

理县在灾后重建中更新规划理念。提出"做大做强旅游产业、做精做细农业产业"的发展思路，通过提升景区品质，实行老寨与新寨功能互补的"古堡新寨"发展格局，成功解决了特色村寨保护与发展的难题。

2013年，北川县民宗局着手编制《北川羌族自治县民族乡特色村寨建设规划》，并提请县人大编制《北川羌族自治县少数民族特色村寨保护与发展条例》，计划投入2000万元进行少数民族特色村寨保护与发展。在规划与选点上，基于羌区与灾后重建相结合的思路，根据人口、资源环境和地质地理条件，将吉娜羌寨、恩达羌寨和石椅羌寨作为北川最有代表性的少数民族特色村寨进行打造，而对羌族文化特色深厚的青片乡正河村与上五村，以保护优先、并谋发展的思路制定建设规划。每年安排经费用于特色村寨建设。2018年全县特色村寨保护支出259万元，主要用于建筑风貌改造。青片乡的上五村则主要使用传统村落经费，三年投入450万元。

（二）打造特色民居，健全公共设施

羌族地区的少数民族特色村寨建设与灾后恢复重建、新农村建设等前后相连，形成了叠加的综合效益，促使这些村寨在村落整体形象、特色民居保护、基础公共设施等方面得到了极大改观。

茂县牟托村在汶川大地震中受损严重。在完成灾后农房民居恢复重建的基础上，结合阿坝州"三百工程"精品旅游村建设，对189户农房进行风貌改造，完善基础设施，建成三星级公共厕所、移动厕所、游客停车场各1处，维修沟渠1条。投资近1800万元打造4A级景区，加宽铺设油路，完善排污系统，修建田园观光道，设置记事牌，安装太阳能路灯，建大型羌碉群、加固索桥、种植花草、建设萨朗老街、记忆广场、观景平台等。通过大力建设，牟托村转变成民族风情浓郁、基础设施完善、公共设施齐备的特色村寨。

理县桃坪羌寨是羌族碉房建筑中的典型代表。汶川大地震时，老寨破坏不大，但新寨几近毁损。对口援建的湖南省投资1亿多元，围绕申遗打造"古堡新寨"，对新寨进行了高标准规划设计和建设。随后，理县继续投入资金，将桃坪打造成全国首个以羌文化为主题的4A级景区。老寨以保护古建筑为主，由国家文物局出资进行修缮。新寨经过扩展重建，用以接待游客住宿。硬化路通往各户，修建了古羌文化演艺中心、历史博物馆、文化传习所、文化展示传播中心、石碉楼、文化景观小区、萨朗歌舞广场、释比文化祭坛、购物中心等公共文化设施。老寨新寨的基础设施和公共服务设施得到提升和完善。

汶川县在广东省的帮扶下，结合灾后重建、"三百工程"魅力乡镇创建、幸福美丽家园建设，于2010年开始打造特色村寨龙溪乡联合村。该村在地震中建筑受损不大，经过维修，以"穿衣戴帽"方式重塑特色风貌，建有文化广场、戏台、羌碉等，村寨烘托出羌文化特色，为发展旅游奠定了基础。

松潘县埃溪村是国家级非遗项目羌族多声部的重要保留地，民居古朴、历史悠久，是松潘羌族建筑的典型代表。地震后整村异地重建，于2009年从高山搬迁到离原居地8公里处的河坝地带。尽管搬离原居地，但羌文化依然保存完好，新寨民居继承了传统建筑技艺，用片石砌成。2011年，被纳入县"幸福美丽家园"建设点，通过对厨房、场院、自来水、入户路进行全面改造升级，人居环境、基础设施条件大为改善。2018年，乡政府继续改善基础设施，预计投资28万元提升新村河坎，投资30万元修建6座到老寨的木桥，投资50万元修建老寨的牧道。

北川县吉娜羌寨是灾后异地重建的特色村寨，是地震后绵阳市第一个启动的永久性住房集中安置点，也是北川县"开工最早、建设最快、入住最早"的农房重建示范点。整体建筑加入了羌碉、祭祀塔、篝火塘等羌族文化元素，虽是重建全新打造，但羌文化色彩仍然较浓厚。青片乡上五村是传统民居的典型，这里群山环抱，景色宜人，村中古树参天，碉楼、吊脚楼、古河道、古井、祭祀楼保留着古老风貌。吊脚楼最为独特，为石木结构，异于岷江上游地区的碉房。2015年，上五村被列入"中国传统村落名录"（第二批）。目前，该村已投入150万元用于传统建筑风貌维护。县文广新和旅游局还投入50万元专项资金，用于非遗广场建设。2015年财政局补助10万元恢复了村落的田园篱笆。

（三）发展特色产业，增加农民收入

特色村寨以调整农业产业结构为着力点，积极推动农村一二三产业融合发展，依托特色种养业、特色民居、民族传统文化，逐步发展休闲农业、乡村旅游，带动群众脱贫致富，为乡村振兴奠定了扎实的基础。各调查点特色产业发展的层次和水平虽然存在差异，但整体发展趋势较好。

松潘县埃溪村目前有63户227人，人均土地面积3亩。该村搬迁之后，原来种植青稞小麦的农田远离居住地，被村民弃种，荒芜一片，村民转向发展畜牧业，山羊、牦牛销售一直供不应求。大部分青壮年外出务工，据统计，长期在外打工的有67人，最大的56岁，最小的22岁。小姓乡党委、政府正积极谋划旅游业发展，拟依托国家级非遗资源"羌族多声部民歌"、羌寨民居和邻近的白花娄森林公园发展田园生态旅游。目前，已引进一家公司发展生态旅游。

茂县牟托村，汶川县联合村，北川县吉娜羌寨、石椅羌寨等特色村寨发展特色产业多年，已有较好的发展基础。

一是培育特色种养业，促进休闲农业兴起。茂县牟托村人均耕地约1亩，人多地少。早在2005年，在县科技局指导下，村民调整产业结构，陆续砍掉青苹果树，换成大樱桃、青（红）脆李、枇杷等果木。在党委、政府引导下，突出"生态、绿色、健康"三大主题，发展休闲农业。2010年，规划出农业观光园区800亩、游步道8000米；建枇杷观光园100亩、大樱桃观光园300亩、李子观光园250亩、葡萄观光园50亩、特色蔬菜观光园400亩、农业科技示范观光园50亩。近两年，通过举办旅游文化节，牟托村吸引了大量游客，水果销售火爆，有的村民还通过电商平台，形成了线上线下的销售途径，延长了产业链条。

理县走农旅深度结合的路子。游客可以到果园采摘水果、搭帐篷、体验农事劳动；村中的文化人开办"文化讲坛"，为游客讲解民族文化、地方文化；成立"土风歌舞队"为游客表演节目；每年举行"花儿纳吉赛歌会"，促进旅游发展。桃坪羌寨的发展产生了较大的辐射作用，带动了周边村寨水果销售和村寨旅游。当地政府也顺势而为，将桃坪乡改为桃坪镇，拟利用桃坪羌寨衍生效益，打造大桃坪旅游集合村寨。

北川县石椅羌寨的发展模式以水果产业为支撑，以旅游业带动农业。全村人均耕地0.53亩，退耕还林地487.3亩，经济作物占地2700余亩，其中，果树占1300亩（含桐子李600亩、枇杷500亩、猕猴桃200亩）、毛尖茶园450亩。2013年，全村水果种植达到2300亩，当年水果为村民增收120多万元。至今水果种植仍是该村重要的支柱产业。在水果成熟季节，村里还推出系列游客农事体验活动，如果林采摘、欣赏茶艺、品尝茶香，将农耕文化融进经济发展。

二是调整业态布局，推动观光旅游产业。依托较好的旅游区位条件，部分特色村寨积极发展乡村旅游，转变传统单一的经济业态。牟托村由于在九环线上，通过打造4A级旅游景区，旅游接待能力得到了迅速提升。2011年，政府引导村民打造15家农家乐、25家特色产品小卖铺、5家特色小吃店，以及多家能接待住宿的旅店。村民收入普遍提高。2017年，收入最好的一户农家乐全年旅游年收入达10多万元。

北川县乡村产业的发展从吉娜羌寨和石椅羌寨可见一斑。吉娜羌寨的村民从传统的农业种植和外出务工转变为从事旅游经营活动。他们接受相关技能培训，积极发展羌家乐。寨里有56户从事旅游服务业，在发展最好的时期，每天接待收入总额近10万元。石椅羌寨于2009年采取群众以住房、果园、土地、现金等入股的方式，组织一社9户羌民联合投资390万元组建了"北川石椅羌寨羌俗旅游股份有限公司"，实行股份合作制。公司统一经营、管理，有效地提高了服务水平，还培养了一支羌族歌舞表演队伍，充分展示了羌族文化特色，促进了乡村旅游业的发展。该村在2015年被评为"中国乡村旅游模范村"。

三是创新发展思路，开启多种经营模式。在发展特色产业的过程中，部分特色村寨还成立了合作社、协会、公司等，采取多种经营模式来提升发展质量。北川县石椅羌寨2007年成立水果专业合作社，大力发展种植业。2010年被绵阳市评为市先进专业合作组织。农业品种以无公害李、大五星枇杷、红心猕猴桃、高山梨等为主，并注册"羌山绿宝"商标。目前，合作社成员已达107户。汶川县联合村为吸引本村返乡人员创业，2015年成立"达拉布生态农庄"。该农庄集农事体验、住宿、歌舞、餐饮、垂钓、漂流、探险于一体，解决了本村劳动力转移就业，有力地带动了当地经济发展。

理县桃坪羌寨在特色村寨建设的创新管理方面积累了较为成功的经验。以理县吉祥文化旅游发展有限公司为龙头牵引，充分吸纳农户参与，规范运作管理，综合效益大为增强。为保护传统民居，控制每日游客量（3000人）；为增加农户收益，将25%的门票收入返还给农户，还将老寨民房变资本入股，实行年底分红，仅2017年发放股金收入100万元。在新寨，农户经营的项目各具特色，旅游公司只是协助公共事务管理。这种公司加农户的方式有效弥补了农户自发经营中存在的缺陷。

（四）传承民族文化，维护民族团结

建设少数民族特色村寨的目的之一在于传承与弘扬中华优秀传统文化。汶川大地震以后，为抢救濒危羌文化，2008年成立了国家级羌族文化生态保护实验区。省、州、县随之展开了一系列卓有成效的保护工作，开展了文化生态保护实验区建设，构筑起非遗保护四级体系，在落实中华优秀传统文化保护传承发展工程中，将羌族传统文化的保护、传承和发展以及民族团结等内容，有机地融入民族特色村寨、传统村落的建设中。

一是通过规划和立法将民族文化保护和发展落到实处。北川县、阿坝州结合本地实际，先后制定了《北川羌族自治县非物质文化遗产保护条例》《北川羌族自治县羌族文化生态保护实验区规划纲要》《阿坝藏族羌族自治州羌族文化生态保护实验区规划纲要》《阿坝藏族羌族自治州羌文化生态保护实验区实施方案》《阿坝州藏族羌族自治州非物质文化遗产保护条例》等规划和保护条例，将民族文化的保护纳入法治化轨道，为增强羌族人民的文化保护意识发挥了积极作用。

二是在恢复重建和风貌改造中突出羌寨特色。羌族建筑别具一格，有石砌碉群、黄泥碉房、吊脚楼以及石砌加盖瓦等形制。在灾后重建过程中，各地较为注重特色民居的保护与建设，依照羌族传统文化建筑形制、特色文化符号进行村容村貌改造。如，国家文物局对桃坪羌寨的老寨，实施羌文化抢救性保护工程，湖南援建的新寨也采用碉房的建筑形式，与老寨相互呼应。北川县已形成西窝羌寨吊脚楼群、吉娜羌寨的石碉房和石椅羌寨的石木结构建筑等极具个性的羌族建筑群落。近年来，该县还依据《关于实施中华优秀传统文化传承发展工程意见》，开展"拯救老屋"行动。

三是加强非物质文化遗产保护工作。阿坝州、北川县建立起完整的四级非遗保护与传承体系。仅在松潘县埃溪村，国家级非遗项目羌族多声部有州级以上非遗传承人6人（国家级1人、省级2人、州级3人）。为保护该项目，松潘县专门拨款20多万元，修建村民文化活动室，购置传统服装120套。

传承人泽旺仁清说："过去全村只有三四套好点的传统衣服,唱歌时,跑去借,你借我借,迟了还借不到。现在好了,政府给我们买了120套衣服,再也不愁(没有)衣服了。"传承人还言传身教,将多声部民歌带到小姓乡中心小学,学生已能演唱四五首歌。北川县积极支持传承人培养,安排年老体弱、收入不高的传承人享受农村低保或特供人员待遇,确保他们安心传授羌族技艺,并启动"羌山英才"计划,发展羌医药,培养羌医药人才。

四是推动民族特需企业和特需商品的发展。阿坝州、北川县大力开展羌绣培训,支持建立生产性保护基地,以开发旅游纪念品为重点,创新研发民族特色鲜明的工艺品,如北川县吉娜羌寨的主干道旁新建了82个地方特色浓郁的竹楼商铺,形成了旅游纪念品一条街,用于经营羌族特色的食品、茶叶和手工艺品等旅游纪念品。"民族特需企业+手工业"扶贫新模式逐步形成,草编、云云鞋、水磨漆和羌族黑茶等民族特需企业带动了发展,既帮助特色村寨困难群众增收,又促进非物质文化遗产振兴发展。

五是以展示特色文化来丰富群众生活。理县桃坪羌寨自2006年开始举办"花儿纳吉赛歌会";茂县牟托村从2016年开始举办"采摘大樱桃文化艺术节";松潘县小姓乡2018年利用埃溪村多声部特色文化资源,举办"小姓乡多声部毕曼歌节";汶川县举办"康养汶川、'樱'情相约"采摘大樱桃文化活动;北川县每年过好"羌年",从2009年开始举办情歌节、水龙节、萨朗节、年猪节等活动。丰富了群众生活,弘扬了羌族文化。

六是在发展中积极维护民族团结。阿坝州是藏羌回汉聚居区,各民族有着深厚的交往交流交融传统。松潘县埃溪村与藏族村落毗邻,两族群众长期以来相处和谐、关系融洽。北川县震后大量灾民迁居,加上行政区划调整,可能产生相关问题。适时宣传民族团结工作,取得了很好的效果,民族关系进一步和谐。2009年北川县政府被评为"全国民族团结进步先进集体"。茂县牟托村在2010年被列为阿坝州民族团结进步示范村建设试点,县民宗局联合多家单位数次到村里开展专题宣传活动,设置民族团结进步宣传专栏,效果良好。2013年,该村被评为"民族团结示范村"。

三 特色村寨保护与发展瓶颈

多年来，羌族地区借助灾后恢复重建的契机，在党和政府的支持下，不断加强社会经济文化生态等方面建设，少数民族特色村寨建设成就斐然。但是，由于羌族地区生态环境脆弱，属于重度地质灾害区，加上经济基础底子薄，全面建成小康社会仍然任重道远。在特色村寨建设实践过程中，还存在一些困难。

（一）特色村寨缺乏强有力的资金投入、规划管理及宣传

调查发现，少数民族特色村寨，资金来源渠道单一、资金总量小。国家民委、财政部自2009年开始，为每个村寨下拨的资金为50万元，2013年提高到100万元，这笔专项资金总量不多，加之地方配套经费渠道不固定，大部分村寨将这笔资金整合在项目建设中。目前，有的村寨资金到位滞缓，还有的村寨资金未到但项目已经先行。资金投入量少，远远不足以满足实际需要。大部分村寨未编制相关的建设规划、产业规划、文化保护规划，普遍存在"重投入、轻管理""重项目、轻文化"现象。茂县牟托村近年来村寨维护与管理制度不完善、不健全，后续服务跟不上，导致村寨基础设施受损严重，整体风貌受到影响。北川县上五村现已完成传统村落建设试点，因规划投入涉及资金量较大，需主管部明确实施方式，目前无明确的对接体制，乡镇又无经验，导致项目实施受挫。另外，州、县、村缺乏高度协调的工作机制。由于宣传力度不够，基层干部和老百姓对少数民族特色村寨普遍不了解，知晓度低。

（二）频发的自然灾害严重制约了部分特色村寨的发展

当地处于地震带，地质灾害频发，次生灾害严重。"5·12"汶川地震灾后恢复重建中个别村寨选址欠科学。为了尽快让灾民有房可居，个别村寨民

居选址太靠近河道、沟渠，尽管加以防护，仍无法避免次生灾害的发生，给群众带来生命财产损失风险。2018年8月12日，茂县牟托村的水磨沟突然遭遇大暴雨，爆发大规模泥石流，造成242人受灾，18户51间房屋受损，农作物受灾面积9.5亩，直接经济损失325.7万元。松潘县埃溪村新寨离河道太近，新村安置点河堤堡坎建设高度不够，每到汛期河水暴涨，不同程度漫过河堤，对安置点土地民房构成严重威胁。原河堤砌片石拦水性差，局部基础已经悬空。汶川、理县、茂县等干旱河谷地带树木稀少、生态恶劣，如汶川县联合村、理县桃坪村、茂县牟托村，周围山脉陡峭、岩石耸立、植被稀疏，严重影响了村寨的人居环境，也影响到游客体验，村寨留不住游客已成了一个比较普遍的现象。

（三）部分特色村寨的保护与建设矛盾突出

一方面，特色村寨基础设施建设滞后，建设成本高。羌族村寨呈立体分布，有的位置偏远，交通条件明显滞后。松潘县小姓乡，县乡道路时有塌方，各村道路狭窄、磨损大，崎岖不平，直接影响了可进入性。北川县部分村寨位置偏僻，交通道路网络建设滞后，圈层联系缺位。在项目建设过程中，建材运程长、运输费用高，有效施工期短，施工条件差，造成建设成本高、施工进度慢、资金欠账等困难。

另一方面，有的村寨在建设过程中放松了对传统民居的保护。如松潘埃溪村最有特色的是老寨的明代古建筑群，由于迁居后多年无人居住，不少房屋严重损坏。调查可见，老寨周围山清水秀，雪山草地森林应有尽有，是发展乡村生态旅游的极佳之地。然而，老寨荒废弃用，部分房屋坍塌，实在可惜。据悉，老寨的土地已用于新增城乡建设用地增减挂钩节余指标，不排除有拆毁的风险，这势必对埃溪村老寨与新寨在未来联动发展造成障碍。此外，有的特色村寨在建设过程中存在损坏民居格局的现象，形成了政府要保护传统民居与村民要扩建发展之间的矛盾。还有的村寨前期发展规模过大，后续发展支撑力不够，导致基础设施、公共文化设施等维护成本高、管理难度大。

（四）特色村寨的文化保护和传承力度亟待加强

尽管国家开展了文化资源普查，但文化资源的挖掘仍显不足，底蕴保护不力，利用面不广，缺乏创意，导致乡村旅游文化的发展动力不足，同质化现象严重。如，跳的萨朗和唱的酒歌曲目单一，未能展示出各地村寨的特色，不能反映出羌族文化的丰富性。

从调查点来看，羌族文化传承的形势依然严峻。在松潘县埃溪村羌语保留较好，但是国家级非遗传承人郎加木表达了自己的担忧，他说："我现在最担心的就是我们连语言都保不住了！"村寨中能讲羌语的人逐渐减少，有的村寨几近绝迹。针对多声部民歌的传承问题，他遗憾地表示："教了几个徒弟没学多少就去打工了；挣不到钱，大家都不愿意学。"在松潘县埃溪村，绝大多数特色村寨"空心化"现象日益明显，文化传承难。为传承羌文化，国家在羌族地区推动羌文化进校园活动，但是课时少，学习时间短，缺乏文化环境的熏陶，效果不明显。同时，师资奇缺，授课老师接受培训时间短，教学质量堪忧。

（五）人才匮乏难以为特色村寨提供智力支撑

基层干部队伍素质亟待加强。调研之时正值羌区各地制定乡村振兴战略规划，有的县正在草拟，有的县初稿完成，正准备修订。调研反映的主要问题就是人才紧缺，必须加强人才队伍建设。与此同时，各地还紧锣密鼓地准备迎接精准脱贫工作检查。在调查点看到，基层乡（镇）干部付出了大量精力，承担了许多具体的工作任务，他们普遍反映"工作太累"，呼吁"提升村级干部工作能力"。村级干部主要起宣传政策与协调村民关系的作用，但普遍年龄偏大、文化水平不高，难以适应现代办公要求，工作成效低，致使数据填报、文字材料等撰写工作由乡上承担。

专业技术人才稀缺，农牧林科技人员引进难、提升难、留人难的现象突出。以茂县农水局为例，由于山高路远、地质灾害多、工作条件艰苦、待遇低，人才引进困难。引进的人才上升通道窄、工资待遇低，纷纷跳槽或者离开，致使懂乡土知识的人才后继乏人，农业和畜牧业缺乏有效的技术指导，极大地影响了农民增收。

本土人才队伍建设不容乐观。一是外出务工者多，留守者的文化水平相对较低，对现代科技信息掌握能力较差，缺少技能或技能单一，创收途径少；二是产业发展普遍缺少致富带头人，"土专家"年龄偏大，推广和普及农业科技知识的能力有限；三是合作社不能有效发挥作用，"互联网+"缺少经营管理人才。销路不畅、品牌效益差、冷链措施缺失等因素导致水果价格低廉，极大地影响了农民种植的积极性。

总之，在羌族地区特色村寨保护与发展的过程中，二者矛盾比较突出，基础设施滞后、民族文化传承乏力、村落空心化、人才缺乏等现象还普遍存在，需要在实施乡村振兴战略中全力改进。

四 对策与建议

少数民族特色村寨是民族地区乡村发展的缩影，是乡村未来发展的标杆。进入新时代，在乡村振兴战略的背景下，其发展必然要在新征程中适应新要求、履行新使命，这需要政府、村民、社会多方参与，全方位协作共建，按照"产业兴旺、生态宜居、乡风文明、治理有效、生活富裕"的总要求抓实落地。针对羌族地区少数民族特色村寨建设，本文提出如下对策与建议。

（一）以乡村振兴战略为统领，加大特色村寨的资金投入，完善规划管理，扩大宣传和影响力

少数民族特色村寨保护与发展是民族地区的一项长期任务，需要从国家顶层设计的角度加大资金投入力度，加强并完善规划管理，以指导村寨的建设发展。特色村寨建设不仅是物质建设，还应该有精神文化建设，2017年开始推行的"乡村善治"工作无疑是对其有益的补充。特色村寨需要在前期建

设成果的基础上，精准定位，集群智、汇群力、谋发展，继续完善规划，整合各种资源，加大宣传力度，积极推动乡村善治，确保少数民族特色村寨建设迈上新台阶。

（二）以川西北生态示范区为建设目标，切实加强特色村寨的生态治理

按照国家主体功能定位的要求，继续开展干旱河谷系统治理工程。重点对河道、交通道路的生态进行治理，在荒山荒坡、河道周围、村寨内外大量种树，将特色村寨建成生态宜居的美好新家园。同时，政府部门加强管理，引导各村寨合理规划，不靠近灾害风险点、不占河道水沟修建。健全避灾防险系统。建议成立乡村农民植树造林合作社，将高山羌寨的群众变为护林人，给予一定补贴，开展绿化造林。

（三）推进"四好农村路"建设，提升特色村寨基础设施

灾后重建中，羌族地区的乡村公路建设得到显著加强，县县、县乡公路畅通，村村有硬化路，方便了群众，改善了农村通行条件。但现有道路已经不适应发展需要，道路窄、弯道多、磨损大、维修难，亟须提质增效。建议对县乡道进行升级改造，推进"四好农村路"建设，将道路建设好、管好、护好、运营好。对旅游发展前景较好的村寨，在地理环境允许的情况下，将单车道改为双车道。加强特色村寨的发展，合理规划和布局，进一步强化基础设施建设。

（四）抓实文化保护、突出文化特色，打造精品羌寨

"文化"是特色村寨的根本和核心。启动特色村寨建设的目的就在于民族文化的保护、传承和利用，在于以文化为内核的利益增长，实现民族文化的活态传承。村寨的保护与发展，不是简单的"穿衣戴帽"和粗放式的地盘扩张，而是对村寨文化的活态保护与合理开发。应将以人为本的观念融入特色村寨建设的始终。由文化保护主体、文化传承主体、文化开发主体协同参与，

对特色村寨的文化资源进一步挖掘、整理、提炼、开发能够呈现出民族内在精神品质的关键符号。特别要落实资金支持特色村寨发展双语，重视羌语的传承，这是羌族文化的载体和重要表现形式。建设项目规划中资金分配比例应恰当，兼顾工程建设与文化保护，建议将松潘县埃溪村原址申请为文物保护单位，为旅游发展创造契机。妥善处理好文化保护与旅游发展的关系，使村寨具有历史文化价值、艺术价值、科学价值和经济价值。

（五）加强乡村人才队伍建设，助力特色村寨振兴发展

民族地区的发展与人的发展息息相关，人才兴，乡村才会兴。要夯实乡村振兴的基础，应重点打造三支队伍。

一是培养一支懂农业、爱农村、爱农民的基层干部队伍。基层干部是党的方针政策的宣传者、贯彻者和实践者。在新时代，基层干部应顺应要求加强建设。采取培训、轮岗、挂职等形式，提升乡村干部综合素质和工作水平，鼓励大学生充实到乡村干部队伍中，为村级组织配备年轻干部等。二是建设一支高素质的科技人才队伍。建立人才培养机制和激励机制，特别是在评职称等方面给予优惠政策，提高工作津贴或补助，以缓解待遇低、留人难的问题；让科技人员、农牧民得到更多的进修和培训机会，提升技术能力；抓住对口帮扶支援的机会，加强人才培养。三是扩大"土专家"队伍，提高乡村群众素质。通过举办农民夜校等形式，推广农业技术，提高群众技能，树立不"等、靠、要"的意识，鼓励群众积极创业，增强内生动力。充分发挥人才的智力支撑作用，促进民族地区乡村振兴。

· 西南文化的现代叙事 ·

回归与再出发*
——基于广西侨港镇越南归侨安置历史与发展现状的研究

张 姗**

摘 要 成立于1979年的广西侨港镇是中国最大的印支难民安置点，是中国唯一为安置越南归侨设立的建制镇，也是中国归侨安置点中唯一保留渔业生产的镇级行政单位。基于"从实际出发，对口安置"的原则，侨港镇采取的"一社两制"安置模式充分调动了归侨群众的自身优势与生产积极性，在新中国归侨安置史上具有独特性与创新性，同时产生了良好的国际影响。侨港镇建镇40余年来，社会经济及各项事业得到全面推进，归侨群众生活水平显著提高。面对新的发展机遇与挑战，侨港镇响应"一带一路"倡议，紧跟时代步伐，整合侨情侨力资源、海洋资源、旅游资源、文化资源等各项优势资源，调整思路再出发。讲好侨港故事，总结侨港经验，既可为其他归侨安置地区提供可供参考的发展思路，也可为铸牢中华民族共同体意识、宣传介绍中国安置归侨举措、彰显中国侨务政策的优越性提供典型案例，进而为世界更加全面真实地了解中

---

* 基金项目：本文为国家社会科学基金项目"铸牢中华民族共同体意识视角下归侨群体的'五个认同'研究"（项目编号：21BMZ097）的阶段性成果。

** 张姗，中国社会科学院民族学与人类学研究所铸牢中华民族共同体意识研究基地副研究员，主要研究方向为中国西南民族地区历史文化、西南边疆治理。笔者在调研及写作过程中得到了广西北海市侨港镇人民政府、侨港镇归侨文化促进会、老年协会、水产协会、美食协会、商会以及众多受访归侨群众的热情帮助，特此感谢。

国，促进中国与其他国家地区开展合作交流，努力构建人类命运共同体做出积极贡献。

关键词 侨港镇；归侨；中国侨务；"一带一路"；中华民族共同体

侨港镇，隶属广西壮族自治区北海市银海区，北距北海市中心7公里，镇区面积1.1平方公里，其中陆地面积0.6平方公里，是中国辖区面积最小的镇，也是全国唯一安置越南归侨的建制镇，户籍人口18000人，归侨侨眷占比95%，其亲属散布在全球17个国家和地区。[①] 作为中国政府和联合国难民署为安置越南归侨共同出资建设的"中国最大的印支难民安置点"，侨港镇被联合国难民署盛赞为"世界安置难民的光辉典范和橱窗"。从最初的漂洋过海被迫回国，到今日扬帆起航重新走出国门与东盟非洲等国家积极进行渔业合作，侨港镇归侨的生产生活发生了翻天覆地的变化，折射出中国经济的快速发展、国际地位的不断提升。无论是回归还是再出发，归侨群体的命运都与祖国的发展息息相关。2019年至今，笔者多次前往侨港镇调研，本文在结合文献资料与调研访谈的基础上，围绕侨港镇建立历史、归侨安置政策、归侨发展现状以及挑战与机遇等问题展开讨论，希望在总结侨港镇归侨安置特色与经验的同时，对其当下特别是"一带一路"建设背景下的发展新思路进行思考与展望。

一 越南华侨的归国潮与侨港镇的建立

《中华人民共和国归侨侨眷权益保护法》明确，归侨是指回国定居的华侨，华侨是指定居在国外的中国公民，侨眷是指华侨、归侨在国内的眷

---

① 2020年底北海市银海区银滩镇电建村交由侨港镇代管，因此，侨港镇辖区面积变为1.9平方公里，人口达2.67万人。

属。① 中华人民共和国成立之后，曾出现过几次大规模集中性的归侨浪潮，其中 20 世纪 60 年代、70 年代在东南亚国家政治剧变引发的印支难民潮中被迫回国的归侨也被称为难民、难侨、归难侨。1975 年越南南北统一后，越南当局采取反华排华路线，许多华人华侨被开除工作、课以重税、扣罚口粮、注销户口、强制送往荒芜偏远的"新经济区"，并在"社会主义改造"的幌子下，被强行剥夺财产。② 在此背景下，大量华人华侨被迫回国，与越南接壤的广西成为华侨回国的首站，而地处广西南部、北部湾东北岸与越南隔海相望的北海成为越南归侨的主要海上入境口岸之一。1978 年至 1979 年，从北海口岸入境的越南难民达五六万人，其中大部分人在此中转后前往了其他国家和地区，选择在此定居的多是祖籍地为北海外沙岛等广西沿海地区的渔民后代。因为数量众多，来势如潮，1978 年 5 月北海市人民政府成立了"北海市接待（安置）归侨领导小组"，下设办公室（1980 年 12 月改名为"北海市接待安置印支难民领导小组"），并在全市抽调 360 多名干部、医务人员，首先解决归难侨的起居住房、供应救济、孕妇安全分娩、治病治伤等问题。如何妥善安置这些归难侨，引起了中央及地方政府的重视，中央工作组要求"尽快搞清情况，提出安置方案"。1979 年 2 月，全国侨务会议又要求"北海难侨渔民安置问题要专题报中央"。③ 据不完全统计，仅 70 年代末 80 年代初，从越南回国的华侨达 27 万之多，大部分被集中安置于广西、广东、福建、云南、海南、江西等省区的华侨农场或国营农场、国营林场，④ 但是滞留北海的归难侨中许多人世代以打渔为生，很难适应在农林场的生产生活。本着"从实际出发，对口安置"的原则，结合群众意见与调查研究结果，广西壮族自治区革命委员会于 1979 年 6 月 2 日正式做出批复，"原则同意按单独组织华侨渔业公社的办

---

① 《中华人民共和国归侨侨眷权益保护法》，参见国务院侨务办公室官网 http://www.gqb.gov.cn/node2/node3/node5/node9/userobject7ai1272.html。
② 黄小坚：《归国华侨的历史与现状》，香港社会科学出版社有限公司，2005，第 55 页。
③ 庞冠润：《侨港镇侨情概况》，载北海市地方志编纂委员会编《北海史稿汇纂》，方志出版社，2006，第 610 页。
④ 卢海云、权好胜：《归侨侨眷概述》，中国华侨出版社，2001，第 29 页。

法进行安置"。1984年11月4日，经国务院同意，自治区政府批准成立新港镇人民政府，终结公社体制，实行政企分设。1987年3月2日新港镇更名为侨港镇。①

二 侨港镇的归侨安置②

第一批安置在侨港镇的难民共7709人，主要来自越南北方海防市婆湾岛与广宁省姑苏群岛，除极个别越南人外，这些归侨中有相当部分原本就是广西籍，甚至就是北海籍。清末民国时期战乱频发，再加上沿海地区本来就人多地少，不少人被迫到海外寻找出路。19世纪末至20世纪三四十年代是北海沿海地区疍家渔民举家迁往越南北部讨生活的高潮。20世纪40年代日本侵略者侵犯北海，以涠洲岛为海军和空军基地，致使以海为生的疍家人民不聊生。当时，越南正为法国殖民地，生产生活环境相对而言更加安全，于是不少北海外沙渔民迁往越南北部沿海岛屿生活定居。以越南北部最大的婆湾岛（又名吉婆岛）为例，其是北海人移民最多的岛屿，20世纪六七十年代时岛上生活的北海人接近数万人，其中外沙人占比接近九成。这些迁移而来的华人华侨群体一般只在内部进行交流和贸易，形成了一个相对封闭的生活环境，有些家庭虽然在越南已经生活了几代，但是仍然保留着中国国籍以及原有的生活习惯、民风习俗等，语言方面也和北海人一样讲白话。因此，把这批归侨安置在祖籍地北海，并且尊重他们继续从事渔业生产的意愿，得到了归侨群众的认可与支持。

---

① 向大有：《回顾北海难侨渔民安置工作》，载北海市政协文史资料委员会编《故乡的云》，漓江出版社，2009，第35页。关于新港镇人民政府的成立时间，庞冠润在《侨港镇侨情概况》（北海市地方志编纂委员会编《北海史稿汇纂》，方志出版社，2006，第610页）中的说法是1984年11月2日。目前，侨港镇建镇日期的官方说法为1979年6月2日，即批准成立华侨渔业公社的日子。
② 本章内容除明确标注的参考文献外，还参考了侨港镇人民政府办公室提供的多种相关资料，特此说明。

（一）安置地点

在归侨的安置场所方面，20世纪70年代末80年代初回国的越南归侨，绝大部分被安置在国营农林场与工矿企业，全国仅有两处进行渔业生产的归侨安置地，即北海华侨渔业公社（今侨港镇，下文简称华侨公社）与防城港企沙镇华侨渔业队（今华侨新村）。华侨公社的选址既要保证归侨渔民的生产生活，也要注意不能与安置地的原有居民产生矛盾。根据1979年6月2日广西壮族自治区革命委员会的批复，华侨公社"安置点定在北海市郊区电建村附近的一个天然港湾"。[①] 据时任广西壮族自治区接待安置印支难民办公室主任向大有回忆，将安置地点选在北海市郊区的南边岭主要基于以下考虑：①此地属郊区，既是荒坡荒滩、不毛之地，又有小型天然港湾，且附近原居民甚少，避免了土地纠纷和矛盾，有利于新建人工渔港、加工厂等生产设施，大型难民住房以及其他配套设施；②地形地貌，内海和外海的水情等均适合改建成渔港；③离市区不远也不近，距离适中，交通上予以适当改善，较短时间内即可开工建设，有利于基本建设和难侨的生产生活；④便于集中管理和服务。[②] 从日后侨港镇的发展来看，当时的选址基本上是正确的，陆地面积仅有0.6平方公里的侨港镇现在已经成为广西渔业重镇，其所拥有的电建渔港已成为泛北部湾地区渔船最多、交货量最大的渔港。

（二）安置经费及项目建设

华侨公社的安置经费来源主要包括国家专项拨款2098万元（1978~1988年，不含救济款、每年事业费等）与联合国难民署资助的785万美元（1979~1983年，当时折合人民币1305万元）。1980年4月华侨公社破土动工，同年底建成52幢

[①] 向大有：《回顾北海难侨渔民安置工作》，载北海市政协文史资料委员会编《故乡的云》，漓江出版社，2009，第35页。

[②] 向大有：《回顾北海难侨渔民安置工作》，载北海市政协文史资料委员会编《故乡的云》，漓江出版社，2009，第36页。

3~5层的难侨公寓楼,建筑面积共97379平方米,平均每套面积83平方米,此前居住在船上或者临时安置棚内的归侨分三批陆续搬入新居。建成渔港436744平方米,渔港码头1200平方米;建成幼儿园、小学、中学各1所;还有市场、百货商店、敬老院和文化中心(影剧院)等。同时,医院、冷冻厂、造船厂等一批项目亦先后完成和交付使用。镇内有主干道5条,其中最长的港口路长2000米宽35米。当时侨港镇可谓北海市公共设施最齐全的一个镇。①

(三)安置体制

筹建华侨公社时,其所有制的归属问题成为核心问题。当时党的十一届三中全会刚刚召开,关于华侨公社的所有制属性还存在较大争论,有人主张其应属于全民所有制的国有企业,也有人主张应该实行集体所有制,不允许个体所有制存在。广西壮族自治区党委以及中侨办在充分调研的基础上,结合经济体制改革精神,最终决定华侨公社采用"一社两制"模式,以集体所有制为主,集体、个体两种所有制并存,在鼓励集体渔业公司开展深海捕捞作业的同时,允许渔民小船进行近海捕捞,发展个体经济。华侨公社的"一社两制",是中国归侨安置体制的创新与突破,改变了以往归侨安置工作中国有农林场或者国有企业大包大揽的传统做法,既相对减轻了国家财力的长期负担,也充分调动了归侨群众的生产积极性与主动性,全镇渔业生产得到迅速发展。1989年底,侨港镇就已有60%的归侨家庭成为万元户,②其经济发展水平在全国归侨安置地区中走在了前列。

(四)安置管理

广西壮族自治区党委、政府对归难侨安置工作一直强调两点:一是加强

---

① 庞冠润:《侨港镇侨情概况》,载北海市地方志编纂委员会编《北海史稿汇纂》,方志出版社,2006,第610页。
② 高森:《"天涯海角"的华侨渔业公社》,载北海市政协文史资料委员会编《故乡的云》,漓江出版社,2009,第59页。

领导，二是依靠归难侨群众。在组建华侨公社过程中，北海市委先后建立了工委、党委，加强党的领导，选派了一批党性强、作风正、群众观念好的干部开展归难侨工作。但与此同时，受到"左"的思想影响，有些干部把国际斗争延伸到归难侨身上，将其视为"异类""外来人"，疑虑多过同情，在工作中不信任或者不任用归难侨中原有的干部。1982年2月19日，广西壮族自治区安办、侨办联合向自治区人民政府呈报《关于进一步做好难侨工作的意见》，后来该文件批转各地贯彻。文件强调"难侨工作要依靠难侨骨干去做"，"应有计划地培养和选拔一些难侨骨干担任场、厂及科室的领导；集中安置难侨的生产队的干部应主要由难侨骨干担任，以便更好地发挥他们的主人翁精神和桥梁、骨干作用"，体现了中央和区党委重视培养、使用和提拔归难侨干部的指示精神。在此指导意见下，北海市组建新港镇政府领导班子时，正、副镇长五人中除一名北海本地干部任副镇长外，其余领导均由归侨担任；四大渔业公司的领导成员全是归侨骨干。这一举措不仅受到了侨港镇归侨们的欢迎与认可，而且在国内侨界特别是归侨中反响很好，国际难民组织也对此予以高度赞赏。[1] 此后，侨港镇镇长由归侨担任的规定一直得以执行，并延续至今。

（五）安置效果与国际影响

侨港镇对归侨的成功安置不仅充分挖掘了归侨群体的创新潜力，为其后的长远发展打下了基础，而且在国际上也产生了良好的影响。有来自英国、日本、澳大利亚、西班牙、联邦德国、丹麦、美国、法国、意大利、新西兰、加拿大、瑞士等14个国家和地区的56家报社、刊物、通讯社、电视台对侨港镇的归侨安置进行了报道宣传，比如美国《堪萨斯城时报》记者保罗·立特科夫称赞道："中国政府同联合国难民署一道，在组织有技术而又乐于从事生产活动的难民这项工作中，为全世界树立了榜样……北海渔

---

[1] 向大有：《回顾北海难侨渔民安置工作》，载北海市政协文史资料委员会编《故乡的云》，漓江出版社，2009，第39-40页。

村的成功证明，良好的愿望加上巧妙地使难民们适应新环境的做法，创造出了奇迹般的结果"。1984年，随着最后一批归侨搬入新居，侨港镇如期完成联合国难民署的全部援助要求。在此过程中，联合国难民署多次委派高级专员对北海市的难侨安置工作进行考察，并给予了高度肯定，比如1981年9月3日保罗·哈林特（丹麦前首相）称"北海市在帮助难民自救自理方面，做了很多工作，取得了成果，使难民与当地居民融洽地生活在一起，在世界上做出了榜样"。联合国难民事务高级专员办事处出版的《难民》期刊称赞"北海渔业社是难民安置工作取得完满成功的范例"（1985年1月第13期）。①

三 再出发——侨港镇归侨发展现状

建镇40余年来，侨港镇从昔日的一片荒滩成为如今的一座现代化滨海新城镇，社会经济及各项事业得到全面推进。从建镇初期仅有300多艘风帆小船到如今发展成为全中国赴南海进行远洋捕捞渔船最多的乡镇，侨港镇现拥有各式渔船1800余艘，年捕捞量达30多万吨，货交易量达50多万吨；企业从无到有，从建镇初期仅有2家，发展到如今近20家，水产品年加工量达20万吨，产品远销欧美、日韩及东盟各国；以旅游业为主的第三产业蓬勃发展，2019年，侨港镇年接待游客达350万人次，旅游总收入达6.6亿元；人民生活极大改善，2021年底农渔民人均纯收入达到3.5万元，跃居北海市城镇人口年收入第一位，走在了广西前列；教育、文化、卫生等各项社会事业也一并得到快速发展。侨港镇先后获得全国侨务和侨联工作先进单位、全国文明镇、全国先进基层党组织等荣誉，2017年入围第二批全国特色小镇，2018年被列入广西旅游型特色小镇培育名单，2019年获评"全国乡村治理示范镇"，2020年荣获全国"一村一品"示范镇，2021年

---

① 庞冠润：《联合国难民署高级官员和外国（地区）媒体对北海市安置难民工作的反映》，载北海市地方志编纂委员会《北海史稿汇纂》，方志出版社，2006，第685-686页。

获列第九批中国华侨国际文化交流基地。①2017年4月，习近平总书记视察北海，要求北海打造好向海经济，写好新世纪海上丝绸之路新篇章，为侨港镇的长远发展指明了方向。同时，"一带一路"倡议的部署实施为其提供了诸多利好发展政策，整合各项优势资源再出发，成为侨港镇的发展新方向。

（一）独具优势的侨情侨力资源

侨港镇归侨、侨眷的占比高达95%，这些家庭基本上都拥有海外关系，因此侨港镇是一个名副其实的侨乡。在侨港镇发展的初期阶段，几乎每家每户都接到过海外亲属的资金帮助。据不完全统计，直到21世纪初，海外侨胞资助侨港镇家人亲属的资金每年都在300万元以上。②根据1996年侨港镇的侨情普查报告，侨港镇共有越南归难侨1928户7560人；侨眷742户5883人；外籍华人眷属348户1757人；香港同胞眷属1户3人；台湾同胞眷属1户6人。以上合计3020户15209人。侨港镇侨眷、侨属的亲人分布在亚洲、欧洲、大洋洲、北美洲四大洲的17个国家和地区，合计1995户12939人。③随着侨港镇经济的快速发展，归侨生活水平大幅提高，不少家庭已经不需要依靠海外亲人的帮助救济，但是独具优势的侨力资源依旧是侨港镇发展中的宝贵资源。当地政府应该充分利用这些侨力资源，继续实行"引进来"政策，宣传地方改革开放建设中取得的新成就，鼓励海外侨胞来侨港投资置业，同时，加快"走出去"，积极与海外侨胞交流，基于"互利共赢"，吸引其参与共建"一带一路"，助力侨港企业走出国门，谋求更大发展空间。

---

① 《侨港镇简介》，由侨港镇人民政府办公室提供。
② 梁茜茜：《归侨与北海市社会发展》，《八桂侨刊》2004年第6期。
③ 近年侨港镇也进行过侨情普查，但是就笔者在侨港镇政府搜集的资料来看，内容均不及1996年的侨情报告详细，因此本报告仍然采用了1996年的数据。虽然数据较旧，但是侨港镇归侨家庭的海外关系由此可见一斑。

表 1 侨港镇侨眷侨属海外亲人分布情况

单位：户，人

地区	国家	华侨		华人	
		户数	人数	户数	人数
亚洲	越南	16	78	2	16
	柬埔寨	0	0	3	16
	日本	2	6	0	0
欧洲	英国	140	820	126	652
	法国	6	29	6	28
	德国	4	31	4	37
	瑞典	14	101	3	18
	丹麦	4	23	12	50
	瑞士	1	6	2	9
	荷兰	2	14	2	19
	奥地利	4	20	4	16
大洋洲	澳大利亚	35	180	35	175
	新西兰	1	4	1	18
北美洲	美国	1012	6691	367	2616
	加拿大	86	536	64	442

资料来源：本表根据侨港镇1996年侨情普查数据而成，其中华侨是指定居国外的中国公民，外籍华人（简称华人）是指已加入外国国籍的原中国公民及其外国籍后裔。除了表中的国家与地区，侨港镇侨眷、侨属的境外亲人还包括香港同胞8户46人、台湾同胞29户239人。

（二）前景广阔的海洋产业发展资源

侨港镇从成立之初，就与大海密不可分，不仅向海而建，而且保留了归侨原有的渔业生产方式。当年就安置方向是"上山下乡"还是"上船下海"征求归侨意见时，听到归侨最多的一句回复就是："咸水鱼放到淡水养，肯定要死"，足以见得海洋对于侨港镇群众的重要性。[①] 目前，海洋产业依旧是侨

---

① 向大有：《回顾北海难侨渔民安置工作》，载北海市政协文史资料委员会编《故乡的云》，漓江出版社，2009，第35页。

港镇的支柱产业。2017年，侨港镇全镇GDP为34.4亿元，海洋产业生产总值为22.9亿元，占比为67%。具体而言，侨港镇的海洋产业包括海洋捕捞、水产品交易、水产品加工及船舶建造等，其中海洋捕捞业占比87%，水产品交易占比4%，水产品加工占比7%，船舶建造占比2%。海洋捕捞业是侨港镇传统产业，目前全镇拥有渔船1800多艘，年捕捞量30多万吨，总产值达20多亿元。水产品交易方面，广东、广西及海南的渔船都在此集聚，形成了泛北部湾最大的海产品交易市场，渔货年交易量达50多万吨，占广西渔货年交易量的70%。水产品加工方面，侨港镇拥有冷藏、加工、运输等企业20余家，海产品销往全国，出口欧盟、日韩及东盟各国。[①] 船舶建造方面，侨港镇实现了质的飞跃，从当年仅能修造小木船到如今可修造大功率钢质渔船，远洋渔船均配备有北斗导航系统及先进的捕捞、保鲜设备，可赴南海等远洋海域生产作业。近年，广西最大渔业企业——广西祥和顺公司落户侨港镇，在非洲毛里塔尼亚建设了远洋渔业合作基地和远洋船队，利用侨港渔民熟悉水产业的特点，在毛里塔尼亚开展养殖、远洋捕捞、海产品加工和出口等产业。因此，优越的自然条件、便捷的渔业运输系统、先进的海洋捕捞技术，使侨港镇的海洋渔业具有很大的发展空间。随着我国海洋强国战略和"一带一路"建设的深入实施，海洋在经济社会发展中的作用将更加突出。侨港镇应该抓住有利时机，加强与东盟国家的渔业合作，积极开发南海渔场；发展海洋养殖，建设海洋牧场；加快转型升级，促进海洋企业发展；引进先进技术，提升海产品附加值；构建完善的海产品交易体系，打造龙头企业与产业品牌，实现海洋产业结构的优化升级。

（三）丰富多样的旅游资源

随着北海旅游业的蓬勃发展，侨港镇归侨侨眷紧跟时代发展步伐，大力发展具有疍家特色、越南特色、海洋特色的饮食文化。以特色美食与传统节

---

① 《侨港镇简介》，由侨港镇人民政府办公室提供。

庆为主要特色的侨港旅游业已经成为北海旅游业的重要组成部分,其中,特色美食方面,由于归侨生活经历的特殊性,其饮食融合了疍家、越式、港式等各式特点,海鲜、糖水、炒冰、疍家蟹仔粉、越南卷粉等特色小吃,不仅赢得了北海当地人的喜欢,而且美名远扬,外地游客也纷至沓来,汇集了侨港特色小吃的风情街被中央电视台称为北海的"深夜食堂"。传统节庆方面,侨港镇每年端午节的龙舟祭港活动,本是当地渔民祈求风调雨顺、鱼虾满仓、国泰民安的传统民俗活动,近年来逐渐发展成为侨港的文化名片与旅游名片,当地归侨在龙舟祭港的基础上,又先后推出了疍家婚礼、百福宴、美食节、开海节等活动。旅游业的兴起,推动了第三产业的蓬勃发展,目前全镇共有个体工商户1296家,其中小吃店300多家、星级宾馆3家、民宿40家。① 侨港镇政府正在着力改造升级特色街区,升级风情街,打造海产品美食街、"一带一路"特色小吃街,助推饮食产业发展;优化侨港海滨浴场环境,开展海上运动与休闲渔业,积极培育旅游产业链;鼓励居民发展特色民宿、经营干海味等特产;构建"吃、住、玩、购"一站式的旅游服务圈。笔者在侨港美食风情街调研时,发现绝大部分的门店招牌都用中、越文进行标识,许多门店的布置极具越南风情。根据侨港美食协会会长吴玉明的解释,归侨饮食本来就深受越南饮食文化影响,近些年为了更好地打造侨港特色,不少店家都曾前往越南学习菜品制作、门店装饰等,越南风情与越南元素已经成为侨港旅游的显著特色。游客在这里不仅可品尝到地道的越南风味美食,还可轻松购买到来自越南及东南亚国家的鱼汁、虾酱、果干、咖啡、榴莲饼等各式各样的土特产,拥有"不出国门,就可尝遍东南亚"的旅游体验。

(四)特色鲜明的文化资源

特殊的生产生活经历使得侨港镇归侨形成了特色鲜明的文化资源,除了具有异域风情的美食文化,侨港文化还包括疍家文化、海洋文化、家国文化、

---

① 《侨港镇简介》,由侨港镇人民政府办公室提供。

华侨文化等。其中，侨港镇归侨的咸水歌、疍家婚礼、开海习俗、海上扒龙船习俗四项活动已被列入广西壮族自治区区级非物质文化遗产代表性项目名录。咸水歌是侨港人疍家文化与海洋文化最为鲜明的表现形式，按照歌曲的内容可将其分为生产歌（包括打渔歌、摇橹歌、出海歌、驳艇歌等）和生活歌（包括情歌、嫁娶歌、丧葬歌、儿歌等）[1]，一般由二至三人演唱，形式也多分为"赋、比、兴"等环节。近年来，咸水歌"旧瓶换新酒"，内容多转为歌颂归侨侨眷"爱党爱国爱家乡"、感受幸福新生活的所思所感。疍家婚礼，即侨港人在水上生活时的传统结婚仪式，在船上举行，联舟成排，张灯结彩，唢呐声声，对歌唱婚，具有疍家古老传统"婚时以蛮歌相迎"的遗韵，前后经过送日子单、搭棚、抽礼、采花、坐夜盒、叹家姐、拜饭、接亲、男女方脱学、上红、拜堂、摆酒 12 个仪式和环节，总共历时三天，[2] 是侨港归侨婚俗习惯的表现与传承。开海习俗，指侨港镇休渔期结束出海捕捞时举行的开渔祭海祈福仪式及相关庆祝活动，包括祭海祈福大典、鱼苗放归大海、千帆竞发起航出海、头鱼拍卖、生猛海鲜长桌宴、沙滩音乐狂欢节等活动，其中最为核心的祭海仪式包括上香、朗读祭文、敬酒、鸣炮、出航等内容，以祈求出海平安、鱼虾满仓。海上扒龙船习俗，起源于侨港镇归侨端午节赛龙舟的节日传统，在龙舟比赛之外还增加了起龙、祭港、游街、回龙、海鲜百福宴等内容，更加具有观赏性与趣味性。除此之外，侨港镇家国文化氛围浓烈，悬挂在每家每户的红色国旗和随处可见的"祖国我爱您"标语是归侨群体感激祖国接纳并合理安置他们最直接的表达，过往的颠沛流离让他们更加珍惜和感激当下的幸福生活。同时，侨港镇归侨、侨眷在进行远洋捕捞的过程中，曾多次参加诸如维护"981 平台"等各项爱国行动，将浓浓爱国之情落实到实际行动之中，为维护我国的海洋主权做出了积极的贡献。这些形式多样、主

---

[1] 北海市非物质文化遗产保护中心编著《沧海遗珠：北海市非物质文化遗产代表性项目名录》，漓江出版社，2016，第 23 页。
[2] 北海市非物质文化遗产保护中心编著《沧海遗珠：北海市非物质文化遗产代表性项目名录》，漓江出版社，2016，第 169-171 页。

题鲜明的文化资源不仅是侨港镇发展旅游业的重要资源，也是对内进行红色爱国主义教育、对外宣传中国侨务发展成果的有力依托。

四　思考与展望

作为与中国改革开放几乎同龄的"难侨镇"，侨港镇的归侨群众从无家可归的越南难民到丰衣足食的中华人民共和国公民，见证了侨港镇和祖国的共同发展。侨港镇有许多的特殊性，是中国最大的印支难民安置点，是中国行政区域最小的镇，是中国唯一为安置越南归侨设立的建制镇，是中国归侨安置点中唯一保留渔业生产方式的镇级行政单位。侨港镇归侨，有许多特殊性，有疍家渔民的身份、有跨国移民的身份、有越南难民的身份、有归国华侨的身份。因此，无论是侨港镇还是侨港镇归侨，都具有许多值得研究与挖掘的地方。鉴于篇幅有限，本文仅从侨港镇的归侨安置历史与当前发展现状进行了初步的研究。

在归侨安置方面，侨港镇在保留归侨原有渔业生产方式的同时，开创了"一社两制"的生产模式。侨港镇归侨充分发挥主观能动性，积极寻求可利用的社会资源，获取联合国难民署与中国政府的政策资金支持，学习广东、香港地区的先进生产方法，敢打敢拼，用自己的奋斗创造了侨港发展奇迹。虽然侨港镇面临新的发展困难与问题，但是从其40多年来的发展成就与归侨生活水平来看，其保持原有渔业生产方式、实行"一社两制"的安置模式是成功的。侨港镇归侨爱党爱国爱家乡，对伟大祖国、中华民族、中华文化、中国共产党、中国特色社会主义的认同不断深化，其中华民族共同体意识日益形成并得以巩固铸牢。[①]2018年12月13日，在广西壮族自治区成立60周年之际，中共中央政治局常委、全国政协主席、中央代表团团长汪洋来到北海慰问各族群众，其间特意来到侨港镇，看望慰问了归侨代表黄家光九姐弟，

---

① 张姗:《铸牢中华民族共同体意识视角下归侨群体的"五个认同"研究——以广西侨港镇为例》，《民族学刊》2021年第8期，第9页。

对侨港镇成立以来所取得的成绩给予了充分的肯定,并希望归侨继续保持奋斗精神,把家乡和祖国建设得更美好。① 因此,侨港镇的归侨安置政策与管理发展模式,可以为面临重重困难的华侨农场、归侨安置点的管理及决策部门带来一些启示与思考,侨港镇归侨自力更生、创新进取的打拼精神也可为其他地区归侨侨眷的发展提供一些借鉴与参考。

从侨港镇的发展现状来看,机遇与挑战同在。近年来,受到近海海洋渔业资源日渐枯竭,人工成本、油价居高不下等多重因素影响,渔业捕捞特别是附加值较低的小规模家庭式捕捞面临重重困难,引导渔业加工企业升级转型,扶持部分渔民转产转业势在必行。丰富多样的旅游资源与独具特色的文化资源为渔民群众提供了新的发展空间,目前侨港镇正在把海产品电商发展与智慧旅游、文化创意等高端服务业作为新的经济增长点。2020年正式启动的侨港国际渔市是侨港镇探索海洋产业振兴发展新模式的关键举措,预计3年内,依托该平台孵化的300家电商经营主体,将解决2000名转产转业渔民的就业问题。② 与此同时,独具优势的侨力资源是侨港镇实现"引进来"与"走出去"的一把金钥匙,随着中越两国经贸往来的日益频繁,具有越南生活经历、会说越南语的部分归侨利用"一带一路"利好政策,在越南购买了虾塘进行鱼虾养殖,开始了新的创业。大型企业更是利用"一带一路"建设所提供的诸多便利与资源,积极走向海外。以侨港镇归侨企业广西海洋投资集团为例,其业务涉及金融投资、船舶修造、远洋渔业捕捞、海产品深加工、船员培训、电子商务、水产品交易、渔业船舶交易、海洋运输、房地产开发、石油及天然气贸易等多项内容,成了广西"一带一路"建设和东盟经济圈建设的领军企业,目前已经与斯里兰卡、文莱、印度尼西亚、马来西亚等国签订了渔业合作协议。未来,侨港镇应该充分利用侨乡优势,鼓励海外侨胞积

---

① 《汪洋率中央代表团一分团看望慰问北海各族各界干部群众》,参见新华网 http://www.xinhuanet.com/politics/2018-12/13/c_1123849941.htm。
② 《侨港镇举行海产品电商小镇暨高端服务业集聚区运营平台服务协议签订仪式》,参见"侨港小镇"公众号 https://mp.weixin.qq.com/s/foDteGQ7oEJaPhOiFV7x-w。

极投身"一带一路"建设，同时，借助大型企业在"一带一路"建设中所搭建的平台，帮助侨港渔民走出去，寻找更多的经济增长点，让更多的归侨侨眷从中受益。

20世纪70年代末，中国自身发展面临多重困难，但在广大华人华侨被越南政府驱逐出境无路可走之时，祖国以母亲般的胸怀为其提供了援助与保护。40余年后，中国综合国力与国际地位不断提高，侨港镇归侨重新走出国门有了更多的底气与动力。侨港镇归侨侨眷的奋斗过程与如今的幸福生活是我国改革开放取得伟大成就的生动缩影。新的时代，为侨港镇带来了新的发展机遇与挑战，无论是转产转业培育新的经济增长点，还是优化升级海洋产业发展新结构，侨港镇归侨都将调整思路再出发。讲好侨港故事，总结侨港经验，既可为其他归侨安置地区提供可供参考的发展思路，也可为铸牢中华民族共同体意识、宣传介绍中国安置归侨举措、彰显中国侨务政策的优越性提供典型案例，进而为世界更加全面真实地了解中国、促进中国与其他国家和地区开展合作交流、努力构建人类命运共同体做出积极贡献。

·西南文化的现代叙事·

昆明西北郊山区世居白族村落清明节调查*

张 多**

摘 要 白族的民俗调查研究历来是西南民族研究的热点，但是学界对昆明世居白族的研究非常薄弱。百年来昆明白族研究成果寥寥，其中1920年代杨成志对昆明白族群体的初步调查，以及1980年代国家少数民族社会历史调查值得注意。这些研究中尤其缺乏针对民族文化本体的研究成果。本文通过对1980年代社会历史调查的相关地点进行回访调查，有助于回应以往调查的相关问题。昆明白族清明节的当代状况与1980年代相比变化不大，但通过沙朗、谷律两地的比较，可见一山之隔的两个白族村落在清明节民俗细节上有诸多差异。昆明白族清明节与大理白族相比，其"墓龙"信仰凸显出特别的研究价值。

关键词 昆明白族；清明节；墓龙信仰

白族主体人口主要分布于云南西北部以洱海为中心的地域，但现代白族除了滇西北之外，在滇中、贵州、湖南桑植县等地也有小规模分布。在对滇

---

* 基金项目：本文为国家社会科学基金青年项目"云南少数民族民间文学稀见资料整理与研究（1958—1983）"（项目编号：20CZW059）的阶段性成果。
** 张多，云南大学文学院副教授，主要研究方向为民俗学、西南少数民族民间文学。

西北之外白族的研究中，有关湖南桑植白族的研究相对较多，代表性的有张丽剑①、刘霞②等人的综合性研究，对贵州散居白族的研究也有诸如赵玉姣③等深入的专题调查。

在滇中白族的分布范围内，昆明滇池北岸山区和玉溪市元江县因远镇是两个相对集中的白族分布区。对于元江白族，学界也有诸如刘援朝④等相对深入的研究。总体上看，滇西北之外白族的研究，唯独昆明白族缺乏专题性文化本体调查研究。

除了20世纪20年代、80年代的几次民族调查之外，迟至21世纪初，方见到一篇针对昆明白族的宏观研究。⑤直到2010年之后，才有了更为具体的调查研究，但其中多为针对白语的语言学研究。⑥除此之外，郭家骥的研究报告中部分内容涉及昆明白族的民族认同、族际关系。⑦总体来看，昆明白族研究在白族研究领域中是一个不小的缺失。而昆明白族在整个滇、黔、湘白族宏观分布中，处于关键的枢纽位置，是滇西北白族主体连接元江、贵州、桑植白族的重要中继地区。因此，昆明白族本体文化现状是当前白族研究亟待深化的领域。

有鉴于此，笔者于2013年清明节期间，对沙朗和谷律⑧两个地点的白族村落展开节日专题调查。这也是针对1980年代社会历史调查的报告进行的回访。之所以选择清明节，盖因对昆明白族而言，春节、清明节、火把节是三

---

① 张丽剑：《"民家情"：散杂居背景下的族群认同——湖南桑植白族研究》，博士学位论文，中央民族大学，2007。
② 刘霞：《桑植白族的来源与形成》，《民族论坛》2011年第3期。
③ 赵玉姣：《身份的建构——对贵州白族身份认同的研究》，《贵州大学学报（社会科学版）》2013年第4期。
④ 刘援朝：《云南元江县白族的宗族组织与制度》，《社会学研究》1997年第5期。
⑤ 王锋：《昆明西山白族的历史与现状》，《大理文化》2001年第2期。
⑥ 何丽、李秋杨、王雪梅：《和谐社会之语言和谐：云南省多民族地区语言使用、语言关系与语言态度研究——昆明市沙朗白族乡个案分析》，《西南民族大学学报（人文社会科学版）》2010年第3期。
⑦ 郭家骥：《城镇化进程中的民族关系——以昆明市西山区团结镇为例》，《文化多样性背景下的民族和谐——国际人类学民族学联合会第十六届大会文集》，知识产权出版社，2009，第64-111页。
⑧ 关于沙朗、团结、谷律这三个地名的关系，由于其行政区划变动较为复杂，后文有详细解释。

个最重要的节日，而清明节的相关仪式，比较集中地反映了昆明白族祖先信仰的文化内核。本文拟通过一个代表性民俗事象，来管窥昆明世居白族社区的民俗文化肌理。

一　昆明白族社会历史调查及其清明节记录

目前，学界鲜有专门的白族清明节调查报告或研究成果，更罕有针对昆明白族清明节的专门研究。当然，在诸多对大理白族的调查活动、民族志研究中，有许多片段涉及白族的清明节民俗。检视现有昆明白族研究的学术史，杨成志是目前所见资料中第一位开展调查的学人。

（一）杨成志对昆明地区白族的调查

1928年，时任国立中山大学教授杨成志，被中央研究院历史语言研究所和国立中山大学语言历史学研究所派往云南做民族调查。这次调查以1928年7月12日从广州出发为始，以1930年3月23日返回为止。他这次调查的成果以《云南民族调查报告》（下文简称《报告》）为题，发表于1930年5月21日的《国立中山大学语言历史学研究所周刊》。

1928年9月1日，杨成志从昆明出发前往大凉山地区，这是他此次调查的重点。他直至1929年5月方返回昆明。在昆明，杨成志根据自己在大凉山外围地区的调查经历，于东陆大学、云南省立第一师范等十余所学校举办演讲，获得强烈反响。在昆明各大学、中学的学术交流，使得杨成志在昆明逗留了10个月，因此得以对昆明周边的少数民族开展有限的调查。

> 我在各校演讲既毕，眼见昆明虽为云南首县，然尚有所谓散民、子君、罗罗、白子、民家、花苗、白夷、黑夷各民族的名称，值得做比较和分析的调查工作。逐（遂）用四个月的时间，专心致意，奔驰于东西南北四乡实地考察去。……白子和民家的方言，是罗罗与汉族及他们原

有的语言混合或递变而成。①

昆明全县人口约 20 万，东乡的散民，北乡的白子，西乡的夷人，民家，白子，南乡的子君等族约占了七八万，这种散处四乡的土人，俱能操汉语，且日与汉化接近……②

杨成志的调查显示，当时昆明自称"白子"或"僰子"的白族主要居于沙朗和团结，而谷律的居民主要为彝族。他特别提道："白子（或称僰子）——分布于外西乡的龙潭、多依、小村、汉人营及北乡的沙朗堡……诸村，约有千余户，人口总数在 10000 以上。"同时他对谷律的调查显示："罗罗（或称夷教，或称白夷，或称黑夷）——分布内西乡和外西乡明朗堡、多依堡、罗亩堡……"③由此可见，谷律螳螂川流域的白族聚落迁入较为晚近，与笔者 2013 年调查的谷律苏姓族谱的记载相吻合。

在《报告》第十二部分《此次收罗的民族民俗品总登记表》中显示了与清明节相关的文物。云南昆明散民族民俗品中有冥纸币 2 件、白钱 5 件、黄钱 1 件。汉族民俗品中有白钱和黄钱 2 件。④今天昆明汉族、白族、彝族清明节扫墓仍是以冥纸币、黄钱、白钱为主。其中他提到的"散民族"即包括白族。从杨成志的调查中，能够窥见一些昆明白族民俗的情形。尽管简单，但杨成志的记录是目前较早对昆明白族进行现代意义田野调查的例子。

（二）国家民委组织的社会历史调查

1956 年，中国科学院民族研究所承担了中央民族事务委员会⑤少数民族社会历史调查的任务。调查的成果编入《少数民族史志丛书》。1963 年，《白族简史简志合编》初稿印行，该书调查范围以滇西地区为主，但特别注明也

---

① 杨成志:《杨成志人类学民族学文集》，民族出版社，2003，第 40 页。
② 杨成志:《杨成志人类学民族学文集》，民族出版社，2003，第 177 页。
③ 杨成志:《杨成志人类学民族学文集》，民族出版社，2003，第 73 页。
④ 杨成志:《杨成志人类学民族学文集》，民族出版社，2003，第 101-109 页。
⑤ 1978 年，中央民族事务委员会改名为国家民族事务委员会，简称"国家民委"。

调查了昆明白族。当时调查的白族民族传统节日主要有年节、三月街、绕三灵、火把节、耍海会。但书中也提及："其他如清明节、端午节、中秋节、中元节、冬至节等节日活动，一般和汉族相差不大。这些都是汉、白两族人民长期友好往来和文化交流的结果。"① 这一判断是中肯的。

1979 年，国家民委着手编写《民族问题五种丛书》。1981~1984 年，云南省民委组织力量对昆明周边的彝族、白族、回族、苗族进行调查，成果编辑成《昆明民族民俗和宗教调查》，该书中有专章《西山区白族宗教调查》，这是目前所见对昆明西北郊白族民间信仰进行专门田野调查最早、最详细的资料。

《西山区白族宗教调查》由董绍禹执笔，调查时间为 1982 年。调查报告开篇说："西山区的谷律、团结、沙朗等村社，就是昆明白族聚居区。"② 该报告主要的调查对象之一是妥排村的苏姓家族，也正是笔者 2013 年回访调查的家族。

在论及谷律、团结白族土主信仰时，报告记载了树神"墓龙"："有树神崇拜，而且均系麻栗树，和附近彝族黄栗树崇拜相区别，不论是祭祀台上的神树还是坟地上的神树，当地都叫'墓龙树'。"③ 因此"墓龙树"也是笔者 2013 年清明节调查的一个重点。在论及苏姓家族的祖先崇拜时，报告记载："每年清明、七月半（即中元节）、八月十五三次合族到开山老祖坟前供祭，祭品只能由主祭者和家族中几个年长者吃，其他人等只参加祭祀，不得分享祭品。"④ 在论及丧葬习俗时，报告再次记录墓龙和清明节："墓地都有神树，叫墓龙树……每年清明、七月半、八月十五上坟，皆在墓龙树下杀一公一母

---

① 中国科学院民族研究所云南少数民族社会历史调查组编《白族简史简志合编（初稿）》，中国科学院民族研究所，1963，第 15 页。
② 《中国少数民族社会历史调查资料丛刊》修订编辑委员会编《昆明民族民俗和宗教调查》，民族出版社，2009，第 80 页。
③ 《中国少数民族社会历史调查资料丛刊》修订编辑委员会编《昆明民族民俗和宗教调查》，民族出版社，2009，第 87 页。
④ 《中国少数民族社会历史调查资料丛刊》修订编辑委员会编《昆明民族民俗和宗教调查》，民族出版社，2009，第 88 页。

两只鸡,以示供祭。"①

1982年《西山区核桃箐彝族习俗和宗教调查》中记载谷律彝族纳苏支系,"每个家族(即每个姓)都有一棵家族神树,每个家族和每个家族的坟地都有一棵'墓龙'树"。②"上坟彝语称为'利达',每年两次上坟祭祖,一次在清明节,一次在冬至节。清明节上坟比较隆重,第一天各家族(姓)上祖坟,全家族上祖坟要杀猪供祭,同时要祭祀祖先牌位。第二天各家上自己祖坟,杀鸡供祭。每家坟旁必有一棵'墓龙'神树。树下供一条长约50公分的石头作为坟地神。在树下杀鸡祭祀,并把鸡血淋在石头和树上。在坟地上把鸡等祭品煮熟,再在墓龙神树下供祭,祭毕在坟前吃一餐,叫陪祖先吃饭。清明节上坟时,要在坟上插柳枝,这显然是受汉族影响。"③

在昆明西北部山区,彝族、白族由于长期杂居通婚,因此他们的许多民俗都非常接近。这也是昆明白族生存环境非常显著的特征,即与彝族、汉族有长期的、系统性的交往关系。因此,在针对1982年调查进行回访之前,必须对昆明白族的生存环境有一个宏观的认知。

二 沙朗、团结、谷律白族村镇的聚落特征和历史沿革

昆明白族最主要的聚居区位于滇池北岸坝子西北部山区。其中,今天的团结街道办事处和沙朗街道办事处是两个主要的乡镇一级民族聚居区。由于团结位于玉案山西部螳螂川流域,沙朗位于玉案山东麓与长虫山结合部,因此总体上昆明白族的分布区域可以归纳为玉案山区。

玉案山区位于昆明市区西北部,属于拱王山脉西南部的中山区域,平均

---

① 《中国少数民族社会历史调查资料丛刊》修订编辑委员会编《昆明民族民俗和宗教调查》,民族出版社,2009,第89页。
② 《中国少数民族社会历史调查资料丛刊》修订编辑委员会编《昆明民族民俗和宗教调查》,民族出版社,2009,第54页。
③ 《中国少数民族社会历史调查资料丛刊》修订编辑委员会编《昆明民族民俗和宗教调查》,民族出版社,2009,第54页。

海拔 2000 米左右。这一地区白族村落有三类，第一类建于山间盆地（坝子），如团结龙潭村、沙朗东村；第二类建于半山或中山，如团结格罗多村；第三类建于河谷水边，例如团结下律则村。白族村落往往与彝族、汉族村落交错，而与高海拔山区的苗族往来较少。

玉案山区世居人口以彝族、白族、苗族、汉族、回族为主。综合各级政府网站公布的人口数据估算，沙朗和团结两街道截至 2006 年 1 月，总人口约 5 万人，其中彝族人口约 2 万人，白族人口约 1.3 万人。沙朗白族人口约占总人口的 43.3%，团结白族人口约占总人口的 18.13%。[1]

沙朗、团结的白族，均来自大理洱海地区。其祖先从洱海地区迁徙到滇池地区的时间，应在南诏到大理国时期。唐永泰元年（765），南诏王阁罗凤命长子凤迦异于滇池北岸筑拓东城，故玉案山区白族迁徙时间应在 765 年之后。南宋宝祐六年（1258），蒙古大将兀良合台在灭大理国后，组建了一支由灭亡后的大理国子弟组成的军队"寸白军"，向东进军，以图包抄南宋军队。寸白军途经滇中、滇东、贵州、湖南等地。其遣散后的后裔形成今天湖南桑植，贵州盘县、水城、赫章、纳雍、大方等县的白族村落。据此，玉案山区白族迁徙时间应不晚于 1258 年。综上，昆明白族从滇西迁徙而来的时间应在 765~1258 年，且很大程度上靠近这一时间区间的下限。

《白族简史简志合编》（初稿）（1963）通过梳理《宋史》《元史》《滇史》《南诏野史》《云南图经志书》等汉文史料，佐证了玉案山白族族源问题。其研究显示元代白族除了大理之外，还在中庆路（今昆明地区）等地"小块聚居或杂居"。[2] "在长期生产劳动……中，有些白族人民就融合于当地汉、彝等各族人民之中。……如昆明的沙朗……。"[3] 这说明在元代，昆明地区已经形

---

[1] 2011 年之后由于行政区划调整，截至 2020 年 1 月，团结街道、西翥街道白族人口信息暂无公开统计数据。
[2] 中国科学院民族研究所云南少数民族社会历史调查组编《白族简史简志合编（初稿）》，中国科学院民族研究所，1963，第 78 页。
[3] 中国科学院民族研究所云南少数民族社会历史调查组编《白族简史简志合编（初稿）》，中国科学院民族研究所，1963，第 79 页。

成了白族聚落，其迁入时间则当早于元代。

南诏、大理国时期迁徙到昆明的白族军户，原先居住在坝区。在元、明、清三代，大量汉人、色目人、满人迁徙到滇池地区，将白族居民压缩到玉案山区。1982年的调查显示，谷律苏姓白族家谱记载：其祖先来自洱海边一村子，先迁居到昆明苏家塘（滇池北岸），后因战乱，由一老祖母携带族裔迁至玉案山区避居。①

在玉案山区，白族自称白子，他称民家、后山人。他们的口述史均认为自己来自大理。如笔者调查的沙朗向阳村张月华口述："我听老人都说，沙朗白族是从大理海东来呢。"②1982年调查记载团结董姓："自认其祖先来自大理喜洲。"③

但玉案山区的各类地名，大多数都是彝语地名，如"沙朗"为彝语"多沙的小坝子"；"谷律"为彝语"多山之地"。因此，玉案山区彝族应该是比白族更早定居于此的居民。彝族迁入该地区的时间或早于中晚唐，其后白族、苗族相继迁入。这种历史流动形成了现在彝族、白族居于中低海拔山区，而苗族居于高海拔山区的村落格局。今天，玉案山区白族全部会说汉语，团结白族大多还兼通彝语。

沙朗，明、清初属昆明县（今昆明市）沙朗里。清末这一地区分置沙朗堡、桃园堡、头村堡。明代地理学家徐霞客曾于崇祯十一年（1638）十一月初八、初九途经沙朗。其游记曰："有村聚倚西山之麓，高下层叠，是为沙朗。"④这一描述与今天沙朗大村、西村一带形貌一致。民国时期设昆明县北新乡。1950年属昆明县第五区，1954年属昆明县第八区，1956年属昆明市西山区。1958年属上游人民公社，辖沙朗、桃园、龙庆3个辖区，1962年分设沙朗人

---

① 《中国少数民族社会历史调查资料丛刊》修订编辑委员会编《昆明民族民俗和宗教调查》，民族出版社，2009，第80页。
② 访谈人：张多。访谈对象：张月华。时间：2013年4月4日。地点：沙朗白族乡向阳村。
③ 《中国少数民族社会历史调查资料丛刊》修订编辑委员会编《昆明民族民俗和宗教调查》，民族出版社，2009，第80页。
④ （明）徐弘祖：《徐霞客游记校注》，朱惠荣校注，云南人民出版社，1985，第850页。

民公社。1984年2月设西山区沙朗办事处，1988年2月正式建立沙朗白族乡。2004年，昆明市行政区划调整时将沙朗白族乡划归五华区。沙朗白族乡辖大村、东村、桃园、龙庆、三多、陆坡6个村民委员会。2011年，沙朗地区划入新设立的西翥街道办事处。

团结和谷律原为两个相邻的乡镇，清代曾在这一地区设玉案乡、罗亩堡等。团结作为乡镇建制，始于1958年10月成立的团结人民公社。关于"团结"的命名，最初有"玉案山人民公社""龙潭人民公社""前进人民公社"等多种方案。后来出于"民族团结"的考虑，遂取名"团结"。同时1958年在谷律设立谷律人民公社，隶属于昆明市西山区。1988年设立团结彝族白族乡、谷律彝族白族乡。2005年10月，团结彝族白族乡和谷律彝族白族乡合并为团结镇，镇政府驻原团结乡政府。团结镇下辖龙潭、谷律、妥排、律则、乐亩、朵亩、大兴、蔡家、永靖、下冲、花红园、雨花、妥吉、棋台、白眉、和平16个村民委员会。2013年，西山区将团结镇改设团结街道办事处，原团结镇下辖各村委会变更为"居委会"。

笔者所回访调查的两个核心村落中，向阳村隶属于原沙朗东村，紧邻沙朗乡政府。笔者曾于2013年2月在此进行先期田野作业，并确定报道人张保华（女，白族，55岁）等。[①] 格罗多村隶属团结镇妥排居委会（即原谷律乡妥排村委会），位于螳螂川东岸中山地带。笔者在前期曾于2010年1月、2011年7月、2012年2月分别到谷律的谷律村、妥排村、律则村、乐亩村进行过民族文化调查，因此2013年再次进入格罗多村进行调查时，田野关系已经比较紧密。

三 信仰内核的存续：沙朗白族的清明仪轨

2013年清明节是4月4日。4月3日，笔者与张保华联系，确认她家4

---

① 本文涉及的田野调查具体人名均为化名。

日早晨上坟。征得同意后，笔者得以全程参与张保华婆家的上坟活动。沙朗几个村基本上是一姓一村，大村是段姓、西村是李姓、东村是张姓，此为沙朗白族三大姓氏。向阳村紧邻东村，是东村向东部向阳山麓扩大的自然村。所以向阳村也以张姓为主。他们的坟山叫张家坟，在沙朗坝子东北，离村5千米。

7：00之前，张保华已准备好上坟物品。包括香、锡纸、黄钱、坟标、鞭炮、苹果、橘子、沙琪玛、蛋清饼、芙蓉糕、糖果、汤饭。香是昆明当地所产竹签香，以竹篾做杆，裹上绿色香粉。锡纸是在16开长方形白纸上涂银色颜料，代表银子直接用于祭祀。黄钱是在16开长方形黄色绵纸上，用专门印刀刻印铜钱。坟标是用竹签香串起的五彩纸标，下部剪成燕尾形，有蓝、绿、粉、紫、黄、红、白7种颜色。

张家祖坟位于山顶。笔者此前在相关文献中看到有关"墓龙"的记载，但都语焉不详，而这次调查亲眼见到了"墓龙"。张家坟的墓龙是一块石碑，高约1米。位于老太祖母坟侧。上面竖排楷体阴刻："本境山神土地墓龍之位"。石碑两侧和顶部用石板搭起一个遮亭。墓龙碑前已经插满了各色坟标、黄钱、香、纸花，摆满了水果、糕点、糖果、汤饭。这些说明同族其他支的人已经先行前来祭扫过。

张保华和小姑子张月兰（白族、40岁）将自家坟标和香插在墓龙碑前，将糕点和水果、糖果供祭在墓龙碑前。一家人在墓龙碑前磕头。磕头的顺序为男先女后，妇女都自觉等男人和孩子都磕头之后才磕头。

对于墓龙，张月兰表达了自己的理解："这个坟墓就是由墓龙管着。死掉的人都是他们管着。如果墓龙开着还要锁墓龙。它开着么他（亡魂）回趓家首么不好嚜。"[1] 墓龙在她的观念中是司掌冥界入口的神祇。后来笔者到村中还询问了几位老人，观点与张月兰类似。可见当代沙朗白族的墓龙信仰已经与碑刻中标记的"山神土地"有差异。

---

[1] 访谈人：张多。访谈对象：张月兰、朵嘉华。时间：2013年4月4日。地点：沙朗张家坟山。

从祖坟往下走，各家祖坟围绕着墓龙碑依山而建。新亡的坟墓依次向山下建。张月兰、朵嘉华夫妇和张保华来到张月兰的老爹（祖父）和奶（祖母）的坟前。一同前来的另几家则到各自家父母和祖父祖母坟前祭扫。他们上坟磕头、进香、摆放贡品、插坟标，其具体仪式程序为：先对坟墓分别磕三个头；再把一把竹签香插在墓前（因防火未点燃）；将苹果、香蕉、糕点、糖果、汤饭供祭在墓前；将黄钱、锡纸摆在墓前（因防火未焚烧）；再次磕三个头；随后上坟者在坟头上插满五彩剪纸坟标。坟标有两个主要作用。一是表示这座坟已经有后人来祭扫过。二是表示这一家人丁兴旺，有孝子上坟。旁边一位妇女在父母坟前，将带来的汤饭（菜汤连饭菜一起煮熟）用勺舀出两碗供在坟前。剩余的汤饭洒在山间，相当于施舍给"孤魂野鬼"，让它们不要与亡人争抢。洒汤饭也是昆明地区汉族清明节上坟的普遍习俗。

总的来说，除了仅存的墓龙信仰，沙朗白族清明节的仪式过程已经与滇池北岸地区汉族的节俗深度融合。但是上坟祭祖的仪轨是民俗活动的外在形式，其墓龙信仰的内核是汉族不具有的。这种墓龙信仰也是沙朗白族祖先观念得以存续的关键所在，由此可见民俗行为外在形式的融合，并不妨碍内在祖先信仰、宇宙观的差异化并存。这也是沙朗白族当代文化现状的重要特征。

四 祖荫下的传承：谷律格罗多村苏氏家族的清明节

格罗多村位于面朝螳螂川河谷的中山山腰，是一个典型的高原山村，开垦有大规模梯田。谷律格罗多村苏氏五兄妹，是笔者此次调查的对象家族。为表述清楚，先将苏氏家庭成员关系的情况简单罗列如下。

先父：苏英存（1925~2008年），白族，世居格罗多村。先母：杨秀莲（1925~2005年），白族，从上律则村嫁入。

长子：苏金和，白族，64岁，居住格罗多村。长媳：苏兰香，白族，60岁，从上律则村嫁入。

次子：苏金平，白族，61岁，居住格罗多村。次媳：李明仙，彝族，59

岁，从白王寨村嫁入。

三子：苏金寿，白族，58岁，入赘谷律乐亩村。三媳：李惠兰，汉族，52岁，世居谷律乐亩村。

四子：苏金仁（1957~2013年），白族，入赘盘龙区罗丈村。四媳：张秀芳，汉族，55岁，世居盘龙区罗丈村。

幼女：苏金丽，白族，50岁，嫁入盘龙区罗丈村。

（一）节期延后与三处祖坟的现状

2013年4月1日苏金丽告知笔者，今年清明兄妹五人要给父母的坟"嵌坟"（昆明话，意为大修祖坟）。由于嵌坟用的石料和水泥需从镇上运到村里，再由人工背到坟地所在的山坡，因此4月4日清明节时工程未结束，节期延后到4月9日。

9日上午笔者和苏金丽一起来到格罗多村苏金平的幼子苏大伟家。苏金和、苏金平、苏金寿商量后，临时决定除了上父母的坟，还上爷爷奶奶的坟，顺道看一下苏氏老祖坟。这三处坟地不在一地。父母的坟（苏英存、杨秀莲夫妇）就在格罗多村，位于村子南山梯田边上的向阳坡树林中。老爹、奶（祖父、祖母）的坟在妥排村，距格罗多村有10公里山路。谷律苏氏祖坟林在上水井村，距格罗多村有9公里山路。

出发上坟前，妇女们制作好坟标，即将五彩坟标纸用竹签香穿起。此时李明仙则给准备牺牲献祭的公鸡洗脚，即用流水将鸡脚冲洗干净。在谷律白族看来，鸡脚是不洁净的，用于牺牲的鸡需要完全洁净。准备好祭品后，合族前往新嵌的父母坟地。祭品包括：坟标、黄钱、白钱、银元宝、香、腊肉（1块）、活鸡（1只）、米（1碗）、苹果、橘子、香蕉、荞饼、鸡蛋糕、酥饼、糖果、沙琪玛、塑料花、松枝。

苏氏父母的两座新修缮坟墓分开并排，墓冢四周用白色大理石新砌，墓碑把2008年以后出生的第四代孙辈名字补刻上。新坟在嵌坟工程结束时，用一根红色棉线绕坟墓一圈缠住，用一把纸锁"锁住"。坟地南侧10米处的一棵云南油杉，就是这块坟地的墓龙树。在墓龙树根部，新添置墓龙碑一块，上书"本境山神土地墓龙位""亥山己向"。

祖父祖母的坟地位于妥排村通向谷律村公路附近一处向阳山坡。此处只有这两座坟墓，墓龙树是一棵青栗树，非常茂盛。树根下埋有一块墓龙石。

谷律苏氏祖坟林位于磐石塘山，这是一处茂密的山间台地森林。林中坐落着一字排开的13座坟墓，其中6座是民国及以前的古墓，宣统二年（1910）3座，民国17年（1928）2座，民国20年（1931）1座。有些墓碑已被损毁。老祖母墓碑上书"皇清待赠乡評耄壽郷杖蘇母李氏太君之墓"，未书生卒年份。此墓为逝者玄孙于1910年所筑，与苏氏家谱记载时间相符。祖坟林的墓龙树是一棵柏树，高约20米。这棵墓龙树的墓龙石已不存。树基处插着一些黄钱穿成的坟标，表示不久前有族裔前来上坟。

（二）杀鸡血祭墓龙树

4月9日，苏氏兄妹在格罗多村父母坟和放姑太山的祖父祖母坟地举行了两次祭祀墓龙树的仪式。两次仪式都由长媳苏兰香主持，仪式程序和祭品完全一致。祭祀墓龙树的仪式程序如下。

（1）清理墓龙树周围的杂草和灌丛。清洁墓龙石和墓龙碑。

（2）将一支分三叉的云南松枝插在墓龙碑或墓龙石前土中，作揖，磕头。在墓龙碑两侧插上香和黄钱。在墓龙碑前土地上铺一层松毛（松针），上面摆放苹果、香蕉、糕点、糖果、汤饭、酒等祭品。摆放一碗生大米，在米上放一块方形腊肉。

（3）抱一只活公鸡，举过头顶，象征性地对墓龙树作揖。给献祭的鸡再次洗脚。把鸡头抱近一碗大米，让鸡啄米，给鸡喝苞谷酒，并再次举起鸡向墓龙树作揖。

（4）杀鸡（割喉），将鸡血滴在一个碗或纸杯内。把鸡血放在墓龙碑前作为最重要的祭品。同时将鸡颈部滴血滴在大米和腊肉上。从鸡腹部拔下一撮鸡绒毛，沾鸡血后，粘贴在墓龙碑上。碑上方左右两角各粘一撮。从鸡腹部拔下一撮鸡绒毛，沾鸡血后，粘贴在松杈主干上。从鸡翅膀拔下一根飞羽，沾鸡血后，在墓龙碑面上上下刻划，留下血痕为止。从鸡翅膀拔下三根飞羽，并排插在墓龙碑前土中。

（5）众人轮流向墓龙树磕头。众人将各色坟标插在墓龙树周围。

选择墓龙树并非一定要选最高大的树，而是"随缘"。有时候由家族中长老来选，有时由墓主人的子女在安葬时选择。选墓龙树并无特定仪式，而是选择位置恰当、长势良好、树形端正的非柴薪树木。在墓龙树下安放墓龙碑或墓龙石的主要目的是表示此为祖先灵魂的安居之所。

杀鸡血祭是祭祀墓龙树最重要的环节。在两处坟地杀鸡都是由苏金寿的长子李苏忠（白族，32岁）完成的。鸡血和鸡毛成为祭祀的特殊祭品，需要人为粘贴在墓龙碑、松杈各处。通过牺牲、血祭，家人与墓龙树之间的沟通得以达成，在杀鸡时，苏兰香口中用汉语念诵："墓龙保佑老老小小，墓龙保佑苏氏门宗。"[①] 而杀鸡祭祖的仪式，根据笔者以往的田野调查，在滇中、滇南彝语支诸民族中亦有，并非谷律白族所独有。

（三）祭祀祖坟：坟头草、鸡毛和坟标

祭祀完墓龙树之后，就要开始祭祀祖坟。这时候，先前用作牺牲的那只鸡便充当了两个仪式的纽带，因为两个仪式要用同一只鸡的鸡血和鸡毛，所以两个仪式必须衔接紧凑。

在父母坟地，由于是新嵌坟，清明节上坟多了一个环节——栽坟头草。栽完坟头草后，先前牺牲的鸡被拿到坟前用开水褪毛。褪下的鸡毛，选取几撮绒毛，仍沾鸡血粘贴在墓碑上和墓身上。父母坟墓碑上各粘贴了两撮鸡毛，墓身上各粘贴了两撮鸡毛。剩下的所有鸡毛则均匀撒在坟头上。而褪了毛的整鸡则就地淘洗内脏，待回家后烹制。

---

① 访谈人：张多。访谈对象：苏兰香。时间：2013年4月9日。地点：谷律格罗多村苏氏兄妹父母坟地。

鸡毛、鸡血用于祭祀仪式是白族普遍的习俗。例如1990年在大理云龙县石门乡的调查记载，在其"抓替身"的叫魂仪式上："将鸡杀死后，把鸡血盛在碗中供在坛上，拔下3匹鸡翅膀毛，左翅拔2匹，右翅拔1匹，蘸上鸡脖子上的'刀口血'，插在祭坛上。"[1] 这一则记载与格罗多村祭祀墓龙杀鸡仪式几乎一致。可见格罗多村白族与滇西民族主体分离虽已久已远，但其民间信仰的仪式承传至今。

粘贴鸡毛的同时，苹果、香蕉、糕点、糖果、酒、塑料花、元宝等祭品也摆放停当。而后众人轮流在坟前磕头、插坟标。片刻间整个坟头上插满了五彩的坟标。之后，李明仙和李惠兰将四串金元宝挂在两座坟墓坟头上，将未能焚烧的白钱挂在坟地四周灌丛中，以示施舍给周围的"孤魂野鬼"。仪式结束后，众人分享祭品，而先前的米、腊肉则带回家，晚饭时烹制待客。

谷律白族的清明节上坟祭祖保持了许多传统仪式，诸如选墓龙树、祭墓龙树、杀鸡血祭都是谷律和团结一带白族传统祖先信仰中标志性的仪式。家族传承在这种民俗存续过程中起到非常重要的作用，祖先在谷律白族人的日常生活中处于信仰文化的中心位置。尽管家族后裔分散在各地，各代先祖的坟地也不在一起，但清明节祭祖就是一个凝聚家族认同的重要时机。

五　昆明白族清明节与大理白族之比较

昆明是云南省内除滇西之外白族人口聚居较多的地区。大理白族和昆明白族的清明节是否有所联系，就成为一个不可回避的问题。早在1941~1943年，许烺光在大理喜洲的田野工作已深刻揭示了祖先信仰在喜洲白族文化人格和生活形塑过程中的动力意义。他特别提到了清明节上坟的细节，主要仪

---

[1] 调查整理者：谢道辛（白族），调查地点：云龙县石门等乡，调查时间：1990年12月。参见詹承绪主编《中国各民族原始宗教资料集成·白族卷》，中国社会科学出版社，1996，第437页。

式是野外圣宴、叩拜和上香。① 许烺光还描写了中元节（七月半）的祭祖仪式。书中有关"上坟"的民族志段落是最早的大理白族清明节田野描述。

在1956年的民族社会历史调查中，有一些关于滇西白族清明节的片段记载。《那马人风俗习惯的几个专题调查》（詹承绪、刘龙初、修世华执笔）记载兰坪白族普米族自治县的白族那马人，"清明扫墓、垒坟前要先祭祖坟上的山神"，"上坟的人家要杀一只鸡祭山神，祭完山神后再垒坟。祭山神……是祭坟旁一棵树（叫山神树）或一块石头（石头是山神树的标志），请它保护祖坟"。②

《洱源县西山地区白族习俗调查》（赵寅松执笔）记载："三月清明节，家家上坟祭奠祖宗。若遇新丧，则往往集中百人以上，杀鸡宰羊。来客中属死者亲属者，就要送一只鸡或一只羊。""父母新丧，嫁出去的女儿分七月十四、清明节、春节三次回娘家，三年共回九次。"③

《白族节日调查》（李荣执笔）中有专节记录清明节。"三月清明节，要进行扫墓，俗称上坟。筹备一定的腊肉种类：香肠，熏猪肝、排骨、肥瘦肉，斋筵香油煎的品种，鲜肉，鲜鱼，雄鸡一到三只，各种新鲜蔬菜，一般备有酒菜，请上几桌客到坟山上吃喝。与汉族相同的是，要折一抱杨柳枝，坟墓前插一支柳。"④

1988年到1992年，吕大吉主持编撰"中国各民族原始宗教资料集成"，由詹承绪负责统筹对白族的调查工作。其中有多处涉及滇西白族清明、山神崇拜、杀鸡血祭的材料。大理海东地区白族山神崇拜主要是家族墓地的牌位或塑像。坟山上的山神庙和山神石主要是用来保护墓地的。祭祀时先用活鸡

---

① 许烺光：《祖荫下：中国乡村的亲属、人格与社会流动》，王芃、徐隆德译，南天书局，2001，第153-156页。
② 《中国少数民族社会历史调查资料丛刊》云南省编辑组：《白族社会历史调查（二）》，云南人民出版社，1987，第33、55页。
③ 《中国少数民族社会历史调查资料丛刊》云南省编辑组：《白族社会历史调查（二）》，云南人民出版社，1987，第149、153页。
④ 《中国少数民族社会历史调查资料丛刊》云南省编辑组：《云南少数民族社会历史调查资料汇编（三）》，云南人民出版社，1987，第196页。

生祭，再用煮鸡熟祭。① 洱源县西山乡白族各家坟地上都有专门山神守护，清明节扫墓时要先祭祀山神。② 兰坪县和维西县的白族那马人，祭祀白山神和黑山神都要"杀鸡血祭"，也分为生祭和熟祭，且要念杀鸡祭辞。③ 祥云县大波那村白族有一棵"鬼树"，每年清明节扫墓，都要祭祀鬼树，用1只公鸡、1块肉，饭、茶、酒各3碗做祭品。④ 洱源县凤羽乡杨氏白族清明节上坟，先祭祀山神庙中山神石，再用煮鸡熟祭。⑤

  进入21世纪，对滇西地区白族的专业田野调查活动增多。但其中对清明节的记录大多属于普查性质的简单记录。如《周城文化》中记录了大理著名的周城村的清明节，将其归入"汉族诸节日在周城"一节。"周城人上坟祭祖不限定在清明节这天，而是清明前七天或后八天内均可。"周城清明节的上坟也要祭祀山神，供祭生食、熟食两种。⑥ 杨文顺对丽江白族的调查显示，丽江白族清明节"主要是到坟山扫墓祭祖，家家户户都插柳条。扫墓时用猪、鸡肉、粉皮、糯米、粑粑、米饭、酒、茶、水果等祭祀山神祖先。"⑦ 黄雪梅研究了喜洲白族的祖先崇拜和孝文化。据她统计，九成喜洲白族在清明节要祭祖。喜洲扫墓主要在清明节，而祭祖则以中元节为盛（不上坟）。清明节祭祖也

---

① 詹承绪主编《中国各民族原始宗教资料集成·白族卷》，中国社会科学出版社，1996，第469页。口述者：赵禹、张问达、杨宿等（白族）。调查者：王承权、詹承绪。调查地点：大理市海东乡，调查时间：1988年6月。
② 詹承绪主编《中国各民族原始宗教资料集成·白族卷》，中国社会科学出版社，1996，第470页。口述者：杨祺寿、杨清吉等（白族）。调查者：赵寅松（白族）。调查地点：洱源县西山乡，调查时间：1988年12月。
③ 詹承绪主编《中国各民族原始宗教资料集成·白族卷》，中国社会科学出版社，1996，第472-482页。口述者：李嘉郁、和丽华、和圣选、和金堂等（白族）。调查者：刘龙初。调查地点：兰坪县、维西县，调查时间：1988年4-6月。
④ 詹承绪主编《中国各民族原始宗教资料集成·白族卷》，中国社会科学出版社，1996，第512页。口述者：赵履乾、赵履光。调查者：田怀清。调查地点：祥云县大波那村，调查时间：1989年6月。
⑤ 詹承绪主编《中国各民族原始宗教资料集成·白族卷》，中国社会科学出版社，1996，第548页。调查者：王承权。
⑥ 郝翔等主编《周城文化：中国白族名村的田野调查》，中央民族大学出版社，2001，第222页。
⑦ 杨文顺、木永跃：《丽江白族纳西族历史文化概论》，云南民族出版社，2008，第54-55页。

有杀鸡、供祭煮品、野餐等事象。①

比较可见，滇西白族的清明节习俗大体上与昆明白族一致。但是昆明白族清明节祭祀中的墓龙信仰就凸显出其特殊意义。滇西白族的山神大体与墓龙对应，但是性质不同。昆明白族祭祖的墓龙更突出的民俗属性是通向冥界门径的守护神以及墓地的守护神。并且墓龙树往往用石头作为灵验属性的标记，这种"树—石"灵验组合与滇中、滇南地区的彝族、哈尼族非常相似，透露出昆明地区白族在与彝族的长期杂居过程中文化交往的痕迹。

六　结语

昆明玉案山区沙朗和谷律两户白族家庭2013年的清明节，其节日民俗程序大体上相似，但也存在细节上的显著差异。沙朗向阳村地处平坝且是乡政府驻地，交通方便，上坟的程序相对简化，最显著的就是没有"杀鸡血祭"仪式。而谷律地处山谷深处，受都市干扰较小，保留了较多传统仪式。但是墓龙信仰是昆明白族共有的祖先观念内核，具体到其外在物化形式，沙朗张家坟山的墓龙是一块石碑，而格罗多村是"墓龙树—墓龙石"的组合标记形式。

由于昆明白族与彝族、汉族长期杂居，从服饰到语言许多文化生活都深度融合，因此在昆明白族清明节的仪式中，有许多与汉族、彝族共享的民俗事象。比如"炊锅""插柳（松）""烧纸"等仪式行为显示出与昆明汉族的趋同特征；而"杀鸡血祭""墓龙""山神"则与昆明彝族的祭祀文化关系密切。在昆明地区，汉族和白族、彝族在日常生活中接触非常频繁，三个民族妇女的传统服饰都是绣花蓝布服，三个民族都过火把节。同样，清明节已经成为昆明地区汉族、白族、彝族的共同节日，但是节日背后的祖先信仰、宇宙观有多样化特征。

---

① 黄雪梅：《大化无形——云南大理白族祖先崇拜中的孝道化育机制研究》，广西师范大学出版社，2009，第36、94-96页。

本次调查选取两个白族村落作为调查对象，一方面是对 1983 年谷律白族调查报告的回访和回应，另一方面也从一个具体民俗事象来窥见昆明世居白族的文化肌理。可以看出，1983 年调查的妥排村苏氏家族情况，与 2013 年相比变化不大，受到外界干扰较少。但是沙朗白族的清明节民俗则明显地呈现出与主城区趋同的趋势。随着 2014 年之后玉案山区与主城区交通条件的快速改善，城镇化进程加快，昆明各民族的清明节习俗加快了融合与趋同的进程。

基于前文对学术史的评骘和回访调查，可见昆明世居白族在整体的白族研究中具有重要意义。这一群体不仅是白族历史上迁徙人口的重要后裔，更是滇池地区民族文化多样性的重要体现，未来有必要针对昆明白族开展更为深入、全面的田野研究。

·西南文化的现代叙事·

传统村落民族文化的当代语义转型*
——以贵州万峰湖布依族坝盘村为例

刘馨蕖　吴永发　杨华刚　廖再毅**

摘　要　传统村落振兴是当代乡村振兴战略实施的重要组成部分，西南地区作为我国地域文化的典型地区，具有深厚的中国传统文化底蕴与独特的民族历史信息。本研究针对当代民族文化衰落、传统文化发展趋同化等现实问题，引入田野调查、民族学、文化学的研究方法，以西南地区典型的布依族传统村落坝盘村为研究对象，力图发掘当代传统文化传承与创新方式。通过深度剖析坝盘村民族文化历史嬗变、村落空间形态两个方面的特征，从非物质形态与物质形态两个角度总结出当代传统村落民族文化语义及其话语转型模式。最终，通过该转型机制提取出当代传统民族文化可持续发展的策略，为当代乡村振兴提供文化可持续发展的视角与参考。

关键词　传统村落；民族文化；布依族；坝盘村

---

* 基金项目：本文为加拿大中国联合合作项目"Mitacs Globalink Research Award：Comparative Research on Sustainable Construction Techniques of Vernacular Architectures in Ontario, Canada, and Jiangnan, China，"项目编号：IT14936；2018年度江苏省研究生科研与实践创新计划项目："江南地区传统村落环境空间艺术价值研究"（项目编号：KYCX18_2481）的研究成果。
** 刘馨蕖，苏州大学博士研究生，主要研究方向为建筑与环境设计及其理论；吴永发，苏州大学金螳螂建筑学院院长，博士生导师，主要研究方向为地域建筑文化与创作；杨华刚，厦门大学博士研究生，主要研究方向为文化遗产与城市建设；廖再毅，瑞尔森大学建筑工程与科学学院终身教授、博士生导师，主要研究方向为建筑环境设计。

坝盘村位于我国西南地区贵州省，是一个古老的布依族村寨，相传布依族祖先为躲避战乱匪祸，自明代择此地而居，世代农作，安居于此至今逾500年。坝盘村作为西南地区的古村落，不仅历史悠久，还具有布依族民族文化特色以及地方传奇色彩，无论是在文化上还是在地域上都具有典型性。然而，由于地处贵州偏远山区，在长期的历史发展中受地理、气候等外在客观因素的制约，经济水平相对落后。坝盘村属于国家级贫困村，据统计，2016年人均纯收入为7228元，有一般贫困户1户2人、低保贫困户7户17人、五保户6户7人[①]。现如今，该村落虽然在一定程度上受到现代化城镇建设的影响，但其近年来的发展反映出部分西南落后地区民族古村落的尴尬与困境。在其解决发展与传承的矛盾的过程中显然还受到实际经济状况和自身生产力的制约，这也反映出大部分西南落后地区乡村发展的迷茫与窘迫。

　　语义（semantic），即人类语言所蕴含的意义，是来自语言学的概念以及系统的研究方法，即通过对事物的概念、术语及相互关系的规范化描述，勾画出某一领域的具体基础知识体系[②]。研究语义可便于文化上的交流和深度理解，从而实现文化的传播与创新，因此语义研究对于人类文明进步有切实有效的促进意义与作用。传统民族村落，作为中国农耕文明的遗产，具有自己独特的文化语义。亚历山大早在其《城镇·建筑·构造建筑模式语言》中就将乡村、城市与建筑空间视为一种具有高度凝练作用的语言符号，并形成了一定的语义概念[③]。针对当代民族传统村落的发展困境，本文试图切换过去传统文化学、建筑学的研究视角，从语义转化的角度来分析民族文化的语义转化机制，为寻找当代传统村落的可持续发展策略提供一些新的思考。

---

① 该数据由万峰湖镇人民政府提供。
② 王晨、高敏等：《基于语义本体的芜湖近代外廊式建筑立面形式研究》，《建筑学报》2015年第A1期。
③ 〔美〕C.亚历山大等：《城镇·建筑·构造建筑模式语言》，王听度、周序鸿译，知识产权出版社，2002，第21-29页。

一 坝盘村历史文化的语义

（一）村名语义

坝盘村始建于500多年前的明代，聚居着陈、罗、王三姓村民。村落位于万峰湖镇东南，与广西隔江相望，与盘江大桥相毗邻，其所处位置森林茂密、地势险峻，所以能够利用起来作为农田耕地的土地资源较少。"坝盘"一词来源颇具传奇色彩，一种说法是起源于布依语的"巴砣"发音，指老古藤有手臂粗之意，后逐渐转变为"坝盘"。另一个版本为相传明代时期，由于战乱，贵州三个布依族首领共同来到坝盘的深谷一带，为了争夺地势优良之地，提议用射箭比赛来选取领地，其中一个首领利用箭羽获得此地，所以布依语"坝盘"是箭秃、秃头箭之意。在传统的村名范本中，"坝盘"的名字起源给布依族的文化蒙上了一幅神秘的面纱，不同的历史背景和地域故事让这层面纱变成了文化独特的语义。

（二）动感语义：布依八音

据传布依八音原属于汉族宫廷雅乐，以吹打为主，元明以后，由于战乱以及中国经济重心南移，南北文化频繁交融[1]。布依族审美意识和文化娱乐活动受到北方汉族文化的影响，逐渐发展成为以丝竹乐器为主要伴奏的表演曲艺形式[2]。布依八音是贵州坝盘村布依族世代相传的一种民间曲艺说唱形式，至今已有100年以上的历史。通过利用牛腿骨、竹筒琴、直箫、月琴、葫芦、短笛、铜锣等八种音乐合奏而形成的一种布依族民间娱乐怡情活动，在南盘江流域一带的村寨不断地传承延续。八音坐唱是布依族人民在长期的生产和生活实践中逐步创造形成的，通常歌曲内容传颂的是传统农耕生活，但表演形式多样灵活，吸纳了少数民族的戏曲特色，同时还可应用到祭祀、造房、

---

[1] Liu Q., Liao Z., Wu Y., "Cultural Sustainability and Vitality of Chinese Vernacular Architecture: A Pedigree for the Spatial Art of Traditional Villages in Jiangnan Region as", Sustainability, 2019, p.1-27.
[2] 兴义市文化体育旅游和广播电影电视局编《布依族八音坐唱》，贵州科技出版社，2014，第9-18页。

贺寿、婚庆等重要节庆场所，形成我国西南地区典型盘江土司文化的代表。由此可见，西南地区土司文化不仅是古时村寨统治层面的约束力量，还有文化与意识上的促进作用[①]。布依八音易学易唱，极富艺术感染力，因此其旋律与艺术价值深深扎根于布依族群众中，是坝盘村历史上不可或缺的文娱活动，具有鲜明的布依族特色和广泛的群众基础。在村民的节庆活动中至今仍保留着这种独特的娱乐形式，其传承方式主要是专业教师授业指导后辈。

（三）技艺语义：古法造纸

坝盘村地处山麓偏僻之处，且地势条件险要，故而传统的农耕产业并不发达，面临地少人多的困境。但是，反观其所处地理位置，竹林资源丰富，因此坝盘村先人伐竹造纸，通过"浸—舂—取—形"四步主要工序，将竹子变为纸张，一方面生产纸张用于日常生活与文化记录，另一方面形成对外贸易的产业链。在历史上，造纸业与农林种植业并列为坝盘村主要的支柱产业和经济来源，这种特殊的生产方式养育了一方人，堪称中国古法造纸的"活化石"，特别是对研究我国布依族造纸工艺流程、造纸技术传播和演变的过程有着重要的价值。而这种古法造纸术至今仍然在传承，村落中家家户户代代相传，传承的内容主要是造纸的历史以及造纸的步骤。

（四）装饰语义：手工刺绣

在原始时期，村民利用原始的织布机织成特殊纹理的土布，通常为靛蓝色且长期使用不易褪色。村民按照布依族古老文化传承的样式剪裁刺绣，制作成具有布依族特色纹样和色彩的民族服饰。这些民族服饰是坝盘村特色礼服，村民还可根据自己喜欢的图案进行别致的搭配，每逢节日庆典或重要聚集活动，这些别致的服饰就是民族文化的一面镜子。坝盘村布依族刺绣的绣法多种多样，内容十分丰富，不仅包括衣裤、布鞋、围腰、手帕、挎包等装

[①] 黄义仁：《论布依族地区土司制度的形成和演变》，《布依学研究——贵州省布依学会成立大会暨第一次学术讨论会论文集》，1989，第67-79页。

饰性服饰用品,还包括枕套、枕巾、被面、桌布、靠垫等生活性用品,就连节日里男女青年抛玩的小糠包上,也绣有十分精美的图案。一件件别具一格的手工艺品,展现了布依人在传统农耕活动中形成的劳动智慧与对生活的热爱。布依族的服饰,从整体的设计到颜色、图案等元素的运用,都含有特定的象征意义,在特定场合的服饰还体现了图腾崇拜和敬祖崇拜[①]。而这种意识内涵在形式上表现出对美学的追求。图案的曲直、流动、明暗等呈现出的规律,都是少数民族内心对自然世界的情感表达和寄托。

(五)精神语义:传统节庆

除了与汉族相似的除夕、元旦、婚嫁丧娶等节庆活动外,"三月三"是坝盘布依族最为主要的节庆和祭祀活动[②]。基本上每个节庆活动都有特定的礼仪程序。以婚嫁为例,须遵循周代的六礼,按照周代的"纳采、问名、纳吉、纳征、请期、亲迎"六礼进行,礼仪复杂,场面热闹,接亲时还要对歌。同时,摩教是布依族的宗教,不同于佛教或道教,该教没有较为正式的类似佛寺、道观等的主体建筑物作为宗教活动场所,加之该宗教崇尚自然崇拜,因此村民将村中古树视为神性物,在古树下设有小瓦房,认为其是神居住的场所,一般人不得进入,只有能与神对话的"摩公"在每年的三月三祭祀日时才能入内祭拜。坝盘人在心中深深地打上了以村中古树为护身符的图腾文化印记,从而得到一种精神上的解脱或情感上的寄托。坝盘人凡家中遇事,都得请"摩公"与树神对话,以寻求保护和通融。从村民对古树的崇拜中又不断延伸出许多动人的故事与童话。

综上,从坝盘村的历史脉络发展来看,坝盘村的发展遵循了少数民族文化特定的客观规律,因循独特的文化条件和地方特色,形成了与众不同的传奇色彩和非物质文化形态。这些独特的非物质文化语义受到地方文化的影响,同时

---

① 贾京生:《蜡染螺旋图案的比较研究——以贵州镇宁布依族与丹寨白领苗蜡染为例》,《浙江纺织服装职业技术学院学报》2010年第9期。
② 方林、汪枭枭:《创新传承布依文化》,《当代贵州》2018年第17期。

也是传统布依族生活方式产生的意识形态的一种体现。这些非物质文化形态已经融入村民生活的方方面面，同时可以清晰地察觉到其对于村民生活发展具有积极的推进力，这种意识层面的影响是少数民族文化在长期闭塞情况下得以续存的内在动力，不会因为历史条件的变化而在短期内轻易地发生改变。同时，意识层面的情态表达，尤其是西南土司文化，对于规范村民的道德言行起到了关键的作用，故而在当代的发展中应当重视这种虚态文化的内动力，将其适当地运用到当代人居发展中。

二　坝盘村空间文化语义要素分析

（一）生态环境要素

村寨择优选址，依山傍水而建，形成"负阴抱阳"的风水格局，独特的地势条件形成天然的保护屏障。村落与山林植被融合，与大自然相互渗透，二者浑然一体，体现了原生居民重视原生态的意识，这是其在长期与自然对抗过程中学习积累的生存经验。坝盘村是典型的坡地临水型村落，呈现山地村落景观特色，具有"绿树村边合，青山郭外斜"的东方田园意境之美。村落的房屋建筑主要分布在从山脚到山腰的位置，位于山丘之间相隔较近、中间无大片平地的地方，村前有层层梯田直抵万峰湖。坝盘村背靠大山，面向万峰湖，农田位于万峰湖与山之间比较平缓的地带，充分体现了坝盘村先民尊重自然、与自然和谐相处的选址理念。得天独厚的自然风光不仅为村民创造了良好的生活环境，也使坝盘村在当代还有"小三峡"的美称。

（二）空间布局要素

受山地地形的限制，坝盘村采用"小""散""隐"的布局方式进行村落空间的营造，在减少对山地自然环境改变的同时，尽可能地将建筑隐蔽在山林之中，这一方面是出于历史上对于安全防护的需求，另一方面是为了实践与自然相互渗透、高度契合的理念。村中用于农作的晒坝一般布置在山脚较平缓的地方，靠近主路。主路通过小路连接到住户各家，再进入每户的庭院空间。村落以下到河岸地带一般就地势开辟水田种植水稻。道路就地势分布，由于地形险峻，形成了狭长的村落土路，少数为了在雨季时防滑还铺了砖石。除了主要的交通和日常生活之需外，交通对外的功能不显著，整体相对闭塞。

（三）传统建筑形制

坝盘村主要的建筑形制就是西南地区较为多见的吊脚楼。吊脚楼最基本的特点是适应山地地形，通常正屋建在倾斜的山地上，厢房与山地和正房相连，其余三边皆悬空，靠柱子支撑。吊脚楼在传统的农耕生活中具有很多优势，高悬地面既通风干燥，又能防毒蛇、野兽，楼板下还可放杂物。吊脚楼除具有民居建筑注重龙脉、依势而建和人神共处的神化现象外，还有着十分突出的空间宇宙化观念。这类建筑民居为小型南方穿斗木结构，且不铸一钉一铆，而是利用南方干栏式建筑的榫卯结构抗震稳固。坝盘古吊脚楼依山就势而起，随形生变，采取"借天不借地，天平地不平"的建造手法，使建筑空间得到最大化的扩展。村内吊脚楼根据使用需求，通常有三层，首层通常为牲畜圈、柴房或农具间等辅助用房，采用这种功能布置也可避免山地地区蛇虫鼠蚁对居民生活产生的干扰。二层用于日常起居、待客，三层为禾仓等功能用房（见图1）。建筑细部也非常考究，采用布依族独特的雕饰窗花、垂瓜等木刻工艺，造型主要体现出少数民族的淳朴典雅。

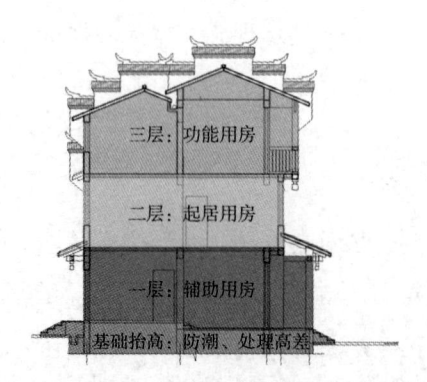

图 1　吊脚楼空间功能分析（图片来源：笔者绘制）

综上，坝盘村的空间文化语义主要体现在村落空间形式营造的特征与建筑艺术形象上。坝盘村的空间文化一方面是西南地区民族传统营造技艺的智慧凝结，另一方面是村民在长期生存过程中建造技术的提炼。这些具有具体形象的物质文化语义是传统布依族农耕实践生活的投射，承载着村民在意识形态影响下的生活行为方式，对使用者的思想也产生双向交互的影响。物质空间语义是构成村民生存发展的外在必需条件，是民族文化发展的外在制约力，对村民行为活动和当代实态文化有积极的影响作用，故而深度考虑实态文化的续存方式和保护方法是十分必要的。

三 当代传统村落民族文化语义转型模式

（一）坝盘村语义的"新旧之辩"

从20世纪末开始，随着城乡建设的不断推进，现代化建设力量不断融入坝盘村，尤其是万峰湖镇新公路的开辟，为坝盘村的发展带来了新的契机。与此同时，现代钢筋混凝土建筑开始出现并逐渐替代了具有典型特色建筑风格的吊脚楼，这种改变逐渐被老一辈村民所认同和接受。然而，随之而来的是"新旧"和"土洋"语义之间的矛盾与困惑。具有民族文化特色的吊脚楼由于年代久远，开始与现代生活方式产生了隔阂，这个隔阂不仅有生活舒适度上的，还有村民思想意识上的，即产生了文化双重语义的缺失。因此，坝盘村中有一定经济条件的村民选择用新的建筑模式来逐渐取代吊脚楼以获得相对舒适的生活空间。另外，经济不富裕的家庭虽然并未更换吊脚楼，但由于经济能力的制约和传统工匠技艺的缺失，长期的使用造成许多吊脚楼成为危房，直接影响到村民的基本生活，这种矛盾与困惑成为阻碍当代坝盘村发展的关键问题。

（二）传统经济的瓦解与困境

随着现代乡村经济产业的兴起，坝盘村过去赖以生存的传统造纸经济显然已经违背了当代生态可持续发展模式，也不足以支撑现今居民对生活质量的追求。但一旦放弃这种陈旧的经济来源，村落的未来发展该何去何从又成为十分严峻的问题。同时，坝盘村在历史上一直属于聚集人口较少的村落，发展至今现存人口仅600余人，其中有贫困人口57人，80%左右主要劳动人口外出打工，村中多为留守儿童和老年人[1]，是当代非常典型的空心村与老龄化村。在实际的情势上，坝盘村经济发展缺乏必要的劳动力，更重要的是缺乏一个未来赖以生存的发展方向。故而，坝盘村在今天的发展中已然发生改变，无论是村民的思想意识还是村落的面貌都发生了实质性的语义转换，这些变化反映出当下传统民族文化发展的焦虑。坝盘村是一个在中国西南地区随处可见的传统陷落的代表。

（三）新型民族语义的思辨

为了探究新的发展之路，坝盘村在近年来也做出了一些大胆的尝试，截至2015年4月，村寨先后开设了三家新的"民族农家乐"，作为传统经济发展的一种尝试和新型少数民族文化语义的探索[2]。"民族农家乐"以提供布依族特色民族美食餐饮服务为主，同时也提供现代休闲模式中人们所喜爱的野营、烧烤、游泳、垂钓等娱乐活动，试图为外界提供一种民族文化生活的旅游体验模式。此外，坝盘村由于紧邻南盘江和万峰湖，野生鱼类资源丰富，水系生态保护良好，村民利用天然的优势设置了季节性的钓鱼体验活动区域，并开辟了沿江的风景步道。同时，村中干部学习了先进的观光农业发展经验，利用现有的土地展示当地的栽培技术和成果，拓宽了村民获取经济收入的渠道。但遗憾的是，自2015年以来，对于这些新型的运营模式和方法的评估尚未得出具体的结论，这种运作方式是否能为坝盘村带来新的发

---

[1] 黄华芝、吴信值：《民族地区山地旅游助推扶贫开发之路径探讨——以黔西南坝盘布依古寨为例》，《兴义民族师范学院学报》2018年第2期。
[2] 陈茂荣著，索晓霞主编《传统与现代生活节点上的古村——坝盘》，贵州人民出版社，2017，第77-89页。

展契机尚不明确。同时这也对当代设计者与文化保护者提出了一个尖锐的疑问：当代模式趋同的村落旅游开发能否成为一种可复制的发展模式和主要经济动力源？

四　当代传统民族文化可持续发展策略探索

随着经济社会的不断发展，当代的布依族人民逐渐接受并使用汉语，在这个过程中布依族原有的文化语义必然会发生改变。特色民族语义的改变为村落的未来提供了什么样的可能性，同时又让我们遗忘了什么？坝盘村是独特的，它具有得天独厚的生态环境和民族人文语义内涵。它又是全国各个民族传统村落中普遍的一个，却典型地反映出大多数西南地区民族村寨发展的困境和诉求。基于这样的时代背景，探究这类村落的未来发展对我们当代的文化传承是十分必要的。

（一）坝盘村当代 SWOT 分析

SWOT 分析，是指把与研究对象相关的优势（Strengths）、劣势（Weaknesses）、机会（Opportunities）和威胁（Threats）结合起来，进行透彻的调研和系统的分析，从而总结出研究对象未来发展的趋势或动态[①]。SWOT 分析原本用于制定战略发展规划，后因其方法简洁且实用，被广泛运用于城市规划、建筑学、设计学等行业领域[②]。本文基于坝盘村当前的发展现状，对其SWOT 各个要素进行综合分析并判断其实际情况，最终提供相应的发展目标和策略。

首先，从优势（Strengths）上来看，坝盘村具有良好的生态环境以及完整的传统文化脉络，其传统文化脉络至今仍然可以通过村民展示且有据可循、有理可依。然而，长期闭塞的交通环境和不完善的公共基础设施使坝盘村在

---

① 徐薇薇：《基于 SWOT 分析的历史文化街区保护更新措施——以宁波䞍室永寿街历史文化街区为例》，《建筑与文化》2019 年第 5 期。
② 庄惟敏：《建筑策划与设计》，中国建筑工业出版社，2016，第 6-7 页。

历史上一直是经济发展落后地区，虽然在过去村民通过农耕生活可以自给自足，但时至今日随着人民生活需求日益提升，已然成为其发展的一大主要制约条件和劣势（Weaknesses）。同时，村寨发展至今，由于村落中新一代外出务工人口不断增加，村落的人口老龄化和空心化加剧，缺乏当代发展的必要劳动力，在一定程度上又加剧了其经济衰落，从而导致了原生居民的生活水平不断下降，周而复始形成了恶性循环和威胁（Threats），对其未来的发展也产生了制约——因为村落缺乏主要的发展外在驱动力。但是，在当前情况中，又存在一定的机会（Opportunities），坝盘村本身拥有古老并一直延续的文化遗存，作为省级民族团结示范村具有一定的文化积累，长期的经济落后是一把双刃剑，为传统文化的续存和保留也提供了一定的有利天然条件（见图2）。

图 2　坝盘村 SWOT 分析

（二）"意"与"象"结合的发展之道

通过上述的分析，可以清晰地发现坝盘村当代的优势就是其历史上非物质要素和物质要素的综合，如若只是秉承其中一种或是形式化地复制用于商业发展，本文认为是不全面的，也是不容乐观的。单纯地模仿村落旅游开发模式无法实际地发挥出当代坝盘村的优势，同时这样一元化的定位也难以实现提升村民生活水平和思想意识的目的。因此，基于坝盘村文化双重语义的内涵（见图3），本文认为，可以从其非物质文化语义和物质文化语义结合的角度出发来寻找其未来发展的可能性，即通过文化上的"意"与"象"的结合，实现"立象以尽意"的目的[①]（见图4）。具体来说，是将坝盘布依族的意识文化形态融入其物质环境空间中，而不仅仅只是考虑复制或延续单纯的物质空间。

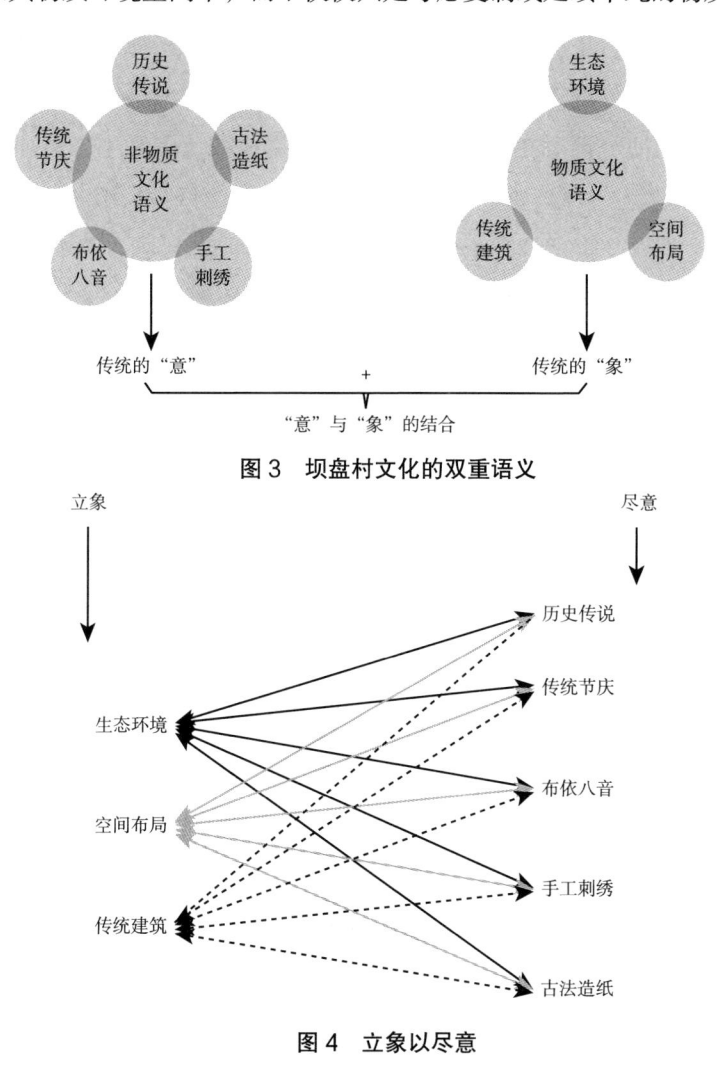

图3 坝盘村文化的双重语义

图4 立象以尽意

---

① 贾京生：《蜡染螺旋图案的比较研究——以贵州镇宁布依族与丹寨白领苗蜡染为例》，《浙江纺织服装职业技术学院学报》2010年第3期。

首先，在"立象"层面，要考虑地方语义体系的新地域主义延续，即改善现阶段原生居民的村落空间条件，将村落中的房屋、道路、基础设施和自然环境等总体空间进行改造升级，提升居民的生活水平。在保证良好的人居环境的同时，对村落空间中的特色民族风貌进行整治，将传统吊脚楼建筑进行归类标记，保留修缮必要的建筑，改建有灵活需求的建筑，新建必要的建筑设施。对于村寨道路，合理规划通达的村落交通体系，结合原有的选址布局将过去分散的生产生活状态连接起来，提升村落整体空间的可达性和居民生活的便利性。在生态环境层面，根据村域范围和生态特征划分出相应的自然环境区，对必要的区域实施环境保护，对可利用的区域进行分类管理，建立起系统的管理体系和可持续发展的生态目标。只有村落环境改善了，村民的物质生存空间得到满足了，相应的意识形态才能发生积极的转变。

其次，在"尽意"层面，需实质回归到原生居民的日常生活中及其民族地方现象上，延续地方知识体系，把历史传说、传统节庆、古法造纸等"意"充分利用起来。同时，根据时代需求，深度思考当代文化创新与可持续生态经济的发展模式，有效利用互联网、大数据等非实体资源，尽可能弥补村寨在实体公共交通上的不足。在这个过程中，可以通过相关政策的引导为村民提供相应的工作需求，在不同的方面解决相应的民生问题。但在这一层面上，实现是有巨大难度的，需要设计者引导村民深度理解和发扬传统民族文化的内核，不仅仅只是实现单纯的展示或表演，而是将村民的日常生活作为一种文化常态，当然这一部分也需要居民意识上的认可和配合。所以，在这个过程中，"立象"和"尽意"是不可完全剥离开的，要想与实际的空间设计结合，便要充分考虑当代村民的实际发展诉求和其对于传统特色文化的意识形态。

（三）新时代需求下的思维转换

受新冠肺炎疫情在全球范围内传播的影响，包括餐饮业、旅游业等实体经济在内的许多产业都受到了波及①，这不仅给我们带来了新的挑战，也促使我们对乡村"一元化趋同旅游模式"再思考。基于本文的研究，坝盘村在近几年的发展情况展示了其是一个暂时的非盈利性的旅游开发型村落，其发展受到了多重条件的制约。尽管有设计工作者利用现代建筑技术对其原有的特色吊脚楼进行了改造与设计②，同时村落也尽可能地利用相应的资源探索新的村落开发模式，但一切结论尚未可知。加之外界突发疫情，无疑给这一类型的村落的旅游开发和发展带来了新的变数。当人群不可再聚集，在失去外部经济条件支撑的情况下，乡村该何去何从，所谓的文化创意是否能够续存？

因此，回归当下，我们该认真地思考贫困型民族乡村的未来发展方向，而不是生硬地重复固有的发展模式，否则坝盘村那些动人的故事终将有一天只会成为某一本村志上的趣事而逐渐被人遗忘。但就现阶段来说，我国正处于传统村落保护工程的进行阶段，一些方法和策略也在实施和探索的过程中，加上中国的传统村落本身数量多、个性突出，因此要在短时间内找到一种模式化的发展方式是不合理的，也是不现实的。所以，在形式上能保证一定规模的历史遗产是必要的，但也有局限，这并不能够全面统筹到乡村的特殊情况中去。因此本文在研究中也指出，有必要将村落意识形态中的"意"融入形式上的"象"中，寻求其中的动态平衡和未来的可持续发展之道（见图5），实现"超以象外，得其环中"的目的③，以此作为乡村未来发展的一种内在文化和精神驱动力，而非单纯的经济发展模式。当"传统"这一词开始出现在我们生活中时，就直观地说明了在时间和空间上，现在与过去已经出现了一个了然于心的边界。这个边界也许并不清晰，因为过去总是影响着现在，而现在也折射着过去某一个时间点所发生的往事，但是这却仍然悄无声息地画

---

① 经济观察报：《"新冠"疫情对中国经济的中长期影响》，https://baijiahao.baidu.com/s?id=1658305242488715408&wfr=spider&for=pc。
② 王敏、丁梅等：《坝盘布衣2号院，贵州，中国》，《世界建筑》2019年第1期。
③ 引自（唐）司空图《二十四诗品·雄浑》，指文化和艺术的创造要超脱物象之外，掌握作品的核心和精髓。

出了一个过去和当下不一样的轮廓。正是因为这个不一样，我们探讨过去，研究当下，不断期许更好的未来。

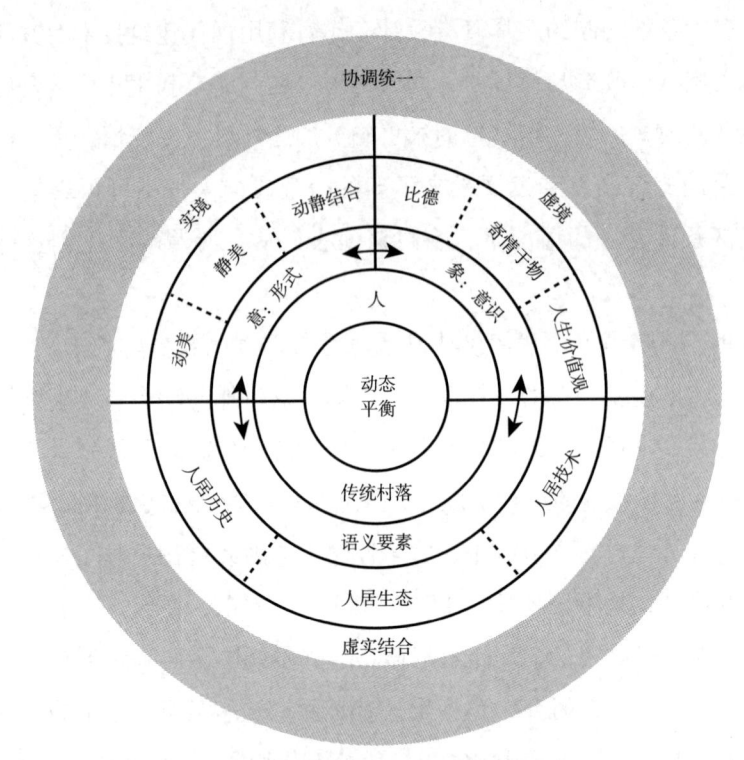

图 5 "意"与"象"的动态平衡

·西南文化的现代叙事·

中华民族共同体意识的内容建设与现实路径
——基于非物质文化遗产的视角

杨琼艳　罗　忆*

摘　要　增强"五个认同"是铸牢中华民族共同体意识的内核。非物质文化遗产与人类的生活紧密关联，精忠报国、同祖共源、多元一体、家传户颂、颂声载道的非遗叙事，对于中华民族共同体意识从自在走向自觉、落到实地具有普遍性价值。研究认为，非遗为中华民族共同体意识与现实生活的有机契合提供了重要路径，铸牢中华民族共同体意识，可以从非遗视角加强全民参与的全民教育和全域教育。

关键词　中华民族共同体意识；民族团结；非物质文化遗产

中华民族共同体意识是国家统一之基、民族团结之本、精神力量之魂。[①]党的十九届六中全会指出："坚持把铸牢中华民族共同体意识作为党的民族工

---

* 杨琼艳，华中师范大学国家文化产业研究中心博士生，主要研究方向为民间文学；罗忆，贵州民族大学预科教育学院教师。
① 中共中央办公厅、国务院：《关于全面深入持久开展民族团结进步创建工作铸牢中华民族共同体意识的意见》，http://www.gov.cn/xinwen/2019-10/23/content_5444047.htm。

作主线，确立新时代党的治藏方略、治疆方略，巩固和发展平等团结互助和谐的社会主义民族关系，促进各民族共同团结奋斗、共同繁荣发展。"[1]在实现中华民族伟大复兴的关键时期，铸牢中华民族共同体意识，不仅具有重要的政治理论意义，还具有重要的实践意义。

2021年中央民族工作会议上，习近平总书记关于"五个认同"与铸牢中华民族共同体意识的阐释[2]，为把握"五个认同"与铸牢中华民族共同体意识之间的相互关系提供了方向。中华民族共同体意识的核心内容由"五个认同"组成，增强"五个认同"，就是从根本上铸牢中华民族共同体意识。[3]增强广大人民群众对伟大祖国、中华民族、中华文化、中国共产党、中国特色社会主义的认同，便成为当下的题中应有之义。中华民族在几千年的交往交流交融中，创造了丰富的非物质文化遗产（以下简称"非遗"），这些非遗为增强"五个认同"、铸牢中华民族共同体意识提供了重要内容。

一 文献回顾与问题提出

随着中华民族共同体意识由自在走向自觉，不断深入人心，成为人们重要的精神指引，关于中华民族共同体意识的研究也成为当前的重要议题。梳理文献发现，关于中华民族共同体意识的研究既有理论内涵层面的探索，也有现实实践路径的观照；既有历史演进逻辑的梳理，也有时代价值意蕴的探析；既有宏观层面的探讨，也有微观层面的解析，成果较为丰富。

对一个新学术语的概念内涵进行科学界定，为相关研究提供学理基础和逻辑前提，是十分必要且重要的。中华民族共同体意识作为一个复合词，由

---

[1] 新华网：《中共中央关于党的百年奋斗重大成就和历史经验的决议》，http://www.news.cn/2021-11/16/c_1128069706.htm。

[2] 2021年中央民族工作会议上，习近平总书记指出，必须以铸牢中华民族共同体意识为新时代党的民族工作的主线，推动各民族坚定对伟大祖国、中华民族、中华文化、中国共产党、中国特色社会主义的高度认同，不断推进中华民族共同体建设。

[3] 郎维伟、陈瑛、张宁：《中华民族共同体意识与"五个认同"关系研究》，《北方民族大学学报》（哲学社会科学版）2018年第3期。

中华民族、共同体、意识三者构成，但绝非三者的简单叠加，而是三者的有机组合，因此，对其概念的界定，具有一定的复杂性与抽象性，这也导致学界对其概念界定的差异性。"上古时代，我中华民族之有海权思想者厥惟齐。故于其间产生两种观念焉：一曰国家观，二曰世界观。"[1] 这是当前所查阅到的最早提出"中华民族"这一称谓的文献，尽管对"中华民族"一词的界定学界曾产生过争议，但其被认为是我国各民族的总称已成为公认的解释[2]。中华民族共同体是对中华民族的延伸和扩展，强调共同性、整体性。共同体是一种生机勃勃的有机体[3]，中华民族共同体是建立在频繁的经济联系、密切的文化交流、共享的政治价值和制度基础之上的经济、文化和政治的共同体[4]。意识是人类对客观世界的主观反映，是第二性的，中华民族共同体意识亦是第二性的。有学者认为，中华民族共同体意识是基于国民体认相互间生存发展历史所秉持的复兴凝聚心态。[5] 有学者认为，中华民族共同体意识是中国各族人民对中华民族和中华民族共同体的主观认知，是人们对中华民族和中华民族共同体的态度、评价和认同[6]。中华民族共同体意识既包括了人们对中华民族共同体的认知，也包括人们对它的认同，体现的是本体与意识的关系；既是一个无法否认的历史过程，也是一个从自觉达到"更大的自觉"的逻辑过程。[7] 还有学者认为，各族人民的认知体验、价值信念和行为意愿共同构成了中华民族共同体意识，其内涵阐释是基于共同的历史和现实所建立的互动联系，连接着共同体成员和各要素之间的关系，维系着中华民族共同体的动态

---

[1] 梁启超：《论中国学术思想变迁之大势》，上海古籍出版社，2006，第23页。
[2] 郎维伟、陈瑛、张宁：《中华民族共同体意识与"五个认同"关系研究》，《北方民族大学学报》2018年第3期。
[3] 〔德〕斐迪南·滕尼斯：《共同体与社会 纯粹社会学的基本概念》，林荣远译，商务印书馆，1999，第54页。
[4] 郝亚明、赵俊琪：《"中华民族共同体"：话语转变视角下的理论价值与内涵探析》，《北方民族大学学报》（哲学社会科学版）2018年第3期。
[5] 青觉、徐欣顺：《中华民族共同体意识：概念内涵、要素分析与实践逻辑》，《民族研究》2018年第6期。
[6] 孔亭：《试析中华民族共同体意识的基本内涵》，《江苏大学学报》（社会科学版）2019年第2期。
[7] 詹进伟：《论中华民族共同体意识的理论进路与生成逻辑》，《广西民族研究》2019年第3期。

平衡。① 中华民族共同体意识是一种国家认同的表现形式，应从国家认同层面理解中华民族政治、经济、文化、命运共同体意识的丰富内涵。② 无论是从国家层面、心理层面还是从社会层面，中华民族共同体意识作为意识范畴，对中华民族共同体产生能动作用，为中华民族共同体的构建提供精神支撑。

增强"五个认同"，是维护社会和谐稳定、国家繁荣统一的思想之基，是铸牢中华民族共同体意识活动的重要内核。铸牢中华民族共同体意识、增强国家凝聚力，无论如何都离不开"五个认同"的保驾护航③，其需要不断从深化"五个认同"中获取滋养、多维感知、整体提升④。有学者通过个案研究，探讨了"五个认同"的实现路径，以铸牢中华民族共同体意识。杨红星认为，可以从保家卫国、抗日战争、共有精神家园、早期马克思主义信仰、社会主义制度的民族叙事深化"五个认同"。⑤ 李从浩等人对全国29所高校少数民族大学生的"五个认同"现状进行调查，认为性别、生源地、家庭经济收入等是影响"五个认同"的基本因素，因此，在"五个认同"教育中，要实现"大水漫灌"向"精准滴灌"、"锣鼓喧天"向"潜移默化"的转变，推动铸牢中华民族共同体意识活动的开展。⑥ 张姗则以广西侨港镇归侨群体"五个认同"的现状为例，分析了归侨群体"五个认同"的具体表现。⑦ 学者们更多从宏观层面讨论了"五个认同"是铸牢中华民族共同体意识的重要内容，但增强"五个认同"的内容建设，仍需要微观层面的观照。

从不同视角探究铸牢中华民族共同体意识的实践路径，是当前重要的议

---

① 朱尉、周文豪：《中华民族共同体意识的内涵阐释与理论拓展》，《中南民族大学学报》（人文社会科学版）2021年第3期。
② 虎有泽、云中：《国家认同视域下中华民族共同体意识》，《贵州民族研究》2018年第11期。
③ 宋才发：《中华民族共同体意识是国家凝聚力的精神纽带》，《社会科学家》2021年第5期。
④ 严庆：《政治认同视角中铸牢中华民族共同体意识的思考》，《北方民族大学学报》（哲学社会科学版）2020年第1期。
⑤ 杨红星：《"五个认同"教育的民族叙事探析》，《北方民族大学学报》2019年第1期。
⑥ 李从浩、汪伟平：《影响少数民族大学生"五个认同"的因素——铸牢中华民族共同体意识视角下的29所高校调查分析》，《中南民族大学学报》（人文社会科学版）2021年第1期。
⑦ 张姗：《铸牢中华民族共同体意识视角下归侨群体的"五个认同"研究——以广西侨港镇为例》，《民族学刊》2021年第8期。

题。有学者从政治、经济、文化、社会维度进行了探讨,认为民族区域自治制度的坚持与完善、共享经济体与互嵌式社会结构的建立等是重要的策略。① 铸牢中华民族共同体意识,应以集中统一的权威领导为先决条件,以平衡充分的经济共享为主体方式,以统一多样的文化共建为强大后盾②,强化各民族之间的情感依恋,促进各民族建立尊重信任并推进互助合作③。有学者针对某一地域的现实情况,因地制宜提出相应的策略。西北边境地区因其特殊的地理环境,除运用一般方法外,还应精准施策,构建政治命运共同体、经济命运共同体、文化命运共同体、社会命运共同体、生态命运共同体④;对于边疆人民,既要加强改善边疆物质生活条件,促进边疆与其他地区的物质性联通,又要加强文化与精神家园建设,实现民心相通,强化思想文化认同⑤。大学生肩负实现中华民族伟大复兴的重要使命,高校是培养人才的重要阵地,故而也成为学界的关注点。高校应通过思想政治理论课、校园文化和社会实践活动、校园网络平台加强大学生的国家观与民族观、历史观与文化观、整体观教育,铸牢大学生的中华民族共同体意识。⑥民族地区是国家安定、民族团结的核心地区,民族地区的大学生亦具有一定的特殊性。因此,民族地区高校既要发挥思政课的积极作用,也要构建以铸牢中华民族共同体意识为导向的人才培养体系,加强组织领导,打造"四位一体"的课程教学模式,创新平台建设⑦;在"思政课程"与"课程思政"中充分挖掘和利用各民族优秀文化资源,增强各民族双向认同和对中华文化的认同⑧。也有部分学者对铸牢中小

---

① 高承海:《中华民族共同体意识:内涵、意义与铸牢策略》,《西南民族大学学报》(人文社科版) 2019 年第 12 期。
② 陆卫明、张敏娜:《铸牢中华民族共同体意识论略》,《贵州民族研究》2018 年第 3 期。
③ 陈纪、章烁晨:《家国情怀与铸牢中华民族共同体意识》,《西北民族研究》2021 年第 3 期。
④ 杨亚雄:《铸牢西北边境地区民众中华民族共同体意识的理路思考》,《北方民族大学学报》(哲学社会科学版) 2021 年第 6 期。
⑤ 雷振扬、张俊:《铸牢边民中华民族共同体意识的路径》,《中南民族大学学报》(人文社会科学版) 2021 年第 11 期。
⑥ 商爱玲:《铸牢大学生的中华民族共同体意识》,《西南政法大学学报》2018 年第 1 期。
⑦ 包银山、王奇昌:《民族地区高校推进铸牢大学生中华民族共同体意识教育探析》,《民族教育研究》2019 年第 4 期。
⑧ 周俊利:《铸牢民族高校大学生中华民族共同体意识——基于文化纽带视角》,《民族学刊》2021 年第 2 期。

学生等群体的中华民族共同体意识进行了探析。

综上，对铸牢中华民族共同体意识的研究，学界在理论的宏观层面取得了丰硕成果，但关于"五个认同"作为铸牢中华民族共同体意识的核心内容，具体如何增强民众"五个认同"的基础性研究还有深入的空间。同时，铸牢中华民族共同体意识，是一项全民性工程，不应止于对大学生、边疆人民等群体的探讨，应将各民族老中青少群体都纳入研究范畴。

二 非物质文化遗产是增强"五个认同"的精神纽带

叙事是人类认识、反映世界与自身的一条基础路径[①]。在几千年的历史长河中，各民族创造了异彩纷呈的非遗，这些非遗都是各民族交往交流交融的遗存，凝聚着人们"和而不同"的价值理念、行为规范，并于潜移默化中影响着人们的思想行为。非遗与人们的生活紧密相关，从非遗叙事视角阐释以"五个认同"为内核的中华民族共同体意识，对于中华民族共同体意识从自在走向自觉、落到实地具有普遍性价值。

（一）精忠报国的非遗叙事：强化对伟大祖国认同的源泉

认同伟大祖国，就是对中国是由中华各民族缔造的"共同家园"的历史认同。[②]在缔造"共同家园"的历史过程中，各民族为抵御外敌、保家卫国做出巨大的牺牲和贡献，这些英勇事迹可以在各民族的非遗中得以印证，是强化对伟大祖国认同的源泉。

锡伯族的《西迁之歌》《喀什噶尔之歌》、柯尔克孜族的《玛玛凯与绍波克》、彝族的《奢香夫人》等民间叙事中，均记述了各族人民在维护边境安定、祖国统一过程中所表现出的果敢睿智、不屈不挠、顽强奋斗的民族气概。

---

① 刘洋、杨琼艳：《雪虐风饕出门去：〈最美逆行者〉的抗疫叙事及审美表达》，《电影文学》2021年第7期。

② 孙懿：《"五个认同"与中华民族共同体意识》，《烟台大学学报》（哲学社会科学版）2020年第2期。

尽管各民族因地域、生活环境等差异所叙述的故事各有特色，但各民族维护祖国统一、缔造"共同家园"的主题从未改变。《西迁之歌》再现了锡伯族人民平定叛乱，维护边疆安定和祖国领土的壮阔历史。三千余名锡伯族人民辞别了父老乡亲、告别了故土，一路披荆斩棘、风餐露宿、跋山涉水，最终抵达伊犁，他们在伊犁以坚韧不拔之志、万死不辞之心屯垦戍边，粉碎反动派的阴谋，抵御外国的侵犯，谱写了一首首精忠报国的壮丽诗篇。"雄伟的乌孙山可以作证锡伯的忠诚，心脏和着祖国的脉搏跳动在一起！"[1] 奢香夫人是彝族巾帼英雄，她的丈夫霭翠是贵州宣慰使，后因病去世，她代理摄政。明太祖朱元璋为完成祖国统一大业，派兵出征西南。奢香为了维护国家的统一，积极支持明军，献粮通道并劝说乌撒部、芒部土官归附明廷。后贵州都指挥使马烨故意制造事端，挑拨水西地区与中央王朝的关系，奢香洞察出马烨的奸谋，便与水东土司刘淑珍赴京上诉，及时阻止了一场悲剧的发生。奢香夫人维护西南边陲稳定、国家统一的事迹记载于彝族的许多典籍中并广泛流传于彝族地区，为弘扬奢香夫人的爱国精神，她的事迹被改编为话剧《奢香》、黔剧《奢香夫人》等。2011年，以奢香为原型改编的电视剧《奢香夫人》在中央电视台播出，赢得了观众的好评。事实上，各民族在缔造"共同家园"、维护国家统一中都做出了卓越的贡献，这些贡献以不同的形式流传于各民族中并成为他们进行爱国主义思想教育的鲜活案例，各民族也因共同的祖国联结成为共同体。

（二）同祖共源的非遗叙事：强化对中华民族认同的基石

中华民族是由许多分散存在的民族单位经过接触、混杂、联结和融合而成的，是一个我中有你、你中有我，而又各具个性的多元统一体。[2] 费孝通先生对中华民族多元一体格局的探讨，有助于人们正确认识中华民族的形成与发展，认同由自在走向自觉的这一中华民族实体。在各民族的非遗中，都流

---

[1] 关宝学主编《锡伯族民歌集》，辽宁民族出版社，2000，第14-15页。
[2] 费孝通：《中华民族的多元一体格局》，《北京大学学报》（哲学社会科学版）1989年第4期。

传着许多同祖共源的神话传说或与之相关的实物和场所，是人们重要的共同历史记忆，为民众认同中华民族提供了文化基因。认同中华民族，就是自觉归属于代表各族人民共同历史记忆、共同现实利益的统一多民族大家庭。①

女娲是中华民族共同的人文始祖。在中国古代的神话传说中，女娲创造人类的故事，成为强化中华民族认同的文化基点。女娲造人还有另外一种神话传说。女娲本是伏羲的妹妹，因为一场滔天洪水，大地上的人都被淹死，只剩下兄妹俩。兄妹俩长大后，便结为夫妻，没多久生下一个肉球，夫妻俩觉得很奇怪，就把肉球切成细碎的小块用纸包起来，带着去天庭玩，刚升到半空时，忽然吹起一阵大风，纸包破裂，细碎的肉球散落大地变成了人，落到什么地方，便用当地东西的名称作为姓氏，于是世间又有了人类。两兄妹成婚的故事在各民族神话中多有呈现，与伏羲兄妹成婚的神话当属同一母题的不同异文。如布朗族《兄妹成婚》讲述了人类被洪水淹死，幸存的两兄妹成婚，不久生下了四个孩子，四个孩子从大到小分别成为彝族、哈尼族、傣族、布朗族的先祖。《彝族创世纪》中，洪水之后，兄妹俩在白发老人的指示下结为夫妻并生下肉团，用菜刀划开肉团后，肉团变成了一百个子孙，成为如今的百家姓。此外，傈僳族《兄妹成婚》、怒族《兄妹成婚》、瑶族《兄妹成婚》、水族《祖先的来历》、苗族《兄妹成婚》、拉祜族《洪水后幸存的两兄妹》、布依族《细妹苏哥造人烟》、仡佬族《阿仰兄妹制人烟》等均讲述了兄妹结为夫妻繁衍人类的故事。许多神话故事都不同程度地提及各民族拥有共同的祖先，从这些同祖共源的神话故事中，可以看到各民族在交往交流交融中形成中华民族多元一体格局的历史。

（三）多元一体的非遗叙事：强化对中华文化认同的基础

文化是民族团结发展的精神根脉。文化认同是最深层次的认同，各民族只有在文化上相互认同，才能增强对伟大祖国、中华民族、中国共产党、中

---

① 郑旺全、赵晓非：《中华民族共同体意识的话语演进与内涵深化——基于"五个认同"建构中华民族共同体意识内涵体系框架》，《民族教育研究》2021年第2期。

国特色社会主义的认同。各民族在缔造国家和维护民族团结的过程中，创造了丰富多彩的文化，这些文化既有共性，又有独特性，构成中华民族多元一体的文化空间，成为滋养人们精神世界的文化元素。各族人民应该清醒地认识到，其所创造的文化都是中华文化的重要组成部分，应该相互鉴赏、相互认同，以文化为基础深化情感认同。认同中华文化，就是认同中华民族最深层次的精神追求，认同中华民族独特的精神标识与气质禀赋，认同各民族共同构筑的共有精神家园。①

《保护非物质文化遗产公约》将人类丰富多样的非遗归纳为五大类，各类非遗之下，又包含了各民族异彩纷呈的文化艺术。② 北方有以柯尔克孜族《玛纳斯》、蒙古族《江格尔》、藏族《格萨尔王传》为代表的北方英雄史诗；南方则有以阿昌族《遮帕麻与遮米麻》、独龙族《创世纪》、壮族《布洛陀》、苗族《蝴蝶歌》、彝族《梅葛》等为代表的创世史诗，以彝族《支嘎阿鲁》、苗族《亚鲁王》、纳西族《黑白之战》、傣族《厘奉》、壮族《莫一大王》、景颇族《宁贯娃》等为代表的英雄史诗，均展示了各族人民在艰难困境中英勇无畏、不屈不挠、团结奋进的民族精神与智慧，成为人们奋勇前行的精神文化支撑。

侗族大歌、哈尼族多声部民歌、蒙古族四胡音乐、秧歌、土家族撒叶儿嗬、苗族芦笙舞、昆曲、京剧、越剧、粤剧、黔剧等传统音乐舞蹈戏剧，是各族人民的艺术结晶，反映了人们丰富的精神世界。苗族蜡染技艺与银饰锻制技艺、羌族刺绣、满族刺绣、布依族刺绣、土家族织锦技艺、黎族传统纺染织绣技艺、侗族木构建筑营造技艺等手工艺品独具匠心，是各族人民智慧、创造力的集中展现，无不让人为之惊叹。各族人民共享的传统节日以及与之相应的民俗活动，如春节、元宵节、端午节、中秋节等；各族人民特有的文化节

---

① 郑旺全、赵晓非：《中华民族共同体意识的话语演进与内涵深化——基于"五个认同"建构中华民族共同体意识内涵体系框架》，《民族教育研究》2021年第2期。
② 中国非物质文化遗产网：《保护非物质文化遗产公约（2003）》，http://www.ihchina.cn/zhengce_details/11668。

日及与之相应的民俗活动,如彝族火把节、苗族鼓藏节、傣族泼水节、壮族三月三、苗族四月八等,都成为各民族相互了解风俗民情、相互尊重学习、交流交往、增强民族凝聚力的重要载体。苗族鼓藏节是苗族人民隆重且盛大的祭祀活动,每隔 12 年举办一次。鼓藏节通过祭祀祖先等仪式活动,向后辈传递苗族的历史、文化等,是人们认识、了解苗族的"百科全书"。多元一体的非遗叙事,有助于各民族相互理解、互补共生,增强情感,强化中华文化认同。

(四)家传户颂的非遗叙事:强化对中国共产党认同的纽带

认同中国共产党和中国特色社会主义,就是认同近代以来历史和人民对于国家政治领导力量和国家政治制度的共同选择,认同党的领导是中国特色社会主义事业的本质特征。[①]中国共产党自 1921 年成立以来,带领全国各族人民解决了一个又一个难题,推翻了"三座大山",获得了民族独立,实现了人民当家作主。各族人民或身体力行地加入中国共产党的队伍中,或以本民族叙事传统将党的恩情传颂,这种形式主要存在于口头传统和表现形式、表演艺术等非遗类别中。

第一,以传统曲调歌颂中国共产党。在党领导人民革命、建设国家的过程中,出现了众多歌颂中国共产党为人民带来新生活的歌曲,这些歌曲仍然延续了各民族传统的唱腔和调式,学界一般称之为"新民歌"或"时政歌"。如彝族《永远和党在一起》,运用了彝族诗体格律中常见的比兴手法和三段式结构,表达了彝族人民永远和党在一起的决心。"星星和月亮在一起……。鱼儿和水在一起……。光明和太阳在一起,春天和温暖在一起,人民和毛主席在一起,彝家的心呵,永远和共产党不分离!"[②]《苗家歌唱共产党》,歌颂了共产党为人民指明了前进的方向,让人民获得解放、当家作主过上了幸福生

---

① 郑旺全、赵晓非:《中华民族共同体意识的话语演进与内涵深化——基于"五个认同"建构中华民族共同体意识内涵体系框架》,《民族教育研究》2021 年第 2 期。
② 中国民间文艺研究会、中国社会科学院文学研究所各民族民间文学组编《中国歌谣选》(第二集新中国歌谣),上海文艺出版社,1980,第 56—57 页。

活,穰穰满家、锦衣玉食,苗族人民由此立下誓言:苗家的心永远跟着共产党。"家中存衣又放粮。生活幸福心花放。苗家纵情放声高歌唱,共产党恩深比海洋;共产党情长赛长江。海枯石烂苗家不变心,永远跟着共产党。"① 德昂族《因为毛主席的关怀》通过新旧生活的对比,抒发了对共产党的感恩之情。"自从有党来领导,打倒了阶级敌人,德昂人民得翻身,穷人当家做主人,不愁吃来不愁穿。"② 此外,汉族《感谢恩人共产党》《共产党是红太阳》、水族《生活好 靠共产党》《党的民族政策放光芒》《跟共产党前进》、鄂伦春族《金色的太阳》《兴安岭的阳光》《鄂伦春热爱新国家》、达斡尔族《七十岁老太太感谢党》《歌颂共产党》《共产党的恩情比水长》、锡伯族《世世代代铭记党的恩情》《我们爱党情更深》等均是各民族感恩中国共产党、歌颂中国共产党的例证。

第二,将传统曲调和唱演形式相结合歌颂中国共产党。为了满足人民的精神需求,各民族在长久的生产生活中,创造了一些别具特色的唱演艺术,如戏剧、曲艺等。有感于中国共产党领导人民走向新生活,人们创编新曲目以歌颂中国共产党的领导。布依族八音坐唱(亦称布依弹唱)是布依族男女用八种民族乐器围圈轮递说唱的一种艺术形式,传统曲目主要有描述生产劳作、节日风俗、生活故事等和依据神话、传说、民歌改编而成的唱本,后创作了一些歌颂中国共产党、社会主义的现代曲目,如《党的恩情留在布依寨》《共产党是布依族的大救星》《共产党好共产党亲》《总书记来到布依寨》等,"风(凤)走了,花结果,客人恩意重又深,党的恩情留在布依寨"③,布依族人民将凤比作贵客,将花比作布依族人的心,表明了布依族人民对党的恩情永远难以忘怀。此外,江西袁河采茶戏《红云潭》、湖南长沙歌剧《马桑树》、山东山亭皮影戏《祖国变化神人惊》《党的政策实在好》、

---

① 中国民间文学集成全国编辑委员会、《中国歌谣集成·山东卷》编辑委员会编:《中国歌谣集成贵州卷》,中国 ISBN 中心,2009,第 152 页。
② 中国民间文学集成全国编辑委员会、《中国歌谣集成·云南卷》编辑委员会编:《中国歌谣集成云南卷上》,中国 ISBN 中心,1991,第 421 页。
③ 田兵、罗汛河等主编:《布依族文学史》,黔西南布依族苗族自治州民族事务委员会、贵州大学中文系编印,1981,第 417 页。

贵州《思南花灯调》、贵州西路花灯《共产党来到》等均属此类别。中国共产党带领人民过上幸福美好生活的伟大事迹，深深地烙印在每个民族心中。它们以群众喜闻乐见的形式家传户颂，是强化对中国共产党认同的精神纽带。

（五）颂声载道的非遗叙事：强化对中国特色社会主义认同的载体

对中国特色社会主义的认同，就是对中国特色社会主义道路、中国特色社会主义理论体系、中国特色社会主义制度的认同。中国特色社会主义带领中国从一贫如洗走向伟大复兴，这一不争的事实已然铭刻于人民的心中。人们将中国特色社会主义发展中国的历史史实书写进民族的传统叙事中，这些宝贵的非遗叙事成为加强对中国特色社会主义认同的重要载体。

流传于湘鄂西的歌谣《十二月歌》，通过揭露资产阶级、帝国主义剥削农民、欺压百姓的罪恶行径，讴歌了马克思列宁主义在中国的领导作用，彰显了社会主义的优越性，表明了人们坚决拥护社会主义的决心。"九月重阳菊花黄，遍地红旗在飘扬，马列主义来领导，宣传组织工作忙……腊月里来又一年，欢欢喜喜辞旧年，坚决拥护苏维埃，革命胜利在眼前。"[①]湖南省汉寿县《放宽政策好》、贵州省遵义市《红军送我一把壶》、四川省阆中市《穷人翻身有靠头》《保卫苏区意志坚》、黑龙江省阿城县《光复亮了天》和富裕县《红旗飘 红旗扬》、北京市西城区《大风吹散满天云》等从不同视角表现了社会主义改变人们贫穷的生活面貌，表达了人们过上幸福生活的欢喜之情，以及对中国特色社会主义道路、中国特色社会主义理论体系的认同。

彝族民歌《春风吹到彝山来》，热情地高歌了中国共产党的富民政策，让彝族人民住进了宽敞明亮的新房，过上了衣食无忧的生活。"为什么彝家这样高兴？为什么彝家发了富？是北京的富民政策哟，像春风吹到彝山来。"[②]激动

---

① 沈耘、龙从汉编选《红军歌谣选》，贵州人民出版社，1986，第 7-8 页。
② 中国民间文学集成全国编辑委员会、《中国歌谣集成·云南卷》编辑委员会编《中国歌谣集成云南卷下》，中国 ISBN 中心，2003，第 1603 页。

喜悦之情，在歌声中淋漓尽致地呈现出来。鄂伦春族《鄂水东流》、鄂温克族《我们不再受苦啦》等亦通过歌声唱颂了社会主义带来的新生活。苗族民歌《幸福落在清水江》，讴歌了民族区域自治制度的建立，让苗族人民实现当家作主。民族区域自治制度有助于深化少数民族对中国特色社会主义的制度认同。[①]民族区域自治制度是中国特色社会主义制度的重要内容，是基于多民族国家的基本国情而制定的，是中国特色社会主义发展的重要成果。各民族对中国特色社会主义的颂声载道，有助于人们深刻认识中国特色社会主义，坚决拥护中国共产党的领导。

三　铸牢中华民族共同体意识的现实路径

铸牢中华民族共同体意识，不仅需要思想层面上的引导、学理层面上的研究，更需要将其落实于具体实践中，让中华民族共同体意识在全体成员中外化于行、内化于心。从非遗视角探讨中华民族共同体意识，不仅可以唤起人们的历史记忆，构建共有精神家园，还能让人们真情实感地体悟中华民族共同体意识的现实意义，找到铸牢中华民族共同体意识与现实生活的契合点，做到言之有依、言之有趣、言之有意。

（一）全民参与的全民教育

中华民族是中国各民族的总称。中华民族共同体意识的培育，无民族、区域、年龄之分，任何一个人都不能落下。具体来说，在中华民族共同体意识的铸牢教育中，不能只注重学生尤其是大学生、边疆人民等群体的特殊化教育，还应关注到老中青少群体的全民化教育。

人们受教育的情况各不相同，因此实现铸牢中华民族共同体意识的全民化教育，具有一定的难度。但从非遗叙事视角开展相关教育，一定程度

---

① 杨红星：《"五个认同"教育的民族叙事分析》，《北方民族大学学报》（哲学社会科学版）2019年第1期。

上可以减少这一难度，有效促进中华民族共同体意识的全民化教育。一方面，非遗是广大劳动人民在长期的生产生活中创造出来，并世代传承至今的，以非遗为切入点开展铸牢中华民族共同体意识的全民教育，不但没有过高要求人们的文化程度，还可以激发民众的情感认同，进而实现"五个认同"。另一方面，非遗是产生于民众的生产生活而又高于生活的文化遗产，与民众的生活有着天然的联系，从民众熟知的非遗中挖掘铸牢中华民族共同体意识的文化元素，能有效激发民众的兴趣，进而达到更好的教育效果。

在老中青少群体中，相比较而言，老年群体受教育程度比较低，但他们对非遗的掌握程度要高于其他群体，甚至可以说，非遗的技艺大多掌握在老年群体中。非遗中所蕴含的铸牢中华民族共同体意识的文化元素，事实上在他们生活中广泛传播并潜移默化地影响着他们的生活，只是受制于文化程度的影响，他们自己未能将中华民族共同体意识与这些文化元素联系起来，导致文化认知上的脱节。并且，这一群体大多是中国特色社会主义事业的见证者和受益者，他们比任何人都更能感受到中国共产党、中国特色社会主义带给人民的幸福。对于这一群体，通过政府引导、社会宣传、有关人士对其进行深入浅出的阐释，便可收获较好的效果。同时还可以充分发挥他们在铸牢中华民族共同体意识中的教育、传播作用。中青年群体文化程度较高，对中华民族共同体意识的学理认识较为深刻，但在将理论知识运用于实践、指导实践方面存在一定的差距。中青年群体是实现中华民族伟大复兴的重要力量，通过非遗叙事，将理论与实践有机结合，有助于中青年在铸牢中华民族共同体意识中发挥自身的作用。神话、传说、故事、歌谣等是少年、幼儿喜闻乐见的形式，通过向少年、幼儿传递蕴含中华民族共同体意识文化内涵的神话、传说等，不仅能够满足他们的精神需求，同时也能让他们自小就感受到中华民族共同体意识的重要性，为铸牢中华民族共同体意识提供不竭动力，为实现中华民族伟大复兴培育合格的接班人。

（二）全民参与的全域教育

全民教育与全域教育相辅相成，是铸牢中华民族共同体意识的两翼。"办好教育事业，家庭、学校、政府、社会都有责任。"[①] 中华民族共同体意识的培育，亦需要家庭、学校、社会和网络媒介等多方合力，每个人都应该在各自领域中行动起来，推进教育的全方位覆盖。

家庭是人最先接受教育的地方，也是学校教育的基础和延展，家庭教育贯穿于人的全过程教育，对人的世界观、人生观、价值观形成具有显性或隐性的作用。因此，在铸牢中华民族共同体意识过程中，应充分发挥家庭教育的基础作用，可从非遗视角开展中华民族共同体意识的家庭教育。一方面，许多非遗本身就是通过家庭口耳相传留存至今的，挖掘非遗中的"五个认同"文化元素，不仅可以传承和发展非遗，还可以在传承发展中铸牢中华民族共同体意识。另一方面，家庭教育受制于长辈文化程度，对理论知识的传递较少，大多是通过日常生活中的经验累积灌输伦理知识，而非遗就是人们于日常生活中累积的智慧结晶。

学校是系统传递知识的教育机构，且教育对象是肩负实现中华民族伟大复兴使命的青少年群体，因此，学校教育在铸牢中华民族共同体意识中发挥着核心作用。学校教育应将"思政课程"与"课程思政"、教师主导性与学生主体性、理论知识与实践紧密结合，做到深入浅出。非遗中所蕴含的"五个认同"文化元素，为学校教育提供了生动形象的案例，有助于教师将理论知识转化到具体生活实践中，激发学生学习兴趣，让学生做到学以致用，从而铸牢学生的中华民族共同体意识。

社会是教育的大课堂、大舞台，社会教育既是家庭教育、学校教育的试金石，又是家庭教育、学校教育的延伸，在铸牢中华民族共同体意识中发挥重要作用。非遗为社会教育提供了资源，非遗所蕴含的伦理价值观，于潜移

---

① 新华社:《习近平出席全国教育大会并发表重要讲话》，http://www.gov.cn/xinwen/2018-09/10/content_5320835.htm。

默化中规约着人们的言谈举止，为构建和谐社会提供精神支撑。非遗是人们日常生产生活中交流的重要内容，无论是在婚、丧、嫁、娶等仪式活动中，还是在节庆活动中，抑或是在三五成群聚集一起时，都是人们交流思想情感、教育子孙后辈的重要资源，联结着中华民族共同体成员间的情感，也为中华各民族和谐交往提供方向指引。值得注意的是，5G技术、大数据等信息技术的发展，为社会教育提供了诸多便利，人们通过互联网可以实现足不出户就欣赏各民族文化，增进对彼此的了解，弘扬民族精神。但同时也应该注意到，网络媒介中不良思想文化观念对人们的影响，尤其是对青少年群体的影响，因此，应该加强对网络平台的监督和对青少年的积极引导，充分发挥网络媒介在社会教育中的作用。

·西南文化的现代叙事·

明代真安州城遗址调查研究报告

王 韬[*]

摘 要 明代真安州城是明王朝对播州杨氏土司进行改土归流的产物。笔者通过对明代真安州城所在的"旧城"与"新州"进行田野调查，查阅文献和搜集民间口述资料，探讨明代真安州城两次变迁的过程及其原因。国家力量的介入、军事防御的需要都是州城变迁选址的重要因素，州城变迁的最终目的都是为了加强边地控制、巩固中央集权。

关键词 明代真安州城遗址；旧城；新州

真安州地域是由川入黔的过渡地带，也是贵州通往中原的通道之一。在历史上长期作为中央王朝控制边地的前沿地带，有其独特的地理位置和历史发展轨迹。研究它在黔北地区的地位和作用及其对黔北、中原及周边地区的影响，对于研究真安州地域，乃至整个遵义、贵州，甚至是川黔两省的历史关系都具有重要意义。

真安州自唐代始有明确的行政区划记载，到清雍正二年改真安州为正安州，在这个漫长的历史进程中，真安州的行政区划名称历经了数十次更迭，

---

[*] 王韬，贵州民族大学人文科技学院讲师，主要研究方向为西南民族历史与文化。

地方行政中心也历经多次变迁。从土司统治到中央王朝直接统治的变迁，以及雍正五年以遵义府一州四县的行政区划隶属变迁来看，真安州自身的建置沿革具有其独特性。本研究主要着眼于明清时期在真安州地域上形成和分布的古建筑、古道、政治中心遗址等物质实体，从真安州地域政治变迁的视角着手，探讨真安州地域的历史文化变迁，以期能够窥探其内在规律之一二。

一　真安州之现今区划的"分合"

真安州地域在宋时就属播州，其行政区划在历史上经历了多次调整与变迁，管辖区域大致为今贵州省遵义市道真仡佬族苗族自治县与正安县两县县域。道真、正安二县均位于贵州省北部，且正安县东北与道真仡佬族苗族自治县西南接壤。

自唐宋以来，今正安和道真两县地域在行政区划上总体属于一个区划。自明洪武十七年（1384年）改珍州为真州长官司，至民国三十年（1941年）在正安县域中增设道真县（1987年更名为道真仡佬族苗族自治县，并沿用至今），557年的时间里，两县地域一直作为一个整体的行政建制而存在。

民国二十年（1931年），土溪场（今玉溪镇）的乡绅民众以正安县县域纵长、治理不便为由，具文向省政府呈请增设县治。国民政府予以批准，并以曾在新州勿敛坝（今正安县新州镇）开坛讲学的东汉先贤尹珍之字"道真"命名，将增设县治定名为道真县。但因当时省内政局动荡，道真县的县印被退出贵阳的乱兵掠去，此事便被搁置下来。[①]"县域纵长"，从现今正安和道真两县区划也可见之，确从西南向东北延伸，呈纵长之势，不便治理。

民国二十七年（1938年），增设道真县的事宜重新提上日程，省里主张按照之前民国二十年的方案办理。民国三十年（1941年）勘界立标，筹备完毕民、财、建、教、兵役、保安、军事等事宜后，正式划出正安县东北部的

---

① 罗遵义主编《正安史话》，中国文史出版社，2014，第18页。

五个区，单独设立为道真县。① 至此，道真正式作为单独的县级区划设立。

中华人民共和国成立后，于1958年将道真县并入正安县，合并为一个县级行政区划，恢复了1941年以前的"真安州地域"。三年后，又按照1941年的行政区划与建制设置方案，将原道真县域划出正安县，直至现在。

从1931年至1961年的30年时间里，真安州地域发生了两次"分合"。最初，当地乡绅民众以"县域纵长、治理不便"为由，向省政府提出在正安县县域中增设县治，实则是将原正安县域划分为正安和道真二县，以便地方社会治安，于国民政府而言，也便于政治统治，但因政局、时局变换而搁置。直至民国二十七年（1938年）重提增设县治，至民国三十年（1941年）才得以实施。1958年至1961年的4年间，真安州地域又经历了一次"分合"，奠定了真安州地域今天的行政区划与建制。

二 明代真安州城遗址现存状况

据史籍文献记载，明万历二十八年（1600年）改真州长官司为真安州。明代真安州州城始建于湄水园，即今道真仡佬族苗族自治县旧城镇。此次变迁不仅是区划隶属的变迁，更是当地在性质上从土司管辖下的羁縻统治过渡到了州县管辖的中央直接统治之中。万历四十八年又迁建"新真安州"于"正安州北一百一十里江七甲"，即今正安县新州镇。明代真安州城历经变迁，并非固在一地。

（一）道真仡佬族苗族自治县旧城镇明真安州城遗址

正安州历史上原未筑城，至唐贞观年间始建城并留存下来。"万历庚子设州，卜筑于思宁里湄水之上。本府同知管州事郭维屏建城……三十七年，雨圮，知州艾应甲补修。"② 平播之役后，明朝于万历二十八年（1600年）在原

---

① 罗遵义主编《正安史话》，中国文史出版社，2014，第18页。
② （清）郑珍、莫友芝：《（道光）遵义府志》，遵义市志编纂委员会办公室，1986，第144页。

真州长官司辖地设置真安州，并以唐乐源县城遗址为基础，建造真安州城。遵义府同知郭维屏主持工事。万历三十七年（1609年），州城经历暴雨袭击，后任知州艾应甲对州城进行了补修。湄水即今流经旧城镇的芙蓉江。

道真仡佬族苗族自治县旧城镇明真安州城遗址为明代湄水园州城，而今尚存北门、西门、南门三个城门洞及部分残段城墙，残存的三个城门洞保存较为完好。北门洞，即州城北门，原名曰"崇明"，位于旧城镇街上组水井湾，即新街车站后，高3.7米、下宽4.4米，东面无城墙连接，西面则有长20.5米、高3.7米的城墙连接，但由于城墙内侧被耕地覆盖，已无法测量城墙宽度。西门洞，即州城西门，原名曰"永清"，位于旧城大桥南侧约200米处，城门外通芙蓉江，即明时之湄水，城门现高5.3米、宽4米、进深3.8米，从城门顶端遗址看，似有门楼，现仅存高约1米的石基。南门洞，即州城南门，原名曰"兴化"，位于旧城镇新街公路边，距离旧城社区委员会约150米。现存遗址较为完整，门洞进深约10米，门内侧被石板和泥土封闭，仅留有门外侧门洞，门内侧现存高约2.5米、宽3.5米，拱门石基厚0.4米，门外侧现高3.7米、宽4.8米。门洞内放置有当地村民的柴火，还有牛粪残留，应是被周边村民作为圈牛之所。

东门，原名曰"巩昌"，现已不存，仅存有零星的城墙基石。东门位于原真安州城东面的山坡上，且城门正处于山堡上，现整个山堡均是当地农民的耕地，城墙基石均被泥土掩埋，在对当地老人进行访谈后才找寻到些许遗迹。东门是在20世纪六七十年代被破坏的，当地现龄40岁以上的人均见过巩昌门，城门洞则是他们儿时的玩耍之地。

除三座城门外，旧城镇明真安州城遗址还存有城墙若干段，均集中于遗址西面临河一带。北门洞向西延伸处有一段长约20米、高约3.7米的城墙；西面由北门至西门临河一段，现存有城墙长约100米，各段高度不一，均为3.8至4.5米；西门至南门，旧城小学附近，有一段城墙长约195米、高2.6米。

州城西门遗址旁碑记有二，一为"明真安州城旧城遗址被列为省级文物保护单位"碑记，刊记州城西门于1982年经贵州省人民政府批准列为省级文保护单位。另一为"明真安州城垣简介"碑，载述了1983年贵州省文化出版厅拨款对州城西门做局部维修的事实。

（二）正安县新州镇明真安州城遗址

据清嘉庆《正安州志》中专有"新真安州"的条陈记载，"（真安州城）在正安州北一百一十里江七甲，明万历末年建。"[①] 由此"新"可见，此真安州城是新建的。又据《正安州志卷二·古迹》"真安州"条："在正安州东一百三十里思一甲潕水园，明万历二十八年建石城"。[②] 真安州于明万历二十八年建于正安州东一百三十里思一甲潕水园，"新真安州"则于明万历末年建于正安州北一百一十里江七甲，从时间和地点上均可判定二者并非一地。

新州镇明真安州城遗址位于现正安县新州镇老城村，距离新州镇政府约6公里。新州镇明真安州城遗址现已不存，整个州城北面依山，南面傍水，东、西两面均为平地，且南面及东面临河一段未修建城墙，以河流为天堑，仅存有一段约10米的土城墙地基，当地人称之为"城墙埂"，位于整个遗址的东面。据实地调查，当地还流传着与州城建制有关的地名，诸如大堂、大堂花园、上街、韩家楼、城门洞等。当地人现在还知道当时州城内的城隍庙、文昌阁等遗址，就位于现在的老城小学校址。州城周围小山堡众多，是天然的军事防御据点，现在还流传着相关地名，如柏树堡、赖石堡、龙塘堡、柑子树堡、河堡等。

三 明代真安州城之变迁分析

（一）明代真安州建制变迁

1. 平播之役后初建真安州

万历二十八年（1600年），明朝廷派李化龙入播平定杨应龙叛乱。平播

---

① 正安县地方志编纂委员会编《正安州志（点校合集）》，中国文化出版社，2010，第30页。
② 正安县地方志编纂委员会编《正安州志（点校合集）》，中国文化出版社，2010，第30页。

之役结束后,为确保大乱之后播州区域的长治久安,李化龙"查该州地邻三省,然楚偏桥路通一线,蜀与黔盖无所不接壤。夫蜀,无借于播,黔,瘠壤也,若乘此时而割播地以附黔,则于蜀无损,于黔有裨",建议朝廷将播州之地划入黔地管辖,"真州即古珍州,川原平衍,商贩周游,应复一州"①,又建议将真州长官司之地作为一个行政区划设置。遂以原真州长官司改置真安州,辖今道真、正安两县地域,还一度管辖今绥阳、仁怀二县的部分地方。同时,明朝廷还采纳了李化龙关于播州土司改土归流的建议,废除播州土司统治,改行流官制度。以播州土司之地改设遵义、平越两个军民府,派流官治理。遵义军民府辖区为乌江以北之地,领一州四县,这一州即为真安州。真州长官司改置为真安州,其辖地照旧。改土归流加强了播州地区与外界的交流,也加强了中央与地方的联系,是明朝廷加强边地控制的重要行动,对维护国家统一有着深远的意义。同时,在名称上从"真州"到"真安州",其间增加一个"安"字,也有大乱之后朝廷期望安定之意。

真安州以石筑城。"播州一府一州四县,……改筑石城。石少者以砖代之。"② 万历二十九年(1601年),遵义府同知管州事郭维屏,建石城于思宁里一甲之潏水园。③ 州城东西南北四面均建有城门,分别命名为巩昌、永清、兴化、崇明,各城门均建有城楼,并建有垛口等军事防御设施。从现存遗迹可见,城墙全由重两三百斤的长方石料砌垒而成,工程之浩大艰巨可想而知。在当时落后的建筑技术条件下,建造如此浩大的工程,体现出府州两级乃至明朝廷对于大乱之后播州地域的长治久安都十分重视,从中足见明朝力量的强势以及其控制边地的决心。

州城修成后,为防匪寇,以及防止"因暴雨圮"④,后任州府长官如艾应甲等对真安州城进行了多次维修,进一步巩固州城防御。真安州城从明万历

---

① 正安县地方志编纂委员会编《正安州志(点校合集)》,中国文化出版社,2010,第71页。
② 正安县地方志编纂委员会编《正安州志(点校合集)》,中国文化出版社,2010,第74页。
③ (清)郑珍、莫友芝:《(道光)遵义府志》,遵义市志编纂委员会办公室,1986,第144页。
④ (清)郑珍、莫友芝:《(道光)遵义府志》,遵义市志编纂委员会办公室,1986,第144页。

二十九年（1601年）至万历四十八年（1620年）的19年里持续发挥着作为州城的重要功能以及"国家在场"的重要使命，加强了中央王朝的统治。

2. 从"旧城"到"新州"

明万历四十八年（1620年），真安州城从潕水园迁往毋敛坝，新州城称为"新州"，位于今正安县东北，潕水园州城则称作"旧城"。此次州城迁移，《正安州志》有如是记载：故正安一州，原系土州，自明万历年间始改土归流，隶属川省，建州治于思宁里，后为土酋窃掠，又改迁于三江里之新州。[1] 这句话涵盖了明代真安州的来历与变迁梗概。这里所称"土州"即为播州杨氏土司统治下的真州长官司，载述了此地域在真安州设置之前处于土司统治的历史事实。"新州"就是今正安县新州镇老城村，至今仍明显可见城垣遗迹。当地沿袭至今的"大堂""二堂""大堂花园""鼓楼坝""城门洞""北门坡""西门田""老城""城墙根"等地名，还有当地村民挖土犁田时挖出的古砖、碎瓦、铜钱等物件，都证明了此地确为州城遗址。新州州城的规模虽不比潕水园州城之阔，但其机构设置齐全，作为国家力量在地方的体现，是十分符合的。同时，也证明了当时中央王朝对此地是实际控制的。

（二）明代真安州城变迁的原因

1. 潕水园州城匪患不绝、地形地势不利扩展

据潕水园州城东门附近的荣昌坝（今旧城镇东门）《王氏家谱》所载："万历二十七年，庚子岁，陶、黄二贼入境破此城垣，防（放）火烧城，钱粮失额，四民逃散，吾祖三辈之人在此失散，此城垣不能为郭。"这段文字记述了明万历二十七年的匪患，州城失火，居民四处逃散。东门王氏家族三辈之人在此失散，一部分居住在州城西南面的黄泥坡（今旧城镇黄泥坡），一支远居黔南州瓮安县。此次匪患，州城毁损较为严重，以致"城垣不能为郭"。《正安州志》又载述了一个潕水园州城迁移的直接原因，州城"为土寇窃据"，

---

[1] 正安县地方志编纂委员会编《正安州志（点校合集）》，中国文化出版社，2010，第76页。

于是"迁于三江里"。较之万历二十七年，匪患不但没有得到有效的治理，州城防卫力量不能抵抗匪寇袭扰，反而使得州城被土寇占据，严重威胁到明朝廷对该地域的统治。

滴水园州城"偏处北隅，离府窎远，地势偏窄，形如坐井"①，"其彭岩之陷道，并连云转阁之洞，路通一线……更距府六百余里，不但公役跋涉为苦，一旦缓急，应援无及。"②滴水园州城的选址并未在管辖区域的中部，而是"偏处北隅"，与遵义府相距较远。且州城北部多山，交通不便，与四川省及重庆府通达也不便利。加之，州城城址"地势偏窄，形如坐井"，不利于向外扩展，限制了州城的扩张。

2. 新州城址在政治统治、经济交流和文化治理方面找到了平衡

滴水园州城受匪患困扰以及地形地势的限制，必须迁移，以寻求地方的政治稳定。所以，新州城的选址能否解决这些问题，也成为州城迁移能否顺利推进的重要原因。

新州城之所以选址三江里毋敛坝，一是因为真安州隶属四川，此地距离四川较近，便于上下衔接；二是因为此地为川黔交通要道的门户，商贾往来，利于开展经济贸易；三是因为东汉先贤尹珍曾在此地开坛讲学，文化底蕴深厚，有利于官府通过文化加强治理。③距离四川较近，有利于对真安州的政治中心——州城的实际控制和军事支援，解决了影响边地稳定的一大隐患。同时，地处川黔交通要道，往来商贾众多，有利于繁荣当地经济，也是明朝廷迁移州城至此并加强控制的重要考量。真安州的建制历史上经历了多次匪患，急需文化力量的抚慰，以定人心，东汉大儒尹珍曾在此讲学，正好为新州城的选址提供了急需的文化底蕴。以上三点从政治统治、经济交流和文化治理三个方面阐释了新州城选址的原因，由此可见，这三个原因是符合历史事实的。

---

① 正安县地方志编纂委员会编《正安州志（点校合集）》，中国文化出版社，2010，第32页。
② （清）郑珍、莫友芝：《(道光）遵义府志》，遵义市志编纂委员会办公室，1986，第144页。
③ 罗遵义主编《正安史话》，中国文史出版社，2014，第14页。

3. 明朝廷决心维护川黔要道，以固边地

潕水园州城偏处北隅，距离遵义府路途较远。正因如此，州城遭遇匪患，而府城无法紧急驰援，这才导致潕水园州城匪患得不到有效治理，长期不绝。中央王朝为维护边地稳定及国家统一，决定迁移州城，此当为主要原因。

明朝初期，为拱卫云南、加强中央集权，明廷推行了调北征南、调北填南的政治军事行动。而贵州作为中央王朝通往云南的重要通道，势必被纳入拱卫云南的重要战略之中，且处于重要地位。此后，随着中央王朝集权统治的加强以及国家统一的强化，对于西南边地的控制始终是中央王朝的重要战略。而真安州就处于川黔要道，这同时也是中原地区通往云南的通道之一。对真安州乃至遵义府的严密控制，在国家层面的边地控制战略上有着重要意义。

这样的战略部署在平播之役后所施行的改土归流方案中也可见之，经过改土归流，播州宣慰司所领只剩下两个平越府属长官司，均远离主要驿道。这也体现了明朝廷要实际控制西南通道、拱卫边地的决心。

(三) 明代真安州城变迁的特征

1. 国家力量在州城变迁中占据主导地位

真安州处在明朝廷与西南边地之间的过渡地带，尤其是新州城处于川黔交通要道，在中央王朝的边地治理政策中占有重要地位。真安州虽然并不属于中原通往西南的主要干道，但通道往往是兵家必争之地，各方势力也定会对其进行一番你死我活的争夺。在这种情势下，尤其是在明万历年间后期，明朝廷治理下的国家局面已经走向衰落，朝廷急需一条全新的道路。改土归流以前，真安州地域处在播州杨氏土司统治之下，在该地设置真州长官司，作为中央王朝间接统治的地域，国家力量在这个地方并没有很强的控制力。改土归流后，明朝廷委派流官治理该地域，国家力量强势介入，使得这个地方牢牢处于中央王朝的统治之中，在这种情况下，也便于朝廷对一条新干道的实际控制。这样，对于明朝廷边地政策的推行和实施是具有重大意义的。

经济决定政治，政治反作用于经济，二者相辅相成。在中国封建社会，政治控制对于一个地区来说，永远是第一位的。真安州作为此地域上的政治中心，山高皇帝远，寻求中央王朝的资助是不现实的，只能自给自足。当然，明朝廷也给了真州长官司、真安州这样的权力。此时，经济的作用与影响就凸显出来了。然而，真安州的初选址对于这样的考虑来说似乎是欠妥的，"偏处北隅，离府窎远，地势偏窄，形如坐井"，"距府六百余里，不但公役跋涉为苦，一旦缓急，应援无及"，地形地势均不利于封建经济的发展。距离遵义军民府较远，如有缓急，应援无及，也不利于朝廷对边地的控制，国家力量在其中再一次凸显，并占据着主导地位。如上文所述，匪患的猖獗是州城迁移的重要原因，但为何堂堂州府抵挡不住匪寇的进攻？这无疑与"偏处北隅"有甚大关联——相距较远，应急无暇。

国家力量的强化是通过如下途径来实现的。第一，建立纵向的、等级的制度体系。通过对社会的改造和社会关系的重组，建立了以国家为核心的新的制度体系，保障了社会自下而上的等级性的依赖，而这种依赖是社会整合的一个重要基础。第二，建立相应的组织体系，使国家对社会的支配可以通过组织达至社会的个体成员。这样，国家制度体系逐渐成了社会中占绝对优势的支配性力量，不断地向社会扩散和渗透，取代了原有的较为分散的社会关系体系。在中国封建社会同样如此，通过建立纵向的、等级的制度体系，并建立相应的组织体系，来强化国家力量。明朝廷通过改土归流，建立新的制度体系和组织体系，改变原有的通过土司长官间接对真州进行统辖的局面，将真州地区直接纳入朝廷的统治之下。

2. 军事防御是州城选址的主要原则

明代真安州城不管是旧城遗址，还是新州城遗址，均设立于河流边上，并且背靠山脉。旧城遗址位于芙蓉江冲积而成的坝子上，地形平坦开阔且土壤肥沃，便于进行农业生产，以维持州城内人民生活所需。州城位于芙蓉江东岸，州城东面傍着山堡，东门就建于山堡上，居高临下，便于巡视周边，以达防御之目的。不仅如此，北门、西门、南门均能远眺河流，并与河流直接相通，其间有相通的道路，往来商贾通过河流运输货物，是当时真安州一条重要的经济线。河流的作用不仅于此，在处于冷兵器时代的明朝，河流仍然是一条天堑，天然的防御作用是选址于此的重要因素。新州遗址也位于河流旁，现在的村民对其并没有明确的称呼，该河流也没有确切的名字，而今，这条河流水流量减少，慢慢变成了一条小溪流。虽然如此，但河流对州城的防御作用仍不可忽视。东门、南门、西门均与河流相眺，城门对岸建有的箭楼、哨楼等防御设施。州城北门也设立于北面的山坡上，于此可以居高临下之势俯瞰整个州城，对外可巡视外界的入侵，大有一夫当关万夫莫开之势。选址于河流边，且傍着山堡，其出发点均为军事防御。然而，在冷兵器时代，这样的选址是十分常见的。

明代真安州城自万历二十八年初建于思宁里潏水园，于万历四十八年迁址于三江里毋敛坝，兴建新州城。真安州地域作为明朝廷处理中央王朝与边地之间关系的缓冲地带，处于川黔交通要道，同时也是中央王朝在西南地区推行和实施边地政策的有力通道。在明代真安州建制变迁和州城迁移的过程之中，体现国家力量的边地控制战略扮演着重要角色，也持续发挥着国家在场的重要使命。

图书在版编目(CIP)数据

西南学术. 第1辑 / 肖远平, 刘洋主编. -- 北京：社会科学文献出版社, 2022.11
ISBN 978-7-5228-1093-5

Ⅰ.①西… Ⅱ.①肖… ②刘… Ⅲ.①社会科学－文集 Ⅳ.①C53

中国版本图书馆CIP数据核字（2022）第215842号

西南学术（第1辑）

主　　编 / 肖远平　刘　洋
常务副主编 / 徐金龙　杨　兰
副 主 编 / 杨琼艳　秦选涵

出 版 人 / 王利民
组稿编辑 / 邓泳红
责任编辑 / 王　展
责任印制 / 王京美

出　　版 / 社会科学文献出版社
　　　　　　地址：北京市北三环中路甲29号院华龙大厦　邮编：100029
　　　　　　网址：www.ssap.com.cn
发　　行 / 社会科学文献出版社（010）59367028
印　　装 / 三河市龙林印务有限公司
规　　格 / 开　本：787mm×1092mm　1/16
　　　　　　印　张：19.25　字　数：286千字
版　　次 / 2022年11月第1版　2022年11月第1次印刷
书　　号 / ISBN 978-7-5228-1093-5
定　　价 / 128.00元

读者服务电话：4008918866

版权所有 翻印必究